DALE CARNEGIE

CÓMO GANAR AMIGOS e INFLUIR SOBRE LAS PERSONAS

edaf

Dale Carnegie

Cómo ganar amigos e influir sobre las personas

edaf

www.edaf.net

MADRID - MÉXICO - BUENOS AIRES - SANTIAGO

2026

Título original en inglés: *How to win friends and influence people*, por Dale Carnegie

Diseño de cubierta: Marta Elza
Maquetación y diseño de interior: Diseño y Control Gráfico, S.L.

Editorial Edaf, S.L.U.
Jorge Juan, 68
28009 Madrid, España
Teléf.: (34) 91 435 82 60
http://www.edaf.net
edaf@edaf.net

Algaba Ediciones, S. A. C.V.
Calle 21, Poniente 3323 – Entre la 33 sur y la 35 sur
Colonia Belisario Domínguez
Puebla 72180, México
Telf.: +52 22 22 11 13 87
jaime.breton@edaf.com.mx

Ediciones y Distribuciones Edaf, SRL
Calle Chile, 2222, PB
1227- Buenos Aires (Argentina)
Telf: +54 11 4308 52 22/+54 11 6784 95 16
fernando@edafarg.net

Edaf Chile S.A.
Huérfanos, 1178, Oficina 501,
Santiago, Chile
Tel. +56 9 4468 0539 +56 9 4468 0537
comercialedafchile@edafchile.cl

Enero de 2026

ISBN: 978-84-414-4479-9
Depósito legal: M-25664-2025

PRINTED IN SPAIN IMPRESO EN ESPAÑA

COFÁS

Índice

Tercera parte

Cuarta parte

Quinta parte

Sexta parte

Nota del editor

Esta edición presenta el libro *Cómo ganar amigos e influir sobre las personas,* de Dale Carnegie, en su forma original y completa, tal y como lo escribió el propio Carnegie. A diferencia de las revisiones póstumas más conocidas, esta versión conserva la autenticidad y toda la amplitud de las ideas de Carnegie, sin alteraciones posteriores.

Nuestro compromiso con la preservación de la integridad del texto original se basa en un profundo respeto por el lenguaje y los ejemplos originales de Carnegie, que algunos lectores consideran esenciales para experimentar su obra tal y como fue concebida inicialmente. Esta edición incluye las partes 5 y 6, que a menudo se omiten en las versiones revisadas, y mantiene las representaciones y citas originales de los personajes, lo que ofrece una conexión sin filtros con las enseñanzas originales de Carnegie.

A diferencia de las ediciones posteriores, que sufrieron modificaciones por diversas razones entre las que se incluyen la neutralidad de género y la corrección política, esta versión se presenta como un testimonio de la auténtica voz de Carnegie, y ofrece a los lectores la oportunidad de interactuar con el texto tal y como se publicó por primera vez, proporcionando una experiencia que muchos consideran más completa y fiel a la visión original de Carnegie.

Creemos que esta edición no solo mejorará su comprensión de las influyentes ideas de Carnegie, sino que también ofrecerá una visión más holística de su obra, sin las influencias editoriales posteriores.

Introducción

Un atajo hacia la distinción

En una fría noche de invierno del pasado enero (1935), dos mil quinientos hombres y mujeres se agolparon en el gran salón de baile del Hotel Pensilvania de Nueva York. Para las siete y media todos los asientos estaban ocupados. A las ocho, la multitud seguía llegando. El amplio balcón pronto se llenó de gente; en ese momento, incluso el espacio para estar de pie escaseaba, y cientos de personas, cansadas tras un día de trabajo, permanecieron esa noche de pie durante una hora y media para presenciar... ¿Qué? ¿Un desfile de moda? ¿La salida de una carrera ciclista de seis días? ¿Para ver en persona a Clark Gable?

No. Habían ido hasta allí atraídas por un anuncio en el periódico. Dos días antes habían cogido un ejemplar de *The New York Sun* y se habían encontrado con un anuncio a toda página que los miraba a la cara: «Aumente sus ingresos. Aprenda a hablar con eficacia. Prepárese para el liderazgo».

¿La misma historia de siempre? Así es. Sin embargo, lo crea usted o no, en la ciudad más sofisticada de la Tierra, durante una depresión con el veinte por ciento de la población teniendo que recibir ayudas del Estado, dos mil quinientas personas abandonaron sus hogares y se apresuraron al Hotel Pensilvania en respuesta a ese anuncio.

Y el anuncio había aparecido —recuerde esto— no en un tabloide, sino en el periódico vespertino más conservador de la ciudad: *The New York Sun*. Además, las personas que respondieron a él pertenecían a los estratos económicos más acomodados: ejecutivos, empresarios y profesionales con ingresos que oscilaban entre los dos mil y los cincuenta mil dólares anuales.

Estos hombres y mujeres habían acudido a escuchar el pistoletazo de salida de un curso ultramoderno y extremadamente práctico sobre «Oratoria eficaz y cómo influir en los hombres de negocios». Un curso impartido por el Instituto Dale Carnegie de Oratoria Eficaz y Relaciones Humanas.

¿Por qué estaban allí estos dos mil quinientos hombres y mujeres de negocios? ¿Por una repentina necesidad de más educación debido a la depresión?

Al parecer, no, ya que este mismo curso venía impartiéndose en Nueva York cada año durante los últimos veinticuatro. A lo largo de ese tiempo más de quince mil hombres de negocios y profesionales habían recibido formación de Dale Carnegie. Incluso grandes corporaciones escépticas y conservadoras como Westinghouse Electric & Manufacturing Company, McGraw-Hill Publishing Company, Brooklyn Union Gas Company, la Cámara de Comercio de Brooklyn, el American Institute of Electrical Engineers o la compañía telefónica de Nueva York habían ofrecido esta formación en sus propias oficinas a sus miembros y ejecutivos.

El hecho de que diez o veinte años después de terminar la escuela primaria, el instituto o la universidad, estas personas vengan a recibir este curso es una muestra evidente de las escandalosas deficiencias de nuestro sistema educativo.

¿Qué quieren estudiar realmente los adultos? Esta es una pregunta importante y, para responderla, la Universidad de Chicago, la Asociación Americana para la Educación de Adultos y las Escuelas Unidas de la YMCA realizaron una encuesta que costó veinticinco mil dólares y se prolongó por espacio de dos años.

La encuesta reveló que el principal interés de los adultos es la salud.

También, que en segundo lugar se encuentra la capacidad para desarrollar habilidades en las relaciones humanas; quieren aprender a llevarse bien con otras personas e influir sobre ellas. No desean convertirse en oradores públicos ni escuchar un montón de discursos altisonantes sobre psicología, sino sugerencias que puedan utilizar inmediatamente en los negocios, en los contactos sociales y en sus hogares.

De modo que eso es lo que quieren estudiar los adultos, ¿no? «Muy bien —dijeron los responsables de la encuesta—; si eso es lo que quieren, se lo daremos».

Tratando de encontrar algún libro de texto sobre el tema, se dieron cuenta de que nunca se había escrito un manual de trabajo para ayudar a la gente a resolver sus problemas cotidianos en las relaciones humanas.

Aquello sí que era un problema. Durante cientos de años se han redactado eruditos volúmenes sobre griego, latín y matemáticas superiores, materias que al individuo medio le importan un bledo. Y, sin embargo, acerca del único tema por el que tiene sed de conocimiento, una verdadera pasión por la orientación y la ayuda..., ¡nada!

Esto explica la presencia de dos mil quinientos adultos ansiosos agolpándose en el gran salón de baile del Hotel Pensilvania en respuesta a un anuncio publicado en el periódico. Al parecer, allí estaba por fin aquello que llevaban tanto tiempo buscando.

Durante los años de instituto y universidad habían estudiado con ahínco los libros, creyendo que el conocimiento por sí solo era la puerta de entrada a la recompensa económica y profesional.

Sin embargo, unos años en la vida empresarial y profesional habían acabado con sus ilusiones. Habían visto cómo algunos de los éxitos empresariales más importantes eran cosechados por hombres que poseían, además de sus conocimientos, la capacidad de hablar bien, de convencer a los demás de su punto de vista y de «venderse» a sí mismos y sus ideas.

Pronto descubrieron que, si uno aspiraba a llevar la batuta y destacar en el mundo de los negocios, la personalidad y la capacidad de hablar resultan más importantes que el conocimiento de los verbos latinos o un diploma de Harvard.

El anuncio en *The New York Sun* prometía que la reunión en el Hotel Pensilvania sería muy entretenida. Y así fue.

A dieciocho de los hombres que habían asistido al curso se les dio oportunidad de hablar micrófono en mano; quince de ellos dispusieron de, exactamente, setenta y cinco segundos cada uno para contar su historia. Tan solo setenta y cinco segundos de charla y luego... ¡Pum! El presidente golpeaba con su mazo y gritaba: «¡Tiempo! Siguiente orador».

El acto se desarrolló a la velocidad de una manada de búfalos atravesando las llanuras. Los espectadores permanecieron de pie durante hora y media observando con atención.

Los oradores eran una muestra representativa de la vida empresarial estadounidense: un ejecutivo de una cadena de tiendas; un panadero; el presidente de una asociación comercial; dos banqueros; un vendedor de camiones; un vendedor de productos químicos; el dueño de una aseguradora; el secretario de una asociación de fabricantes de ladrillos; un contable; un dentista; un arquitecto; un vendedor de whisky; un practicante de la Ciencia Cristiana; un farmacéutico que había venido de Indianápolis a Nueva York para asistir a la sesión; un abogado procedente de La Habana que pretendía prepararse para pronunciar un importante discurso de tres minutos.

El primer orador tenía nombre gaélico: Patrick J. O'Haire. Nacido en Irlanda, tan solo había asistido a la escuela durante cuatro años; tras su llegada a Estados Unidos había trabajado como mecánico y luego como chófer.

Con cuarenta años y la familia creciendo, necesitaba más dinero; así que intentaba vender camiones. Aquejado de un complejo de inferioridad que, como él decía, le estaba consumiendo el corazón, se veía obligado a pasear de un lado a otro por delante de una oficina media docena de veces antes de reunir el valor suficiente para abrir la puerta. Estaba tan desanimado como vendedor que se planteaba volver a trabajar en un taller mecánico, cuando un día recibió una carta invitándole a una sesión del «Curso Dale Carnegie de Oratoria Eficaz».

No quiso asistir. Temía que la necesidad de relacionarse con un montón de universitarios le hiciera sentirse fuera de lugar. Su esposa, desesperada, insistió en que fuera: «Puede que te venga bien, Pat —le animaba—. Dios sabe que lo necesitas». Finalmente, se dirigió al lugar donde iba a celebrarse la reunión y permaneció de pie en la acera durante cinco minutos antes de reunir la suficiente confianza en sí mismo como para entrar en la sala.

Después de aquello, las primeras veces que intentó hablar se mareaba del miedo. Sin embargo, con el paso de las semanas, fue perdiendo el temor al público que le escuchaba, hasta el punto de que descubrió que, en realidad, le encantaba hablar; cuanto más numerosa fuera la multitud, mejor. Y también perdió el miedo a las personas: perdió el miedo a sus propios clientes. Sus ingresos aumentaron y se dispararon. Hoy es uno de los vendedores estrella de Nueva York.

Aquella noche, en el Hotel Pensilvania, Patrick O'Haire se puso delante de dos mil quinientas personas y contó una historia alegre y divertida acerca de sus logros. Una oleada tras otra de carcajadas invadió al público. Pocos oradores profesionales podrían haber igualado su actuación.

El siguiente en intervenir, Godfrey Meyer, era un banquero de pelo canoso, padre de once hijos. La primera vez que intentó hablar en clase se quedó literalmente mudo. Su mente se negaba a funcionar. Su historia es un claro ejemplo de cómo el liderazgo gravita en torno a la persona que sabe hablar.

Meyer trabaja en Wall Street y desde hace veinticinco años vive en Clifton, Nueva Jersey. Durante mucho tiempo, no ha participó de forma activa en los asuntos de la comunidad, y llegó a conocer, a lo sumo, a unas quinientas personas.

Poco después de inscribirse en el curso Carnegie, recibió su declaración de impuestos y se enfureció por lo que consideraba tasas injustas. Normalmente, se habría sentado en casa y se habría enfadado, o, como mucho, se habría desahogado con sus vecinos. Sin embargo, aquella noche se puso el sombrero, acudió a una reunión municipal y se quejó en público.

A raíz de aquella muestra de indignación, los ciudadanos de Clifton le instaron a presentarse como candidato al Ayuntamiento. Así que durante semanas fue de reunión en reunión, denunciando el despilfarro y el derroche por parte de la administración municipal.

Se presentaron noventa y seis candidatos. Cuando se contaron las papeletas, el nombre de Godfrey Meyer encabezaba la lista. Casi de la noche a la mañana, se convirtió en una figura pública entre las cuarenta mil personas de su comunidad. Gracias a sus charlas, en seis semanas hizo ochenta veces más amigos que en veinticinco años.

Además, su sueldo como concejal le permitió obtener un rendimiento del mil por ciento anual de su inversión —en el curso Dale Carnegie—.

El tercer orador, el director de una gran asociación nacional de fabricantes de alimentos, contó cómo había sido incapaz de levantarse y expresar sus ideas en las reuniones del consejo de administración.

Como resultado de aprender a improvisar sobre la marcha, ocurrieron dos cosas sorprendentes. Pronto fue nombrado presidente de la mencionada asociación y, en calidad de tal, se vio obligado a pronunciar discursos en reuniones por todo el país. Se publicaron extractos de sus charlas a través de la agencia de noticias Associated Press, así como en periódicos y revistas especializadas de todo el país.

En dos años, una vez aprendió a hablar en público, recibió más propaganda gratuita para su empresa y sus productos que la que había conseguido anteriormente con un cuarto de millón de dólares gastados en publicidad directa. Este orador admitió que anteriormente había dudado de si convendría telefonear a algunos de los ejecutivos más importantes del bajo Manhattan e invitarles a comer con él. Sin embargo, gracias al prestigio que había adquirido con sus charlas, eran esos mismos hombres quienes ahora le telefoneaban y le invitaban a comer a él, al tiempo que se disculpaban por haberle robado su tiempo.

La capacidad de hablar bien es un atajo hacia la distinción.

Pone a la persona en el candelero, la eleva por encima de la multitud. Y a aquel que sabe hablar aceptablemente se le suele atribuir una capacidad desproporcionada en relación con lo que realmente posee.

En la actualidad, existe un movimiento a favor de la educación de los adultos que se extiende por toda la nación; y la fuerza más espectacular de ese movimiento es Dale Carnegie, que ha escuchado y revisado más conversaciones de adultos que cualquier otro hombre. Según una reciente caricatura de Ripley publicada en *Believe-It-or-Not*, Carnegie ha analizado ciento cincuenta mil discursos. Si este número no le impresiona, recuerde que supone una charla casi por cada día transcurrido desde que Colón descubrió América. O, dicho de otro modo, si todos los hombres que han hablado ante él hubieran empleado solo tres minutos y lo hubieran hecho sucesivamente, habría necesitado un año entero, con sus días y sus noches, para oírlos a todos.

La propia carrera de Dale Carnegie, llena de agudos contrastes, es un ejemplo asombroso de lo que un hombre puede lograr cuando está obsesionado con una idea original y bulle de entusiasmo.

Nacido en una granja en Misuri, a diez millas de una vía férrea, nunca vio un tranvía hasta los doce años. Sin embargo, hoy, a sus cuarenta y seis, conoce los rincones más remotos de la Tierra, desde Hong Kong hasta Hammerfest. Además, en una ocasión, llegó a estar más cerca del Polo Norte que la base del almirante Byrd, Little America, los está del polo sur.

Este muchacho de Misuri que durante un tiempo recogió fresas y cortaba bardanas por cinco céntimos a la hora, cobra ahora un dólar por minuto por formar a los ejecutivos de las grandes empresas en el arte de la expresión oral.

Este antiguo vaquero que dirigió ganado, marcó terneros y comprobaba el vallado en el oeste de Dakota del Sur, más adelante se desplazaría a Londres para montar allí espectáculos bajo el patrocinio de Su Alteza Real, el príncipe de Gales.

Este tipo, que fracasó estrepitosamente la primera media docena de veces que intentó hablar en público, se convertiría más tarde en mi gestor personal. Gran parte de mi éxito se debe a mi formación con Dale Carnegie.

El joven Carnegie tuvo que luchar para conseguir una educación, ya que la mala suerte no dejaba de azotar su vieja granja en el noroeste de Misuri. Año tras año, el río Ciento Dos crecía, ahogando el maíz y arrastrando consigo el heno. Temporada tras temporada, los cerdos enfermaban y morían de cólera, el mercado de ganado vacuno y mulas se desplomaba y el banco amenazaba con ejecutar la hipoteca.

Enferma de desaliento, la familia vendió la granja y compró otra cerca de la Escuela Superior para Maestros de Warrensburg, Misuri. En la ciudad se conseguía alojamiento y comida por un dólar al día, pero el joven Carnegie no podía permitírselo, así que se quedaba en la granja y cada día recorría a caballo cinco kilómetros hasta la citada escuela. En casa, ordeñaba las vacas, cortaba leña, daba de comer a los cerdos y estudiaba los verbos en latín a la luz de una lámpara de carbón y aceite hasta que se le nublaban los ojos y empezaba a cabecear.

Incluso cuando se acostaba a medianoche, ponía el despertador a las tres. Su padre criaba cerdos de raza Duroc-Jersey, y en las frías noches los ejemplares más jóvenes corrían peligro de morir congelados, por lo que los metía en un cesto, los cubría con un saco de yute y los colocaba detrás de la cocina. Fieles a su naturaleza, los animales pedían comida caliente a las tres de la madrugada. Así que, cuando sonaba la alarma, Dale Carnegie salía de debajo de su manta, llevaba el cesto con los cerdos hasta la madre, esperaba a que ella los amamantara y luego los devolvía al calor de los fogones.

Había seiscientos estudiantes en la escuela superior, y Dale Carnegie formaba parte de la media docena de los que no podían permitirse el alojamiento en la ciudad. Se avergonzaba de la pobreza que le obligaba a cabalgar hasta la granja y ordeñar las vacas todas las noches. Se avergonzaba de su abrigo, demasiado ajustado, y de sus pantalones, demasiado cortos. No tardó en desarrollar un complejo de inferioridad, así que buscó algún ámbito donde poder destacar. Pronto se dio cuenta de que había ciertos grupos en la escuela que gozaban de influencia y prestigio: los jugadores de fútbol y béisbol, y los chicos que ganaban los concursos de debate y oratoria.

Consciente de que no tenía aptitudes para el deporte, se propuso triunfar en uno de los concursos de oratoria. Pasó meses preparando sus discursos. Practicaba mientras iba y volvía galopando a la escuela; practicaba mientras ordeñaba las vacas; y luego se subía sobre un fardo de heno en el granero y con gran entusiasmo y los gestos adecuados arengaba a las asustadas palomas sobre la necesidad de frenar la inmigración japonesa.

No obstante, a pesar de toda su seriedad y su esfuerzo de preparación, se topó con una derrota tras otra. Tenía entonces dieciocho años, era sensible y orgulloso. Llegó a estar tan desanimado y deprimido que incluso pensó en suicidarse. Pero, de repente, empezó a ganar, no un concurso, sino todos los concursos de oratoria de la escuela. Otros estudiantes le rogaron que les enseñara, y también ellos ganaron.

Tras graduarse, empezó a vender cursos por correspondencia a los rancheros de las colinas arenosas del oeste de Nebraska y del este de Wyoming.

Sin embargo, pese a su energía y entusiasmo sin límites, no lograba prosperar. Se desanimó tanto que en cierta ocasión se dirigió a la habitación de su hotel en Alliance, Nebraska, en pleno día, se echó sobre la cama y lloró de desesperación. Ansiaba volver a la escuela, anhelaba retirarse de la dura batalla de la vida; pero no podía. Así que decidió ir a Omaha y buscar otro trabajo. No tenía dinero para un billete de ferrocarril, de modo que viajó en un tren de mercancías, alimentando y dando de beber a dos vagones cargados de caballos salvajes a cambio de su pasaje.

Aterrizó en el sur de Omaha y consiguió trabajo como vendedor de tocino, jabón y manteca para Armour & Company. Su territorio estaba entre las Badlands y las tierras de los indios y las vacas del oeste de Dakota del Sur. Recorría su zona en trenes de mercancías, en diligencias y a caballo, y dormía en hoteluchos locales donde la única separación entre habitaciones era una sábana de muselina.

Estudió libros sobre ventas, montó toros salvajes, jugó al póquer con hombres casados con mujeres indias y aprendió a recaudar dinero. Cuando un tendero no podía pagar en efectivo el tocino y los jamones que había pedido, Dale Carnegie cogía una docena de pares de zapatos de la estantería de su tienda, se los vendía a los ferroviarios y enviaba los recibos a Armour & Company.

A menudo recorría en estos trenes de mercancías más de ciento cincuenta kilómetros al día. Cuando el tren se detenía para descargar, corría a la parte alta de la ciudad, visitaba a tres o cuatro comerciantes, recibía sus pedidos y, cuando sonaba el silbato, emprendía rápidamente el regreso calle abajo y se subía al convoy en marcha.

En menos de dos años, se había hecho cargo de un territorio improductivo que ocupaba el vigésimo quinto lugar y lo había elevado al primer puesto entre las veintinueve rutas que salían del sur de Omaha. Armour & Company le ofreció un ascenso: «Ha logrado usted lo que parecía imposible», le dijeron. Sin embargo, Carnegie rechazó el premio y dimitió. Sí, dimitió, se marchó a Nueva York, estudió en la Academia Americana de Arte Dramático y recorrió el país interpretando el papel del doctor Hartley en *Polly, la chica del circo.*

Carnegie nunca llegaría a ser un Booth o un Barrymore —tuvo el sentido común de reconocerlo—, así que regresó a su antigua ocupación, ahora como vendedor de camiones para la Packard Motor Car Company.

No sabía nada de maquinaria ni le importaba. Terriblemente infeliz, tenía que fustigarse cada día para cumplir con su tarea. Anhelaba tener tiempo para estudiar, para escribir los libros que había soñado con escribir durante sus años en la escuela superior. Y nuevamente renunció. Pasaría sus días escribiendo cuentos y novelas y se mantendría con lo que ganara dando clases en alguna escuela nocturna.

¿Enseñando qué? Al echar la vista atrás y evaluar su trabajo en la escuela superior, constató que su formación en oratoria le había dado más confianza, valor, aplomo y capacidad para conocer y tratar con gente de negocios que el resto de sus cursos universitarios juntos. Así que animó a la escuela YMCA de Nueva York a que le diera la oportunidad de impartir cursos de oratoria para hombres de negocios.

¿Cómo? ¿Convertir a hombres de negocios en oradores? Absurdo. Ellos lo sabían. Habían probado ese tipo de enseñanza y siempre habían fracasado. Cuando se negaron a pagarle un salario de dos dólares por noche, aceptó enseñar a comisión, llevándose un porcentaje de los beneficios netos, si es que llegaba a haberlos. En tres años ya cobraba treinta dólares por noche, en lugar de dos.

El curso fue creciendo. Otras escuelas YMCA oyeron hablar de él, y después otras ciudades. Dale Carnegie pronto se convirtió en un reputado profesor itinerante que cubría Nueva York, Filadelfia, Baltimore y, más tarde, Londres y París. Como todos los manuales resultaban demasiado académicos y poco prácticos para los hombres de negocios que acudían en masa a sus formaciones, sin amilanarse, se sentó a escribir uno titulado *Cómo hablar bien en público e influir en los hombres de negocios*. Ahora es un texto oficial en todas las escuelas YMCA, así como en la Asociación de Banqueros de Estados Unidos y la National Credit Men's Association.

En la actualidad, cada año acuden a Dale Carnegie muchos más adultos en busca de formación para hablar en público que a todos los cursos sobre oratoria que imparten las veintidós facultades y universidades de la ciudad de Nueva York.

Dale Carnegie afirma que cualquier hombre puede hablar cuando se enfada. Dicen que si golpeas al hombre más ignorante de la ciudad en la mandíbula y lo derribas, se pondrá en pie y hablará con una elocuencia, un ardor y un énfasis que habrían rivalizado con los de William Jennings Bryan en sus días más gloriosos. Carnegie defiende que prácticamente cualquier persona es capaz de expresarse de manera aceptable en público si tiene confianza en sí mismo y una idea que se cuece y hierve en su interior.

La manera de desarrollar la confianza en uno mismo, sostiene, es hacer lo que uno teme hacer y contar con un historial de experiencias positivas a las espaldas. Así que obliga a todos los participantes en sus cursos a hablar en cada sesión. El público es comprensivo. Todos están en el mismo barco y, gracias a la práctica constante, desarrollan un valor, una confianza y un entusiasmo que luego trasladan a sus conversaciones privadas.

Dale Carnegie le dirá que él no se ha ganado la vida todos estos años enseñando a hablar en público; eso ha sido secundario. Él afirma que su principal trabajo ha sido ayudar a los hombres a vencer sus miedos y a desarrollar su valor.

Al principio, solo impartía un curso de oratoria; sin embargo, los alumnos que acudían eran hombres de negocios. Muchos de ellos llevaban treinta años sin pisar un aula. La mayoría pagaba la matrícula a plazos. Querían resultados y los querían rápido; resultados que pudieran utilizar al día siguiente en entrevistas de negocios y ante grupos de personas.

Así que se vio obligado a ser rápido y práctico. En consecuencia, ha desarrollado un sistema de formación único, con una sorprendente combinación de oratoria, técnicas de venta, relaciones humanas y psicología aplicada.

Sin ser esclavo de reglas rígidas, ha confeccionado un curso que es tan real como el sarampión, pero el doble de divertido.

Cuando terminan las clases, los participantes forman sus propios clubes y continúan reuniéndose cada quince días durante años. Un grupo de diecinueve hombres de Filadelfia lleva diecisiete años quedando dos veces al mes durante cada invierno. A menudo la gente recorre cien o ciento cincuenta kilómetros para asistir a estas lecciones. Un estudiante solía viajar cada semana de Chicago a Nueva York.

El profesor William James, de la Universidad de Harvard, acostumbraba a decir que el hombre medio tan solo desarrolla un diez por ciento de su capacidad mental latente. Al ayudar a hombres y mujeres de negocios a desarrollar sus posibilidades latentes, Dale Carnegie ha creado uno de los movimientos más significativos en el ámbito de la educación de adultos.

LOWELL THOMAS, 1936

Prefacio

¿Cómo se escribió este libro y por qué?

Durante los últimos treinta y cinco años [1900-1935], las editoriales de Estados Unidos han impreso más de doscientos mil libros diferentes. La mayoría de ellos eran mortalmente aburridos, y muchos han sido un fracaso en términos comerciales. ¿He dicho «muchos»? El presidente de una de las mayores editoriales del mundo me confesó recientemente que su empresa, después de setenta y cinco años de experiencia, sigue perdiendo dinero con siete de cada ocho títulos que publica.

¿Por qué, entonces, he tenido la temeridad de escribir otro libro? Y, después de haberlo escrito, ¿por qué debería usted molestarse en leerlo? Creo que son preguntas justas que uno debe hacerse, e intentaré responderlas.

Por desgracia, para explicar con precisión cómo y por qué se escribió este libro, es posible que tenga que aludir brevemente a algunos de los hechos a los que ya se ha referido Lowell Thomas en su introducción, titulada «Un atajo hacia la distinción».

Desde 1912 he impartido cursos educativos para hombres y mujeres de negocios y profesionales en Nueva York. Al principio solo eran cursos de oratoria, diseñados para formar a adultos mediante la experiencia real, para que pensaran con los pies en la tierra y expresaran sus ideas con más claridad, más eficacia y más aplomo, tanto en entrevistas de negocios como ante grupos de personas.

Sin embargo, poco a poco, con el paso de los años, me di cuenta de que si bien estos adultos necesitaban una formación en oratoria eficaz, necesitaban aún más formación en el delicado arte de llevarse bien con la gente en sus tratos comerciales cotidianos y en los contactos sociales.

También comencé a ser consciente paulatinamente de que yo mismo necesitaba con urgencia ese conocimiento. Ahora que miro atrás, me horrorizo ante mi frecuente falta de delicadeza y comprensión. Ojalá hubiera tenido en mis manos un libro como este hace veinte años. Habría supuesto una ayuda inestimable.

Tratar con la gente es sin duda el mayor problema al que uno se enfrenta, sobre todo si eres un hombre de negocios. Efectivamente, pero también si eres contable, ama de casa, arquitecto o ingeniero. Los estudios realizados hace unos años bajo los auspicios de la Fundación Carnegie revelaron un hecho muy importante y significativo, confirmado luego por otros estudios realizados por el Instituto Carnegie de Tecnología: incluso en sectores tan técnicos como la ingeniería, alrededor del quince por ciento del éxito financiero se debe a los conocimientos técnicos, y algo así como un ochenta y cinco por ciento a la habilidad en ingeniería humana, es decir, a la personalidad y a la capacidad para dirigir a otras personas.

Durante muchos años, impartí cursos cada año en el Engineers' Club de Filadelfia, y también otros para la sección en Nueva York del American Institute of Electrical Engineers. Lo cierto es que habrán pasado por mis clases más de mil quinientos profesionales. Acudieron a mí porque en determinado momento se dieron cuenta, tras años de observación y experiencia, de que los hombres mejor pagados en el campo de la ingeniería no suelen ser los que más saben de la materia. Uno puede, por ejemplo, contratar a trabajadores con meras habilidades técnicas en ingeniería, contabilidad, arquitectura o cualquier otra profesión por veinticinco o cincuenta dólares a la semana. El mercado siempre está a rebosar de ellos. Sin embargo, aquel que añade a sus conocimientos técnicos la capacidad de expresar sus ideas, de asumir el liderazgo y de suscitar entusiasmo entre las personas, ese hombre se encuentra en el camino de alcanzar un mayor poder adquisitivo.

En el apogeo de su actividad, John D. Rockefeller le dijo a Matthew C. Brush que «la habilidad para tratar con la gente es una mercancía tan susceptible de ser adquirida como el azúcar o el café. [...] Y yo pagaré más por esa habilidad —añadió, John D.— que por cualquier otra cosa».

Cabría suponer, entonces, que todas las universidades del país imparten cursos para desarrollar la habilidad más cotizada, ¿verdad? Bueno, pues si hay un solo curso práctico y con sentido común para adultos de ese tipo que se imparta en una sola universidad del país, ha escapado a mi atención hasta el momento de escribir estas líneas.

La Universidad de Chicago y las Escuelas Unidas de la YMCA llevaron a cabo una encuesta para determinar lo que los adultos realmente quieren estudiar. Esa encuesta costó veinticinco mil dólares y se realizó durante dos años; la última parte en Meriden, Connecticut, considerado como el prototipo de pueblo americano.

Se entrevistó a todos los adultos de Meriden y se les pidió que respondieran a ciento cincuenta y seis preguntas, tales como: ¿Cuál es su negocio o profesión? ¿Sus estudios? ¿Cómo pasa su tiempo libre? ¿Qué ingresos tiene? ¿Cuáles son sus aficiones? ¿Sus ambiciones? ¿Sus preocupaciones? ¿Qué temas le interesa más estudiar? Esa encuesta reveló que la salud es la principal preocupación de los adultos, y que en segundo lugar está la gente: cómo entender a la gente y llevarse bien con ella, cómo caerle bien a la gente, cómo hacer que los demás vean las cosas desde el punto de vista de uno.

Así pues, el comité que realizó la encuesta decidió organizar un curso para adultos centrado en este tipo de cuestiones en Meriden. Buscaron con empeño un libro de texto sobre el tema y no encontraron ninguno. Finalmente, se dirigieron a una de las autoridades mundiales en el ámbito de la educación para adultos y le preguntaron si conocía algún libro que respondiera a las necesidades de este grupo. «No —reconoció—. Sé lo que quieren los adultos, pero el libro que necesitan nunca se ha escrito».

Yo sabía por experiencia que esta afirmación era cierta, pues yo mismo llevaba años buscando un manual práctico y de fácil aplicación sobre las relaciones humanas. Como no existía tal libro, he intentado escribir uno para utilizarlo en mis propios cursos. Y aquí está. Espero que les guste.

Para preparar este libro, he leído todo lo que he podido encontrar sobre el tema: desde Dorothy Dix, los expedientes judiciales de divorcio y la revista *Parent's Magazine*, hasta escritos del profesor Overstreet, Alfred Adler y William James. Además, contraté a un investigador especializado para que pasara un año y medio en distintas bibliotecas leyendo todo lo que me había perdido, hojeando eruditos tomos sobre psicología, estudiando detenidamente cientos de artículos de revistas, buscando en innumerables biografías, intentando averiguar cómo los grandes hombres de todas las épocas habían tratado a las personas. Leímos las biografías de esos grandes personajes de la historia. Las de todos los grandes líderes, desde Julio César hasta Thomas Edison. Recuerdo que revisamos más de cien biografías solo de Theodore Roosevelt. Estábamos decididos a no escatimar tiempo ni dinero con tal de recopilar todas aquellas ideas prácticas que alguien había utilizado a lo largo de los tiempos para ganar amigos e influir en los otros.

Yo, personalmente, entrevisté a decenas de personas de éxito, algunas de ellas mundialmente famosas, como Marconi, Franklin D. Roosevelt, Owen D. Young, Clark Gable, Mary Pickford o Martin Johnson, e intenté descubrir la técnica que utilizaban en las relaciones humanas.

A partir de todo este material, preparé una breve conferencia. La llamé «Cómo ganar amigos e influir sobre las personas». Digo «breve», pues era corta al principio, aunque ahora se ha ampliado hasta convertirse en una charla que dura alrededor de una hora y treinta minutos. Durante mucho tiempo, he impartido esta conferencia cada año a los adultos de los cursos del Instituto Carnegie de Nueva York.

Les daba la charla y les instaba a que salieran y pusieran a prueba en sus negocios y contactos sociales lo aprendido, y luego volvieran a clase y hablaran de sus experiencias y de los resultados que habían obtenido. ¡Qué tarea más interesante! Estos hombres y mujeres, hambrientos de superación personal, estaban fascinados con la idea de trabajar en un nuevo tipo de laboratorio: el primer y único laboratorio de relaciones humanas para adultos que jamás ha existido.

Este libro no se escribió en el sentido habitual de la palabra. Creció como crece un niño. Creció y se desarrolló a partir de esa propuesta experimental, bebió de las experiencias de miles de adultos.

Hace años, empezamos con un conjunto de reglas impresas en una tarjeta no más grande que una postal. Al año siguiente imprimimos una tarjeta más grande, luego un folleto, después una serie de folletos, cada uno de los cuales ampliaba su tamaño y alcance. Ahora, tras quince años de experimentos e investigación, llega este libro.

Las reglas que hemos establecido aquí no son meras teorías o conjeturas. Funcionan como la magia. Por increíble que pueda parecer, he visto cómo la aplicación de estos principios revolucionaba literalmente la vida de muchas personas.

A modo de ejemplo:

El año pasado, un hombre con trescientos catorce trabajadores se apuntó a uno de estos cursos. Durante años, había regañado, criticado y censurado a sus empleados sin límite ni miramientos. La amabilidad, así como las palabras de aprecio y de ánimo, eran ajenas a sus labios. Tras estudiar los principios expuestos en este libro, este empresario cambió por completo su filosofía de vida. Su empresa está ahora inspirada por una nueva lealtad, un nuevo entusiasmo, un nuevo espíritu de trabajo en equipo. Trescientos catorce enemigos se han convertido en trescientos catorce amigos. Como dijo con orgullo en un discurso ante la clase: «Antes, cuando caminaba por mi establecimiento, nadie me saludaba. De hecho, mis empleados miraban hacia otro lado cuando me veían acercarme. Sin embargo, ahora todos son mis amigos, e incluso el portero del edificio me llama por mi nombre de pila». Este empresario tiene ahora más beneficios, más tiempo libre y —lo que es infinitamente más importante— encuentra mucha más felicidad en su negocio y en su hogar.

Incontables vendedores han aumentado considerablemente sus ventas mediante el uso de estos principios. Muchos han abierto nuevas cuentas, las mismas que antes habían solicitado en vano. A los ejecutivos se les ha dado mayor autoridad, mayor salario. Uno de ellos informó el año pasado de un aumento de sueldo de cinco mil dólares anuales, debido en gran parte a la aplicación de estas verdades. Otro, un alto cargo de la Philadelphia Gas Works Company, estaba a punto de ser rebajado de puesto por su beligerancia, por su incapacidad para dirigir a los empleados con destreza. Esta formación no solo le salvó de un descenso de categoría cuando tenía sesenta y cinco años, sino que le valió un ascenso con aumento de sueldo.

En innumerables ocasiones, las esposas que asisten al banquete ofrecido al final del curso me han dicho que sus hogares son mucho más felices desde que sus maridos recibieron esta formación.

Con frecuencia los hombres se asombran de los nuevos resultados que obtienen. Todo parece arte de magia. En algunos casos, en su entusiasmo, me han telefoneado a mi casa en domingo porque no podían esperar cuarenta y ocho horas para comunicarme sus logros en la sesión ordinaria del curso.

El año pasado un hombre se sintió tan conmovido por una charla sobre estos principios que se sentó a discutirlos con los demás miembros de la clase hasta bien entrada la noche. A las tres de la mañana, los demás se fueron a casa. Sin embargo, él estaba tan conmovido al comprender sus propios errores, tan inspirado por la visión de un mundo nuevo y más rico que se abría ante él, que no podía dormir. No durmió esa noche, ni al día siguiente ni a la noche siguiente.

¿Quién era? ¿Alguien de carácter ingenuo, sin formación, dispuesto a entusiasmarse con cualquier nueva teoría que se le presentara? No, ni mucho menos. Se trata de un sofisticado y desenvuelto marchante de arte; un hombre de mundo, que habla tres idiomas con fluidez y se ha licenciado en dos universidades extranjeras.

Mientras escribía este capítulo, recibí una carta de un alemán de la vieja escuela, un aristócrata cuyos antepasados habían servido durante generaciones como oficiales del Ejército a las órdenes de los Hohenzollern. Su carta, escrita desde un vapor transatlántico, en la que relataba la aplicación de estos principios, destilaba un fervor casi religioso.

Otro individuo, un anciano neoyorquino, licenciado en Harvard, con una distinguida posición social, un adinerado propietario de una gran fábrica de alfombras, declaró que había aprendido más en catorce semanas con este sistema de formación sobre el distinguido arte de influir en las personas que lo asimilado sobre el mismo tema en el transcurso de sus cuatro años de universidad. ¿Absurdo? ¿Para echarse a reír? ¿De locos? Naturalmente, usted puede rechazar esta afirmación con el adjetivo que desee. Yo simplemente informo, sin comentarios, del testimonio de una persona conservadora y de eminente éxito, graduada de Harvard, en un discurso público ante aproximadamente seiscientos hombres en el Yale Club de Nueva York, la noche del jueves 23 de febrero de 1933.

El famoso profesor William James, de Harvard, afirmó:

> Comparado con lo que deberíamos ser, estamos solo medio despiertos. Solo utilizamos una pequeña parte de nuestros recursos físicos y mentales. En términos generales, el individuo humano vive, pues, muy dentro de sus límites. Posee poderes de diversos tipos que habitualmente no utiliza.

Esos poderes que usted «habitualmente no utiliza»... El único propósito de este libro es ayudarle a descubrir, desarrollar y sacar provecho de esos activos dormidos y que no emplea.

El doctor John G. Hibben, expresidente de la Universidad de Princeton, dijo:

La educación es la capacidad de hacer frente a las situaciones de la vida.

Si para cuando haya terminado de leer los tres primeros capítulos de esta obra no está un poco mejor equipado para afrontar las situaciones de la vida, entonces consideraré que este libro es un fracaso total en lo que a usted concierne, ya que, como dijo Herbert Spencer, «el gran objetivo de la educación no es el conocimiento, sino la acción». Y este es un libro de acción.

Esta introducción, como la mayoría de las introducciones, ya es demasiado larga. Así que vamos allá. Vayamos al grano de una vez. Por favor, pase inmediatamente al capítulo uno.

Dale Carnegie

PRIMERA PARTE

Técnicas fundamentales para tratar con la gente

«Si quiere recoger miel, no le dé patadas a la colmena»

El 7 de mayo de 1931 Nueva York fue testigo de la persecución más espectacular que la vieja ciudad haya conocido jamás. Tras semanas de búsqueda, Two Gun Crowley —el asesino y pistolero que no fumaba ni bebía— estaba acorralado, atrapado en el apartamento de su novia en West End Avenue.

Ciento cincuenta agentes y detectives sitiaron su escondite en el último piso. Abrieron agujeros en el tejado e intentaron ahuyentar a Crowley, el «asesino de policías», con gases lacrimógenos. Luego montaron sus ametralladoras en los edificios circundantes y por espacio de más de una hora una de las mejores zonas residenciales de Nueva York retumbó con el chasquido de las pistolas y el ruido de las ametralladoras. Crowley, agazapado detrás de una silla mullida, disparó sin cesar contra la policía. Diez mil personas entusiasmadas contemplaban la batalla. Nunca se había visto nada igual en las aceras de Nueva York.

Cuando Crowley fue capturado, el comisario de policía Mulrooney declaró que el forajido «de las dos pistolas» era uno de los criminales más peligrosos de la historia de Nueva York. «Es capaz de matar —afirmó— a las primeras de cambio».

Pero, ¿qué opinión de sí mismo tenía Two Gun Crowley? Lo sabemos, porque, mientras los agentes abrían fuego sobre su apartamento, Crowley redactó una carta dirigida «A quien pueda interesar». Y, mientras escribía, la sangre que fluía de sus heridas dejó un rastro carmesí en el papel. En su misiva, Crowley afirmaba: «Bajo mi abrigo hay un corazón cansado, pero bondadoso, que no haría daño a nadie».

Poco tiempo antes, Crowley se encontraba dándose el lote en una carretera rural a las afueras de Long Island cuando, de repente, un policía se acercó al coche aparcado y dijo: «Déjeme ver su permiso de conducir». Sin mediar palabra, desenfundó su pistola y abatió al agente con una lluvia de plomo. Mientras el moribundo caía, Crowley bajó del coche, cogió el revólver del policía y disparó otra bala contra el cuerpo postrado. El mismo asesino que más tarde diría: «Bajo mi abrigo hay un corazón cansado, pero bondadoso, que no haría daño a nadie».

Crowley fue sentenciado a morir en la silla eléctrica. Cuando llegó al corredor de la muerte en Sing, no crean que dijo algo así como: «Esto me pasa por matar gente». No, en lugar de eso, afirmó: «Esto me pasa por defenderme».

La moraleja de la historia es la siguiente: Two Gun Crowley no se culpó por nada. ¿Es esa una actitud poco habitual entre los criminales? Si así lo cree, lea esto:

> He pasado los mejores años de mi vida dando a la gente los placeres más triviales, ayudándoles a pasar un buen rato, y lo único que obtengo a cambio son insultos, la existencia de un hombre perseguido.

El que habla es Al Capone. Así es, el antiguo enemigo público número uno de Estados Unidos, el más siniestro jefe de la mafia que jamás haya asolado Chicago. Capone no se condena a sí mismo. En realidad, se considera como un benefactor público —un benefactor público incomprendido y poco reconocido—.

Y lo mismo pensaba Dutch Schultz antes de caer bajo las balas de otros gánsteres en Newark. Dutch Schultz, uno de los malhechores más célebres de Nueva York, afirmó en una entrevista en un periódico que era un benefactor público. Y realmente lo pensaba.

He mantenido una interesante correspondencia con el alcaide Lawes, de Sing, sobre este tema, y él sostiene que «muy pocos de los criminales que están en prisión se consideran a sí mismos malas personas. Son tan humanos como usted y como yo. Así que razonan, argumentan. Son capaces de explicarle por qué tuvieron que abrir una caja fuerte o ser rápidos con el dedo en el gatillo. La mayoría de ellos intentan justificar sus actos antisociales, incluso ante sí mismos, mediante una forma de razonamiento, falaz o lógica, y, en consecuencia, sostienen con firmeza que nunca deberían haber sido encarcelados».

Si Al Capone, Two Gun Crowley, Dutch Schultz y los hombres desesperados tras los muros de la cárcel no se culpan de nada, ¿qué pasa con la gente con la que usted y yo nos relacionamos?

El difunto John Wanamaker confesó una vez: «Hace treinta años que aprendí que regañar a los demás no sirve de nada. Ya tengo suficientes problemas para superar mis propias limitaciones como para preocuparme por el hecho de que Dios no haya considerado oportuno distribuir uniformemente el don de la inteligencia».

Wanamaker aprendió pronto esta lección, pero yo personalmente he tenido que dar tumbos por este viejo mundo durante un tercio de siglo antes de darme cuenta de que noventa y nueve de cada cien veces el hombre no ejerce la autocrítica por nada, por muy equivocado que esté.

La crítica es inútil porque pone a la persona a la defensiva y, por lo general, hace que se esfuerce por justificarse. La crítica es peligrosa porque hiere el preciado orgullo del individuo, menoscaba su sentido de la importancia y despierta su resentimiento.

En el ejército alemán no está permitido que un soldado presente una queja inmediatamente después de que haya ocurrido alguna cosa. Primero tiene que consultar su rencor con la almohada y calmarse. Si evidencia su descontento en ese instante, es castigado. Yo opino que debería haber una ley así también en la vida civil; una ley para los padres quejicas y las esposas regañonas, para los jefes acusadores y todo el odioso desfile de buscadores de faltas.

Tomemos, por ejemplo, la famosa disputa entre Theodore Roosevelt y el presidente Taft, una desavenencia que dividió al Partido Republicano, llevó a Woodrow Wilson a la Casa Blanca y escribió líneas audaces y brillantes sobre la Guerra Mundial, alterando el curso de la historia.

Repasemos rápidamente los hechos. Cuando Theodore Roosevelt salió de la Casa Blanca en 1908, nombró presidente a Taft y luego se marchó a África a cazar leones. A su regreso, explotó. Denunció a Taft por su conservadurismo, intentó asegurarse él mismo la nominación para un tercer mandato, formó el Partido Progresista (apodado Bull Moose) y prácticamente acabó con el Partido Republicano. En las elecciones siguientes, William Howard Taft y los republicanos solo ganaron en dos estados: Vermont y Utah. La derrota más desastrosa para el partido hasta entonces.

Theodore Roosevelt culpó a Taft, pero ¿se culpó el presidente Taft a sí mismo? Por supuesto que no. Con lágrimas en los ojos, Taft dijo: «No veo cómo podría haber hecho algo diferente a lo que he hecho».

¿Quién tuvo la culpa? ¿Roosevelt o Taft? Francamente, ni lo sé ni me importa. Lo que trato de decir es que todas las críticas de Theodore Roosevelt no persuadieron a Taft de que estaba equivocado. Simplemente, hicieron que Taft se esforzara por justificarse y reiterara con lágrimas en los ojos: «No veo cómo podría haber hecho algo diferente a lo que he hecho».

Ahora tomemos como ejemplo el escándalo del Teapot Dome. ¿Lo recuerda? Hizo clamar de indignación a los periódicos durante años, sacudiendo la nación. Nunca había sucedido nada parecido en la vida pública de Estados Unidos, al menos en la memoria contemporánea. He aquí los hechos: Albert Fall, secretario de Interior en el gabinete del presidente

Harding, era el encargado de gestionar el arrendamiento de las reservas de petróleo del Gobierno en Elk Hill y Teapot Dome, reservas de petróleo que habían sido reservadas para su futuro uso por parte de la Marina.

¿Permitió el secretario Fall una licitación competitiva? No, señor. En lugar de eso, entregó el jugoso contrato a su amigo Edward L. Doheny. ¿Y qué hizo Doheny? A cambio le dio al secretario Fall lo que se complació en llamar un «préstamo» de cien mil dólares. Luego, con toda prepotencia, Fall ordenó a los marines que entraran en el distrito para expulsar a los competidores cuyos pozos adyacentes estaban extrayendo petróleo de las reservas de Elk Hill. Estos rivales, desalojados a punta de fusil y bayoneta, acudieron a los tribunales y destaparon el escándalo de los cien millones de dólares de Teapot Dome. La vileza de la acción arruinó la Administración Harding, provocó náuseas a toda una nación, amenazó con hundir al Partido Republicano y puso a Albert B. Fall entre rejas.

Fall fue duramente criticado como pocos hombres públicos lo han sido nunca. ¿Se arrepintió? Jamás. Años más tarde, Herbert Hoover insinuó en un discurso público que la muerte del presidente Harding se había debido a la ansiedad y la preocupación causadas por la traición de un amigo. Al escuchar esto, la esposa de Fall saltó de su silla, alzó sus puños contra el destino y gritó: «¿Cómo? ¿Harding traicionado por Fall? ¡No! Mi marido nunca traicionó a nadie. Toda esta casa llena de oro no bastaría para tentar a mi marido a cometer un delito. Él es el que ha sido traicionado y llevado al matadero para ser crucificado».

Ahí lo tienen, la naturaleza humana en acción, el delincuente culpando a todos menos a sí mismo. Todos somos así. De modo que cuando el día de mañana usted y yo tengamos la tentación de criticar a alguien, recordemos a Al Capone, a Two Gun Crowley y a Albert Fall. Démonos cuenta de que las críticas son como palomas mensajeras. Siempre vuelven a casa. Démonos cuenta de que la persona a la que vamos a censurar probablemente se justificará y nos criticará a su vez; o, como el amable Taft, dirá: «No veo cómo podría haber hecho algo diferente a lo que he hecho».

La mañana del sábado 15 de abril de 1865 Abraham Lincoln agonizaba en la habitación del vestíbulo de una pensión barata situada justo enfrente del Teatro Ford, donde John Wilkes Booth le había disparado. El alargado cuerpo de Lincoln yacía estirado en diagonal sobre una cama demasiado corta para él. Sobre el lecho colgaba una reproducción barata del famoso cuadro de Rosa Bonheur *La feria de caballos*, y una lúgubre lámpara de gas parpadeaba con luz amarillenta. Mientras Lincoln agonizaba, el secretario de Guerra Stanton proclamó: «Ahí yace el más perfecto gobernante que el mundo ha visto jamás».

¿Cuál era el secreto del éxito de Lincoln en el trato con las personas? Estudié la vida de Abraham Lincoln durante diez años y dediqué tres a escribir y reescribir un libro titulado *Lincoln, el desconocido*. Creo haber realizado un estudio lo más detallado y minucioso posible de su personalidad y su vida privada. He analizado especialmente el método de Lincoln para tratar con las personas. ¿Se permitía criticar? Sí. Cuando era joven, en el valle de Pigeon Creek, Indiana, no solo criticaba, sino que escribía cartas y poemas ridiculizando a otras personas y luego los dejaba en los caminos rurales para que se encontraran. Una de estas cartas despertó resentimientos que duraron toda la vida.

Incluso después de convertirse en abogado en Springfield, Illinois, Lincoln siguió atacando abiertamente a sus oponentes en cartas que publicaba en los periódicos. Pero se pasó de la raya.

En otoño de 1842 ridiculizó a un político irlandés vanidoso y pendenciero llamado James Shields. Lo hizo en una misiva anónima publicada en el *Springfield Journal*. La ciudad entera se partió de risa. Shields, sensible y orgulloso, hervía de indignación. Averiguó quién era el autor de la diatriba, subió a su caballo, persiguió a Lincoln y le retó a batirse en duelo. Lincoln no deseaba batirse. Se oponía a esta costumbre, pero tampoco podía eludir el compromiso sin renunciar a salvar su honor. Le dieron a elegir las armas. Como tenía los brazos muy largos, escogió el sable de caballería y recibió lecciones de esgrima de un graduado de West Point. El día señalado, él y Shields se encontraron en un banco de arena del río

Misisipi, dispuestos a luchar hasta la muerte. Sin embargo, en el último momento, los padrinos intervinieron y el duelo se evitó.

Aquel fue el incidente personal más escabroso de la vida de Lincoln. Le enseñó una lección inestimable en el arte de tratar con la gente. Nunca más volvió a escribir una carta insultante. Nunca más ridiculizó a otros. Y, desde entonces, casi nunca criticó a nadie por nada.

Una vez tras otra, durante la guerra civil, Lincoln puso a un nuevo general al frente del ejército del Potomac, y cada uno de ellos —McClellan, Pope, Burnside, Hooker, Meade— cometió un trágico error que llevó al presidente a pasearse de un lado a otro presa de la desesperación. La mitad de la nación condenó salvajemente a estos generales incompetentes, pero Lincoln, «sin malicia hacia nadie, con caridad para todos», mantuvo la calma. Una de sus citas favoritas era «No juzguéis y no seréis juzgados».

Además, cuando la señora Lincoln y otras personas hablaban con severidad de la gente del sur, él respondía: «No los censuréis; son exactamente lo que nosotros seríamos en circunstancias similares».

Sin embargo, si algún hombre tuvo alguna vez ocasión de criticar, ese sin duda fue Lincoln. Tomemos solo un ejemplo:

La batalla de Gettysburg se libró durante los tres primeros días de julio de 1863. En la noche del 4 de julio, Lee comenzó a retirarse hacia el sur mientras las nubes de tormenta inundaban el país de lluvia. Cuando llegó al Potomac con su ejército derrotado, se encontró ante un río crecido e infranqueable y con un ejército de la Unión victorioso tras él. Había caído en una trampa. No podía escapar. Lincoln se percató de ello. El cielo enviaba una oportunidad de oro: la posibilidad de capturar al ejército contrario y poner fin a la guerra de manera inmediata. Así que, con una oleada de esperanza, el presidente ordenó a Meade que no convocara un consejo de guerra, sino que atacara a Lee de inmediato. Lincoln telegrafió sus órdenes y luego envió un mensajero especial a Meade exigiendo acción inmediata.

¿Y qué hizo el general Meade? Pues justo lo contrario de lo que se le había ordenado. Convocó el consejo de guerra contraviniendo de forma directa las órdenes de Lincoln. Vaciló. Pospuso la acción. Telegrafió todo tipo de excusas. Se negó rotundamente a atacar a Lee. Finalmente, el nivel del río bajó y Lee escapó por el Potomac con el resto de sus hombres.

Lincoln estaba furioso: «¿Qué significa esto —gritó a su hijo Robert—. ¡Santo Dios! ¿Qué significa esto? Estaban a nuestro alcance; tan solo teníamos que extender la mano y habrían sido nuestros. Sin embargo, nada de lo que yo hice o dije consiguió que el ejército se moviera. En esas circunstancias, casi cualquier general podría haber derrotado a Lee. Si hubiera ido hasta allí, yo mismo podría haberlo derrotado».

Con amarga decepción, Lincoln se sentó y escribió a Meade una carta. Cabe recordar que en este período de su vida el presidente era extremadamente conservador y comedido en su fraseología. Así que estas palabras suyas de 1863 equivalían a la reprimenda más severa.

> Mi querido general,
>
> No creo que usted sea capaz de apreciar la magnitud de la desgracia implícita en la fuga de Lee. Lo teníamos al alcance de la mano, y haberlo alcanzado, en relación con nuestros otros éxitos recientes, habría puesto fin a la guerra. Así las cosas, la guerra se prolongará indefinidamente. Si no pudieron atacar con seguridad a Lee el lunes pasado, ¿cómo podrán hacerlo al sur del río, cuando solo puedan llevar con ustedes muy pocos efectivos, no más de dos tercios de la fuerza que tenían entonces? No sería razonable esperar y no espero que usted pueda hacer mucho ahora. Su oportunidad de oro se ha ido, y estoy muy afligido por ello.

¿Qué supone usted que hizo Meade cuando leyó la carta? No llegó a verla. Lincoln nunca la envió. Fue encontrada entre sus papeles después de su muerte. Mi teoría es —y esto es solo una suposición— que después de escribirla, miró por la ventana y se dijo a sí mismo:

> Un momento. Tal vez no debería precipitarme. Es bastante fácil para mí sentarme aquí en la tranquilidad de la Casa Blanca y ordenar a Meade que ataque; pero si hubiera estado en Gettysburg, y si hubiera visto tanta sangre como la que Meade ha visto durante la última semana, y si mis oídos hubieran sido perforados por los gritos y alaridos de los heridos y moribundos, tal vez tampoco estaría tan ansioso por atacar. Si yo tuviera el temperamento tímido de Meade, tal vez habría hecho justo lo que él ha hecho
>
> En cualquier caso, ya es agua pasada. Si envío esta carta, aliviará mis sentimientos, pero hará que Meade trate de justificarse. Hará que me critique. Despertará rencores, perjudicará toda su utilidad futura como comandante, y tal vez lo obligue a renunciar al Ejército.

Así que, como ya he dicho, Lincoln dejó a un lado la carta, pues había aprendido por amarga experiencia que las críticas y reprimendas severas casi nunca sirven de nada.

Theodore Roosevelt dijo que cuando él, como presidente, se enfrentaba a algún problema ante el que no sabía cómo actuar, solía reclinarse y observar un gran cuadro de Lincoln que colgaba sobre su escritorio en la Casa Blanca, preguntándose: «¿Qué haría Lincoln si estuviera en mi lugar? ¿Cómo resolvería él este problema?».

La próxima vez que nos sintamos tentados de criticar con dureza a alguien, saquemos un billete de 5 dólares de nuestro bolsillo, miremos la imagen de Lincoln que aparece en él y preguntémonos: «¿Cómo resolvería él este problema?».

¿Conoce usted a alguien a quien le gustaría cambiar, corregir y mejorar? Estupendo. Me parece muy bien. Estoy totalmente a favor de ello, pero ¿por qué no empezar por uno mismo?

Desde un punto de vista puramente egoísta, eso es mucho más rentable que intentar mejorar a los otros. Además, resulta mucho menos peligroso.

«Cuando la lucha de un hombre comienza dentro de sí mismo —dijo Browning— es que vale algo». Probablemente, perfeccionarte te llevará hasta Navidad. Entonces, podrás tomarte un largo descanso durante las fiestas y dedicar el Año Nuevo a corregir y criticar a los demás. Aun así, primero perfecciónate a ti mismo. «No te quejes de la nieve en el tejado de tu vecino —decía Confucio— cuando tu propia puerta está sucia».

Cuando yo aún era joven y me esforzaba por impresionar a los demás, escribí una carta insensata a Richard Harding Davis, un autor que antaño ocupaba un lugar destacado en el panorama literario de Estados Unidos. Yo estaba preparando un artículo para una revista sobre autores literarios y le pedí que me hablara de su método de trabajo. Unas semanas antes, había recibido una carta de alguien con esta anotación al pie: «Dictada, pero no revisada». Me impresionó bastante. Me pareció que el escritor debía de ser alguien muy ocupado e importante. Yo no estaba ocupado en lo más mínimo; pero deseaba causar una honda impresión en Richard Harding Davis, así que terminé mi breve nota con las palabras: «Dictada, pero no revisada».

Nunca se molestó en contestar a la carta. Simplemente, me la devolvió con estas palabras garabateadas al pie: «Su falta de educación solo se ve superada por su falta de educación». Es cierto, había metido la pata, y tal vez merecía esta reprimenda. No obstante, me molestó. Me molestó tanto que, cuando diez años después me enteré del fallecimiento de Richard Harding Davis, el único pensamiento que aún persistía en mi mente —me avergüenza admitirlo— era el daño que me había hecho.

Si lo que queremos es suscitar mañana un resentimiento que resuene a lo largo de las décadas y perdure hasta nuestra muerte, basta con que nos demos la satisfacción de una crítica un poco hiriente, por muy seguros que estemos de que está justificada.

Al tratar con otras personas, recordemos que no interactuamos con criaturas lógicas. Lo hacemos con criaturas emocionales, llenas de prejuicios y motivadas por el orgullo y la vanidad.

La crítica es una chispa peligrosa, una chispa que puede provocar una explosión en el polvorín del orgullo, y esa explosión a veces acelera la muerte. Así le sucedió, por ejemplo, al general Leonard Wood, que en cierta ocasión fue criticado y a quien no se permitió ir con el ejército a Francia. Ese golpe a su orgullo probablemente acortó su vida.

Asimismo, la amarga crítica hizo que el sensible Thomas Hardy, uno de los novelistas que más han contribuido al enriquecimiento de la literatura inglesa, abandonara para siempre la escritura de ficción. Y las críticas también llevaron al suicidio al poeta inglés Thomas Chatterton.

Benjamin Franklin, sin tacto alguno en su juventud, llegó a ser tan diplomático, tan hábil en el trato con la gente, que fue nombrado embajador de Estados Unidos en Francia. ¿El secreto de su éxito? «No hablaré mal de nadie —dijo—, y hablaré todo lo bien que pueda de todo el mundo». Cualquier tonto puede criticar, censurar y quejarse, y la mayoría de los tontos lo hacen. Sin embargo, hace falta tener carácter y autocontrol para ser comprensivo y perdonar.

En palabras de Thomas Carlyle:

> Un gran hombre demuestra su grandeza por el modo en que trata a los que son o tienen menos que él.

En lugar de criticar a los demás, intentemos comprenderlos. Intentemos averiguar por qué hacen lo que hacen. Eso es mucho más provechoso y motivador que la crítica; y genera simpatía, tolerancia y bondad. «Entenderlo todo es perdonarlo todo».

Como dijo el doctor Johnson, «el mismo Dios, señor, no se propone juzgar al hombre hasta el fin de sus días». ¿Por qué deberíamos hacerlo usted y yo?

El gran secreto a la hora de tratar con la gente

Solo hay una manera de conseguir que alguien haga algo. ¿Alguna vez se paró a pensar en ello? Así es, solo hay una forma, y es logrando que la otra persona quiera hacerlo. Recuerde: no hay otra manera.

Naturalmente, puede conseguir que una persona desee darle su reloj clavándole un revólver en las costillas. También puede hacer que un empleado le preste su colaboración —hasta que usted se dé la vuelta— amenazando con despedirle. Puede lograr que un niño haga lo que usted quiere empleando un látigo o con castigos, pero todos estos burdos métodos tienen repercusiones muy poco deseables.

La única forma que tengo de conseguir que usted haga cualquier cosa es dándole lo que quiere. Así que, ¿qué es lo que usted quiere?

El famoso doctor Sigmund Freud, de Viena, uno de los psicólogos más distinguidos del siglo XX, sostiene que todo lo que usted y yo hacemos surge de dos motivos: el impulso sexual y el deseo de ser grande.

Por su parte, el profesor John Dewey, el filósofo más profundo de Estados Unidos, lo expresa de forma un poco diferente. En su opinión, el impulso más profundo de la naturaleza humana es «el deseo de ser importante». Acuérdese de esa frase: «el deseo de ser importante». Es fundamental; se hablará mucho de ello en este libro.

¿Qué es lo que usted quiere? No muchas cosas, pero las pocas que pretende las anhela con una insistencia que no admite negativa. Casi todos los adultos normales desean:

1. Salud y conservar la vida
2. Alimento
3. Descanso
4. Dinero y las cosas que el dinero puede comprar
5. La vida en el más allá
6. Satisfacción sexual
7. El bienestar de sus hijos
8. Ser importantes

Casi todos estos deseos se ven satisfechos; todos excepto uno. Hay un anhelo casi tan profundo, casi tan imperioso, como el deseo de comer o descansar que rara vez se satisface. Es lo que Freud llama «el deseo de ser grande»; es lo que Dewey llama «el deseo de ser importante».

En una ocasión, Lincoln comenzó una carta diciendo: «A todo el mundo le gustan los cumplidos». En el mismo sentido, William James afirmó: «El principio más profundo de la naturaleza humana es el anhelo de ser apreciado». No hablaba del «deseo» de ser apreciado, sino del «anhelo» de ser apreciado.

He aquí una aspiración humana persistente e inquebrantable, y los pocos individuos que satisfagan honestamente esta hambre del corazón tendrán a la gente en la palma de sus manos y, como suele decirse, «hasta el enterrador se arrepentirá cuando mueran».

El deseo de sentirse importante es una de las principales diferencias entre los seres humanos y los animales. He aquí un ejemplo ilustrativo. Cuando yo era granjero en Misuri, mi padre criaba cerdos de la variedad Duroc-Jersey y ganado vacuno de pura raza. Solíamos exhibir nuestros cerdos y nuestras vacas de cara blanca en las ferias y exposiciones de ganado de todo el Medio Oeste. Ganábamos muchos primeros premios. Mi padre prendía sus cintas azules en una larga hoja de muselina blanca y, cuando venían amigos o visitas a casa, la sacaba. Él sujetaba un extremo y yo el otro mientras exhibía estos galardones. A los cerdos no les importaban las cintas que habían ganado, pero a papá sí. Estos premios le daban un sentimiento de importancia.

Si nuestros antepasados no hubieran tenido ese ardiente deseo de sentirse importantes, la civilización habría sido imposible. Sin él, habríamos sido como los animales.

Fue este deseo de sentirnos importantes lo que llevó a un pobre tendero de ultramarinos sin educación a estudiar unos libros de derecho que encontró en el fondo de un barril con viejos objetos en una casa que había comprado por cincuenta céntimos. Es probable que usted haya oído hablar de este modesto comerciante. Se llamaba Lincoln. Fue este deseo de sentirse importante lo que inspiró a Dickens a escribir sus inmortales novelas. Este deseo movió a *sir* Christopher Wren a diseñar sus sinfonías de piedra. Este deseo hizo que Rockefeller amasara millones que nunca gastó. Y este mismo deseo llevó al hombre más rico de su ciudad a edificar una casa demasiado grande para sus necesidades. Este deseo es el que hace que queramos vestir a la última moda, conducir el automóvil más reciente y hablar de nuestros inteligentes hijos. Es este deseo el que lleva a muchos jóvenes a convertirse en gánsteres y pistoleros.

En palabras de E. P. Mulrooney, antiguo comisario de Policía de Nueva York,

> Los jóvenes delincuentes de hoy en día están llenos de ego, y lo primero que piden después de ser arrestados son esos escabrosos periódicos que les convierten en héroes. La desagradable perspectiva de sentarse en la silla eléctrica les parece remota, siempre que puedan regodearse en la idea de que su imagen comparta espacio con las fotos de Babe Ruth, La Gaurdia, Einstein, Lindbergh, Toscanini o Roosevelt.

Dígame cómo satisface esa pretensión de importancia y le diré quién es. Eso determina su carácter. Eso es lo más significativo de usted.

Veamos un ejemplo. John D. Rockefeller se sentía importante donando dinero para erigir un moderno hospital en Pekín para atender a millones de pobres a los que nunca había visto ni vería. Dillinger, en cambio, se sentía importante por ser un delincuente, un ladrón de bancos y un asesino. Cuando los federales estaban a punto de darle caza, entró corriendo en una granja de Minnesota y dijo: «¡Soy Dillinger!». Estaba orgulloso de ser el enemigo público número uno. «¡No voy a hacerle daño, pero soy Dillinger!», repitió. Así es, la única diferencia significativa entre Dillinger y Rockefeller es cómo conseguían sentirse importantes.

La historia está llena de divertidos ejemplos de personajes famosos que luchan por sentirse importantes. Incluso George Washington quiso que le llamaran «Su Alteza, el presidente de Estados Unidos»; y Colón suplicó el título de «almirante de la Mar Océana y virrey de las Indias». Catalina la Grande se negó a abrir aquellas cartas que no estuvieran dirigidas a «Su Majestad Imperial»; y la señora Lincoln, en la Casa Blanca, se volvió en cierta ocasión hacia la señora Grant como una tigresa y le espetó: «¡Cómo se atreve a sentarse en mi presencia sin que yo la haya invitado a hacerlo!».

Nuestros millonarios ayudaron a financiar la expedición del almirante Byrd a la Antártida con la condición de que las cordilleras de montañas heladas llevaran sus nombres; y Victor Hugo aspiraba a que nada menos que la ciudad de París fuera rebautizada en su honor. Incluso Shakespeare, el más sobresaliente de los sobresalientes, intentó dar lustre a su apellido consiguiendo un escudo de armas para su familia.

La gente a veces se vuelve loca para ganar simpatía y atención, y conseguir así una sensación de importancia. Por ejemplo, la señora McKinley se sentía importante obligando a su marido, el presidente de Estados Unidos, a descuidar relevantes asuntos de Estado mientras se quedaba en la cama a su lado durante horas enteras, rodeándola con su brazo y tranquilizándola para que se durmiera. Asimismo, alimentaba su ansia de atención insistiendo en que su esposo permaneciera junto a ella durante el tiempo en que le arreglaban la dentadura, y en una ocasión llegó a montar un escándalo cuando McKinley tuvo que dejarla a solas con el dentista porque tenía una cita con John Hay.

Mary Roberts Rinehart me habló una vez de una joven brillante y vigorosa que se volvió inválida para sentirse importante:

> Un día, esta mujer se vio obligada a afrontar algo, su edad, tal vez, así como el hecho de que nunca se casaría. Los años de soledad se extendían hacia delante y ya no le quedaba mucho que esperar. Se acostó en su cama; y durante diez años su anciana madre tuvo que subir y bajar escaleras hasta el tercer piso, llevando bandejas y atendiéndola. Un día, la madre, fatigada de tantas labores, se echó sobre la cama y murió. Durante algunas semanas, la inválida languideció; luego se levantó, se vistió y reanudó su vida.

Algunas autoridades afirman que la gente puede volverse loca para encontrar, en el país de los sueños de la locura, esa sensación de importancia que les ha sido negada en el duro mundo de la realidad. En Estados Unidos hay más enfermos mentales que afectados de todas las demás patologías juntas. Si uno tiene más de quince años y reside en el estado de Nueva York, la probabilidad de ser recluido en un manicomio durante siete años de su vida es de una entre veinte. ¿Cuál es la causa de la locura?

Nadie puede responder a una pregunta tan general, pero sabemos que ciertas enfermedades, como la sífilis, descomponen y destruyen las células cerebrales y la provocan. De hecho, aproximadamente la mitad de todos los trastornos mentales pueden atribuirse a causas físicas como lesiones cerebrales, el alcohol, toxinas y otras lesiones. Sin embargo, la otra mitad —y esta es la parte espantosa de la historia— de las personas que enloquecen, al parecer no tiene nada mal en sus células cerebrales desde un punto de vista orgánico. En los exámenes *post mortem*, cuando sus tejidos cerebrales se estudian bajo los microscopios más potentes, se encuentran aparentemente tan sanos como el suyo y el mío. Entonces, ¿por qué padecen trastornos mentales?

Hace poco le hice esta pregunta al médico jefe de uno de nuestros hospitales psiquiátricos más importantes. Este profesional, que ha recibido los más altos honores y los más codiciados premios por sus conocimientos sobre el tema, me reconoció con toda franqueza que desconocía la causa. Nadie lo sabe con certeza. No obstante, sí me dijo que muchas personas que pierden la razón encontraban en la locura esa sensación de importancia que no podían alcanzar en el mundo de la realidad. Y me contó la siguiente historia:

> En este momento, tengo una paciente cuyo matrimonio resultó ser una tragedia. Ella quería amor, gratificación sexual, hijos y prestigio social, pero la vida echó por tierra todas sus esperanzas. Su marido no la quería. Se negaba incluso a comer con ella y la obligaba a servirle la comida en su habitación de arriba. No tenía hijos ni prestigio social.

> Se volvió loca y, en su imaginación, se divorció de su marido y retomó su apellido de soltera. Ahora cree que se ha casado con un miembro de la aristocracia inglesa e insiste en que la llamen lady Smith.
>
> Y en cuanto a los niños, ahora se imagina que ha tenido un niño nuevo cada noche. Cada vez que la llamo me dice: «Doctor, anoche tuve un bebé».
>
> La vida hizo naufragar todos sus sueños en las afiladas rocas de la realidad. Sin embargo, en las soleadas y fantasiosas islas de la locura, todos sus sueños navegan con las velas ondeando y el viento silbando a través de los mástiles. ¿Trágico? No lo sé. Su médico me dijo: «Si pudiera extender mi mano y devolverle la cordura, no lo haría. Es mucho más feliz tal y como está».

Como grupo social, aquellos que han perdido la razón son a menudo más felices que usted y que yo; muchos disfrutan en su estado de enajenación. ¿Por qué no habrían de hacerlo? Han resuelto sus problemas. Le extenderán un cheque de un millón de dólares o le darán una carta de presentación para el Aga Khan. Han encontrado en un mundo de ensueño creado por ellos mismos la importancia que tan profundamente anhelaban.

Si hay personas con tal necesidad de sentirse relevantes que pierden la razón para conseguirlo, imagine los milagros que usted y yo podemos lograr si le damos a la gente una apreciación honesta de su importancia desde el punto de vista de la realidad.

Que yo sepa, solo ha habido dos personas en la historia que cobraran un sueldo de un millón de dólares al año: Walter Chrysler y Charles Schwab.

¿Por qué le pagaba Andrew Carnegie a Schwab un millón de dólares al año, o más de tres mil dólares al día? ¿Por qué? ¿Porque Schwab es un genio? No. ¿Porque sabía más sobre la fabricación del acero que ninguna otra persona? Tonterías. El propio Charles Schwab me confesó en cierta ocasión que muchos de los hombres que trabajaban a sus órdenes sabían más que él sobre la fabricación del acero.

Schwab decía que recibía ese salario en gran parte por su habilidad para tratar con la gente. En una ocasión le pregunté cómo lo hacía. He aquí su secreto, expresado con sus propias palabras, palabras que deberían fundirse en bronce eterno y colgarse en todos los hogares y escuelas, en todas las tiendas y oficinas del país, palabras que los niños deberían memorizar en lugar de perder el tiempo repitiendo la conjugación de los verbos latinos o la cantidad de precipitaciones anuales en Brasil, palabras que, de hecho, transformarán su vida y la mía si las ponemos en práctica:

> Considero que el mayor activo que poseo es mi capacidad para despertar el entusiasmo entre las personas; y la forma de desarrollar lo mejor que hay en una persona es a través del aprecio y los estímulos. No hay nada para acabar con las ambiciones de una persona como las críticas de sus superiores. Yo nunca critico a nadie. Creo que a las personas, para que trabajen, hay que incentivarlas. Así que no dudo en elogiar, pero me resisto a encontrar defectos. Si algo me gusta, soy efusivo en mi aprobación y pródigo en mis elogios.

Eso es lo que hace Schwab. Pero, ¿qué hace una persona común y corriente? Justamente lo contrario. Si no le gusta algo, levanta la voz; si le gusta, no dice nada.

Continuaba Schwab:

> En mi amplia experiencia, reuniéndome con muchos y grandes hombres en diversas partes del mundo todavía no he encontrado al hombre, por importante o elevada que sea su posición, que no haga mejor su trabajo y ponga mayor empeño bajo un espíritu de aprobación de lo que jamás haría bajo un espíritu de crítica.

Estas palabras, sinceramente, constituyeron una de las principales razones del espectacular éxito de Andrew Carnegie. Carnegie elogiaba a sus asociados tanto en público como en privado; lo hizo incluso en su lápida.

Escribió un epitafio para sí mismo que decía: «Aquí yace alguien que supo rodearse de hombres más inteligentes que él».

El aprecio sincero era, igualmente, uno de los secretos del éxito de Rockefeller en el trato con las personas. Por ejemplo, cuando uno de sus socios, Edward T. Bedford, metió la pata y le hizo perder a la empresa un millón de dólares por una mala compra en Sudamérica, John D. podría haberle criticado; pero él sabía que Bedford había hecho cuanto estaba en su mano, y el incidente quedó zanjado. Así que Rockefeller encontró algo que elogiar; felicitó a Bedford porque había sido capaz de salvar el sesenta por ciento del dinero que había invertido. «Estupendo —le dijo Rockefeller—. A nosotros no siempre nos va tan bien aquí arriba».

Ziegfeld, el empresario más asombroso de cuantos deslumbraron Broadway, se ganó su reputación por su sutil habilidad para «glorificar a la chica americana». En repetidas ocasiones cogió a una jovencita sosa a la que nadie miraría dos veces y la transformó en el escenario en una glamurosa visión de misterio y seducción. Conocedor del valor del aprecio y la confianza, hacía que las mujeres se sintieran bellas por el puro poder de su galantería y consideración. Era un hombre práctico; subió el sueldo de las coristas de treinta dólares semanales a ciento setenta y cinco. Y también era caballeroso; la noche del estreno de *Follies*, envió un telegrama a las estrellas del reparto y obsequió a todas las coristas del espectáculo con rosas de la variedad American Beauty.

Una vez sucumbí a la moda del ayuno y estuve seis días y seis noches sin comer. No fue difícil. Tenía menos hambre al final del sexto día que al final del segundo. Conozco, y ustedes también, a muchos que estarían convencidos de haber cometido un crimen si dejaran a sus familias o a sus empleados sin comer durante seis días; sin embargo, permiten que pasen seis días, a veces seis semanas o incluso sesenta años sin recibir de su parte el aprecio sincero que anhelan casi tanto como la comida.

Cuando Alfred Lunt interpretó el papel protagonista en la obra *Reunión en Viena*, dijo: «No hay nada que necesite tanto como alimentar mi autoestima».

Alimentamos el cuerpo de nuestros hijos, amigos y empleados, ¡pero qué pocas veces alimentamos su autoestima! Les damos carne asada y patatas para que se llenen de energía, pero nos olvidamos de ofrecerles palabras amables de aprecio que resuenen en su memoria durante años, como la música de las estrellas del alba.

Algunos pensarán al leer estas líneas: «¡La misma historia de siempre! ¡Elogios! ¡Adulación! Ya he probado esas cosas. No funciona, no con la gente inteligente».

Por supuesto, la adulación rara vez funciona con personas inteligentes. Es superficial, egoísta y poco sincera. Lo lógico sería que fallara y así suele suceder. Es cierto que algunas personas están tan sedientas de aprecio que se tragan cualquier cosa, igual que un muerto de hambre come hierba y gusanos de los que se utilizan como cebo para pescar.

¿Por qué, por ejemplo, los hermanos Mdivani, casados en múltiples ocasiones, tuvieron tanto éxito en el ámbito matrimonial? ¿Cómo es posible que estos supuestos «príncipes» fueran capaces de contraer matrimonio con dos hermosas y famosas estrellas de cine, además de con una *prima donna* de fama mundial y con Barbara Hutton, con todos sus millones? ¿Cómo lo hicieron? Adela Rogers St. Johns, en un artículo para la revista *Liberty*, decía lo siguiente:

> El encanto de los hermanos Mdivani con las mujeres ha sido para muchos uno de los grandes misterios de la historia.
>
> Pola Negri, una mujer de mundo, conocedora de los hombres y gran artista, me lo explicó una vez. Me dijo: «Entienden el arte de la adulación como ningún otro hombre que yo haya conocido». Y el arte de la adulación casi se ha perdido en esta época realista y humorística. Ese, te aseguro, es el secreto del encanto Mdivani con las mujeres. Lo sé.

Hasta la reina Victoria era susceptible a la adulación. El primer ministro Disraeli confesó que abusaba del elogio a la hora de tratar con la soberana. Para usar sus palabras exactas, dijo que «lo aplicaba con una paleta».

Disraeli fue uno de los hombres más refinados, hábiles y diestros que jamás gobernaron el extenso Imperio británico. Era un genio en lo suyo. Sin embargo, lo que a él le funcionaba no necesariamente funcionaría para usted y para mí. A la larga, la adulación le hará más mal que bien. La adulación es falsa y, como el dinero falso, acabará metiéndole en problemas si intenta usarla.

¿Cuál es la diferencia entre el aprecio y la adulación? Muy fácil. Uno es sincero y la otra falsa. Uno procede del corazón; la otra, de la boca. Uno es desinteresado; la otra, egoísta. Uno es universalmente admirado; la otra, universalmente condenada.

Hace poco contemplé un busto del general Obregón en el palacio de Chapultepec, en Ciudad de México. Debajo de su efigie están grabadas estas sabias palabras de la filosofía del ilustre militar: «No temas a los enemigos que te atacan. Teme a los amigos que te adulan».

¡No me entienda mal! ¡No estoy proponiendo la adulación! Ni mucho menos. Estoy hablando de una nueva forma de vida. Permítanme repetirlo. Estoy hablando de una nueva forma de vida.

El rey Jorge V tenía seis máximas expuestas en las paredes de su estudio en el palacio de Buckingham. Una de ellas rezaba: «Enséñame a no proferir ni recibir alabanzas baratas». En esto consiste la adulación: alabanzas baratas. Una vez leí una definición de adulación que quizá merezca la pena repetir: «Adular es decirle al otro precisamente lo que piensa de sí mismo».

«Emplea el lenguaje que quieras —dijo Ralph Waldo Emerson—; nunca podrás expresar sino lo que eres». Si nos limitáramos a emplear la adulación, todo el mundo se daría cuenta de ello y todos seríamos expertos en relaciones humanas.

Cuando no estamos ocupados en algún problema concreto, pasamos cerca del noventa y cinco por ciento de nuestro tiempo pensando en nosotros mismos. Ahora bien, si dejamos de pensar en nosotros mismos durante un rato y empezamos a centrarnos en las virtudes de los demás, no tendremos que recurrir a halagos tan baratos y falsos que se descubren casi antes de salir de la boca.

Emerson dijo: «Todo hombre que conozco es superior a mí en algún sentido. En ese sentido, aprendo de él».

Si eso era cierto para Emerson, ¿no es probable que sea mil veces más cierto para usted y para mí? Dejemos de pensar en nuestros logros, en nuestros deseos. Intentemos descubrir las virtudes de los demás. Olvidémonos de los halagos. Ofrezcamos un aprecio honesto y sincero. Sea «efusivo en su aprobación y pródigo en el elogio», y la gente agradecerá sus palabras, las atesorará y las repetirá durante toda la vida; las repetirá años después de que usted las haya olvidado.

Quien es capaz de hacer esto tiene al mundo entero a su lado; quien no puede, recorre un camino solitario

Todos los veranos practico la pesca en Maine. Personalmente, me gustan mucho las fresas con nata, pero reconozco que, por alguna extraña razón, los peces prefieren las lombrices. Así que, cuando voy a pescar, no pienso en lo que yo quiero, sino en lo que los peces quieren. No cebo el anzuelo con fresas y nata. Más bien, cuelgo un gusano o un saltamontes delante del pez y le digo: «¿No te gustaría comer eso?». ¿Por qué no utilizar el mismo sentido común para pescar hombres?

Eso es lo que hacía Lloyd George. Cuando en una ocasión le preguntaron cómo había conseguido mantenerse en el poder después de que todos los demás líderes durante la Gran Guerra —Wilson, Orlando y Clemenceau— hubieran desaparecido de la escena pública y caído en el olvido respondió que, si a algo podía atribuirse su permanencia en la cima, era probablemente al hecho de que había aprendido que era necesario cebar el anzuelo a la medida del pez.

¿Por qué hablar de lo que queremos? Eso es infantil. Absurdo. Es evidente que usted está interesado en aquello que desea; jamás dejará de interesarle, pero a nadie más que a usted. Los demás somos iguales: nos interesa aquello que deseamos.

De modo que la única forma de influir en otra persona es hablarle de lo que quiere y mostrarle cómo conseguirlo. Recuerde esto el día de mañana cuando intente que alguien haga algo. Si, por ejemplo, no quiere que su hijo fume, no le sermonee ni le hable de lo que usted quiere, pero enséñele que el tabaco puede impedirle entrar en el equipo de baloncesto o ganar los cien metros lisos.

Esto es algo que conviene recordar, independientemente de si se trata de niños, terneros o chimpancés. Por ejemplo, un día, Ralph Waldo Emerson y su hijo intentaron conducir un ternero al establo, pero cometieron el error muy común de pensar solo en lo que ellos querían; Emerson empujaba y su hijo tiraba. Sin embargo, el animal hizo exactamente lo mismo que ellos: solo pensó en lo que quería; así que endureció las patas y se negó obstinadamente a abandonar el prado. La criada irlandesa se dio cuenta de la situación. Ella no sabía escribir novelas ni ensayos, pero, al menos en esta ocasión, tuvo más sentido común que Emerson. Pensó en lo que el ternero quería; así que introdujo su dedo en la boca del animal y dejó que se lo chupara mientras ella lo conducía suavemente al establo.

Todos los actos que usted ha realizado desde el día en que nació se deben a que quería algo. «¿Y si doné cien dólares a la Cruz Roja?». Igualmente, no es una excepción a la regla. Donó cien dólares a la Cruz Roja porque quería echar una mano, porque quería hacer un acto hermoso, altruista, divino. («En cuanto lo hicisteis a uno de estos, mis hermanos más pequeños, a mí lo hicisteis»). Si no hubiera querido ese sentimiento más de lo que quería sus cien dólares, no habría hecho la contribución. Naturalmente, también es posible que haya realizado su aportación económica porque le daba vergüenza negarse o porque un cliente se lo pidió. Pero una cosa es cierta: hizo la contribución porque quería algo.

El profesor Harry A. Overstreet, en su revelador libro *Influencing Human Behaviour*, afirma:

> La acción surge de lo que deseamos fundamentalmente [...] y el mejor consejo que se le puede dar a quienes aspiran a ser persuasivos, ya sea en los negocios, en el hogar, en la sociedad o en la política, es: primero, despierte en la otra persona un deseo entusiasta. Quien es capaz de hacer esto tiene al mundo entero a su lado; quien no puede, recorre un camino solitario.

Andrew Carnegie, aquel pobre muchacho escocés que empezó a trabajar por dos céntimos la hora y acabó donando trescientos sesenta y cinco millones de dólares, aprendió muy pronto que la única forma de influir en los demás es hablar en términos de lo que la otra persona quiere. Solo asistió a la escuela cuatro años, pero aprendió a tratar con la gente.

He aquí un ejemplo para ilustrarlo. Su cuñada estaba muy preocupada por sus dos hijos. Estudiaban en Yale y estaban tan ocupados con sus propios asuntos que se olvidaban de escribir a casa; no prestaban atención a las desesperadas cartas de su madre. Entonces Carnegie propuso apostar cien dólares a que podía obtener una respuesta suya por correo sin siquiera pedirla. Alguien aceptó la apuesta y Carnegie escribió a sus sobrinos una carta en la que mencionaba que les enviaba un billete de cinco dólares a cada uno. Sin embargo, se olvidó de adjuntar el dinero. En respuesta, le contestaron agradeciendo a su «querido tío Andrew» su amable carta. Usted mismo puede imaginar el resto.

Tal vez mañana quiera convencer a alguien de que haga algo. Antes de empezar a hablar, impóngase una pausa y pregúntese: «¿Cómo puedo actuar para que quiera hacerlo?». Esta pregunta evitará que nos precipitemos y abordemos a la gente con una charla inútil sobre nuestros deseos.

Cada año alquilo el gran salón de baile de cierto hotel de Nueva York durante veinte noches para dar una serie de conferencias. En una ocasión, me informaron inesperadamente de que tendría que pagar casi el triple por el alquiler que en años anteriores. La noticia me llegó después de que se hubieran impreso y distribuido las entradas y una vez que todos los anuncias estaban hechos.

Naturalmente, yo no quería asumir el aumento, pero ¿de qué serviría hablar con el hotel sobre lo que yo quería? Solo les interesaba lo que ellos querían. Así que un par de días después fui a ver al director.

—Me he quedado un poco sorprendido al leer su mensaje —le dije—, pero no le culpo en absoluto. Si yo hubiera estado en su lugar, probablemente habría escrito una carta similar. Su deber como gerente del hotel es obtener todo el beneficio posible. Si no lo hace, le despedirán, y despedido con razón. Ahora, tomemos un trozo de papel y escribamos las ventajas y los inconvenientes que se derivarán para usted si insiste en aumentar el alquiler.

A continuación, cogí una hoja de papel, tracé una línea vertical en el medio y titulé una columna «Ventajas» y la otra «Desventajas». Bajo el encabezado «Ventajas» escribí estas palabras: «Salón de baile libre». Luego, le dije:

—Podrá alquilar el salón para bailes y convenciones. Esta es una gran ventaja, ya que por este tipo de actividades le pagarán mucho más que por una serie de conferencias. Si compromete el salón de baile durante veinte noches a lo largo del año, seguramente perderá un negocio muy rentable para usted. Ahora, consideremos las desventajas. En primer lugar, en vez de aumentar sus ingresos procedentes de mí, va a disminuirlos. De hecho, va a poner fin a ellos, porque no puedo pagar el alquiler que me piden. Así que me veré obligado a dar estas conferencias en otro lugar. También hay otra desventaja para usted: estas conferencias atraen a una gran cantidad de personas cultas y refinadas a su hotel. Supone una buena publicidad para usted, ¿no? De hecho, si se gastara cinco mil dólares en publicidad en los periódicos, no podría atraer a tanta gente a su establecimiento como yo con estas sesiones. Eso vale mucho para un hotel, ¿no?

Mientras hablaba, escribí estas dos «desventajas» bajo el epígrafe correspondiente, y entregué la hoja de papel al director, diciéndole:

—Me gustaría que considerara detenidamente tanto las ventajas como las desventajas que se le van a presentar y que luego me diera su decisión final.

Al día siguiente recibí una carta en la que se me informaba de que mi alquiler solo aumentaría un cincuenta por ciento, en lugar de un trescientos por ciento.

Nótese que conseguí esta reducción sin decir ni una palabra acerca de lo que yo quería. Hablé todo el tiempo de lo que quería la otra persona y de cómo podía conseguirlo.

Supongamos que hubiera hecho lo más humano y natural; supongamos que hubiera irrumpido en su despacho y le hubiera espetado al director del hotel: «¿Cómo que quiere subirme el alquiler un trescientos por ciento ahora que sabe que ya se han impreso las entradas y se han hecho los anuncios? ¡Un trescientos por ciento! ¡Es ridículo! ¡No pienso pagarlo!».

¿Qué habría pasado entonces? La discusión habría ido cada vez a más y ya se sabe cómo acaban estas cosas. Aunque le hubiera convencido de que estaba equivocado, su orgullo le habría dificultado dar marcha atrás y ceder.

He aquí uno de los mejores consejos sobre el arte de las relaciones humanas, tal como lo expresó Henry Ford:

> Si existe un secreto del éxito, este reside en la capacidad de adoptar el punto de vista de los demás y ver las cosas tanto desde su perspectiva como desde la nuestra.

Es tan bueno que me gustaría repetirlo: «Si existe un secreto del éxito, este reside en la capacidad de adoptar el punto de vista de los demás y ver las cosas tanto desde su perspectiva como desde la nuestra».

Es tan simple, tan obvio, que cualquiera debería apreciar la verdad que encierra; sin embargo, el noventa por ciento de la gente lo ignora el noventa por ciento de las veces.

¿Quiere un ejemplo? Eche un vistazo a las cartas que lleguen a su escritorio mañana por la mañana, y se dará cuenta de que la mayoría de ellas violan esta norma de sentido común. Fíjese en esta, una carta escrita por el jefe del departamento de radio de una agencia de publicidad con sucursales repartidas por todo el continente. Fue enviada a los directores de las emisoras de radio locales de todo el país. He puesto entre paréntesis mi impresión sobre cada párrafo.

Señor ________,
Villacualquiera,
Indiana

Estimado señor ____________

La compañía ________________ desea mantener su posición de liderazgo entre las agencias de publicidad en el ámbito radiofónico.

(¿A quién le importa lo que desee su empresa? Ya tengo yo mis propios problemas. El banco está ejecutando la hipoteca de mi casa, los bichos se están comiendo las malvarrosas y la bolsa se desplomó ayer. Esta mañana he perdido el tren de las ocho y cuarto, anoche no me invitaron al baile de los Jones, el médico me dice que tengo la tensión alta, neuritis y caspa. Y luego, ¿qué pasa? Esta mañana llego a la oficina preocupado, abro el correo y me encuentro con un mequetrefe de Nueva York parloteando sobre lo que quiere su empresa. ¡Bah! Si supiera la impresión que da con su carta, dejaría el negocio de la publicidad y se pondría a fabricar insecticida para ovejas).

> Las campañas publicitarias de esta agencia a nivel nacional fueron el baluarte de la primera cadena radiofónica. A partir de ahí, hemos sido la agencia con mayor presencia en las emisoras de radio año tras año.

(Entiendo, son ustedes ricos e importantes y están en la cima, ¿verdad? ¿Y qué? Me importa un bledo si son ustedes tan grandes como General Motors, General Electric y el Estado Mayor del Ejército de Estados Unidos juntos. Si tuviera la mitad de sentido común que un colibrí, se daría cuenta de que lo que me interesa es lo grande que soy yo, y no lo grande que sea usted. Toda esta palabrería sobre su enorme éxito me hace sentir pequeño y sin importancia).

> Deseamos proporcionar a nuestros clientes las últimas novedades sobre emisoras de radio.

(¡Lo desea! Es usted un imbécil sin paliativos. No me interesa lo que usted desea ni lo que desea Mussolini ni lo que desea Bing Crosby. Déjeme decirle de una vez por todas que a mí me interesa lo que yo deseo; y aún no le he oído decir ni una palabra al respecto en esta absurda carta suya).

> Por tanto, querrá usted poner a la compañía ____________ en su lista preferente para el envío de información semanal radiofónica; todos los detalles que puedan ser útiles a una agencia y ahorrarle tiempo de forma inteligente.

(«Lista preferente». ¡Hay que tenerla dura! Primero me hace sentir insignificante con toda esa palabrería sobre la importancia de su empresa y luego me pide que la ponga en una lista «preferente», y ni siquiera lo pide «por favor»).

> Un acuse de recibo de esta carta a la mayor brevedad, comunicándonos sus últimas «actividades», será mutuamente provechoso.

(¡Cretino! Me envía usted una simple carta mecanografiada, un formulario común y corriente como tantos otros, y tiene el descaro de pedirme, cuando estoy preocupado por la hipoteca, las malvarrosas y mi tensión arterial, que me siente y le envíe una nota personal acusando recibo de su carta; y encima pretende que lo haga «a la mayor brevedad». ¿A qué se refiere con «a la mayor brevedad»? ¿No sabe que yo estoy tan ocupado como usted, o al menos me gusta pensar que lo estoy? Y ya que estamos, ¿quién le ha dado a usted derecho a darme órdenes? Dice que será «mutuamente provechoso». Por fin, por fin ha empezado a ver mi punto de vista. Sin embargo, no concreta en qué modo me beneficiará).

> Atentamente,
> Señor Fulano
> Director del Departamento de Radio
> P. D. La reimpresión adjunta del *Diario de Villacualquiera* será de su interés, y tal vez quiera difundirlo por su emisora de radio.

(Finalmente, aquí abajo, en la posdata, menciona usted algo que puede ayudarme a resolver uno de mis problemas. ¿Por qué no ha empezado su carta por ahí? En fin, ¿qué sentido tendría? Cualquier publicista que sea capaz de perpetrar estupideces como las que usted me ha enviado tiene algo que no funciona bien en su cerebro. Usted no necesita una carta con nuestras últimas actividades. Lo que necesita es un litro de yodo en su glándula tiroides).

Si una persona que dedica su vida a la publicidad y que se hace pasar por experta en el arte de influir en la gente para que compre escribe una carta así, ¿qué podemos esperar del carnicero, del panadero y del fabricante de pegamento para alfombras?

He aquí otra carta, escrita por el superintendente de una gran terminal de mercancías a un alumno de este curso, el señor Edward Vermylen. ¿Qué efecto tuvo en el hombre al que iba dirigida? Léala y luego se lo diré.

A. Zerega's Sons, Inc.
28 Front Street
Brooklyn, N.Y.

A la atención del señor Edward Vermylen.

Muy señores nuestros:

Las operaciones en nuestra terminal de recepción ferroviaria de salida se ven perjudicadas porque un alto porcentaje del negocio total se nos entrega a última hora de la tarde. Esta situación provoca atascos, horas extras por parte de nuestro personal, retrasos en los camiones y, en algunos casos, retrasos en la carga. El 10 de noviembre recibimos de su empresa un lote de quinientas diez piezas que llegó aquí a las 16:20 horas.

Solicitamos su cooperación para superar los efectos indeseables derivados de la recepción tardía de los cargamentos. Nos gustaría pedirles que, en los días en que envíen ustedes un volumen como el recibido en la fecha antes mencionada, se haga un esfuerzo para que el camión llegue más temprano o para que parte de la carga sea entregada durante la mañana.

Un acuerdo de este tipo les beneficiaría, ya que la descarga de sus camiones sería más rápida y se aseguraría que el cargamento saliera el mismo día de su recepción.

Atentamente,

J_________ B_________, superintendente.

Después de leer esta carta, el señor Vermylen, director de ventas de A. Zerega's Sons, Inc., me la reenvió con el siguiente comentario:

> Esta carta ha logrado el efecto contrario al que se pretendía. La carta comienza describiendo las dificultades de una terminal, en las que, en general, no estamos interesados. A continuación, se solicita nuestra cooperación sin tener en cuenta si ello nos causaría algún inconveniente y, finalmente, en el último párrafo, se menciona el hecho de que si colaborásemos, esto supondría una descarga más rápida de nuestros camiones con la seguridad de que nuestra carga saldría en la fecha de su recepción. En otras palabras, aquello en lo que estamos más interesados se menciona en último lugar y el único efecto que se logra es el de suscitar un espíritu de antagonismo más que de cooperación.

Veamos si podemos reescribir y mejorar esta carta. No perdamos el tiempo hablando de nuestros problemas. Como advierte Henry Ford, «adoptemos el punto de vista de la otra persona y veamos las cosas tanto desde su perspectiva como desde la nuestra».

He aquí una manera de revisar el texto. Puede que no sea la mejor, pero al menos es algo.

Señor Edward Vermylen
a/c A. Zerega's Sons, Inc.
28 Front Street. Brooklyn, N.Y.

Estimado señor Vermylen:

Su empresa ha sido uno de nuestros mejores clientes durante catorce años. Naturalmente, estamos muy agradecidos por su patrocinio y estamos deseando darle el servicio rápido y eficiente que se merece. Sin embargo, lamentamos decirle que no nos es posible hacerlo cuando sus camiones nos traen un gran cargamento a última hora de la tarde, como ocurrió el pasado 10 de noviembre. ¿Por qué?

Porque muchos otros clientes también hacen entregas a última hora de la tarde. Naturalmente, eso provoca atascos. Eso supone que sus camiones se vean retenidos inevitablemente en la terminal, y a veces incluso su cargamento sale con retraso.

Eso es malo; muy malo. ¿Cómo puede evitarse? Haciendo sus entregas en la terminal por la mañana cuando le sea posible. Eso permitirá que sus camiones sigan circulando, que su carga reciba atención inmediata y que nuestros trabajadores lleguen pronto a casa por la noche para disfrutar de los deliciosos macarrones y fideos que usted fabrica.

Por favor, no tome esto como una queja y, se lo ruego, no crea que pretendo decirle cómo llevar su negocio. Esta carta está motivada únicamente por el deseo de servirle con mayor eficacia.

Independientemente de cuándo lleguen sus envíos, siempre haremos todo lo que esté en nuestras manos para servirle con prontitud.

Sé que es usted un hombre ocupado. Por favor, no se moleste en contestar a esta carta.

Atentamente,

J__________ B_________, superintendente.

Miles de vendedores patean las calles hoy en día, cansados, desanimados y mal pagados. ¿Por qué? Porque siempre están pensando solo en lo que ellos quieren. No se dan cuenta de que ni usted ni yo queremos comprar nada. Si lo quisiéramos, saldríamos a comprarlo. Y, sin embargo, ambos estamos siempre interesados en resolver nuestros problemas. Cuando un vendedor sea capaz de mostrarnos cómo sus servicios o sus productos van a contribuir a resolver nuestros problemas, no necesitará vendérnoslos. Nosotros los compraremos. Además, a los clientes les gusta sentir que están comprando, no que les están vendiendo.

Aun así, muchos vendedores se pasan la vida vendiendo sin ver las cosas desde el punto de vista del cliente. Por ejemplo, yo vivo en Forest Hills, una pequeña comunidad de casas particulares en el centro de Nueva York. Un día en que iba con prisa a la estación, me encontré por casualidad con un agente inmobiliario que llevaba muchos años comprando y vendiendo propiedades en Long Island. Él conocía bien Forest Hills, así que me apresuré a preguntarle si mi casa de estuco estaba construida con listones metálicos o teja hueca. Me respondió que no lo sabía, y me dijo lo que yo ya sabía: que podía averiguarlo llamando a la Forest Hills Gardens Association. A la mañana siguiente, recibí una carta suya. ¿Me dio la información que quería? Él podría haberla obtenido en sesenta segundos mediante una llamada telefónica, pero no lo hizo. Volvió a decirme que podía conseguirla llamando yo mismo por teléfono y luego me pidió que le dejara encargarse de mi seguro.

A él no le interesaba ayudarme; solo le interesaba ayudarse a sí mismo. Debería haberle dado ejemplares de los excelentes libros de Vash Young, *The Go-Giver* y *Una fortuna para compartir*. Si leyera esos libros y practicara su filosofía, obtendría mil veces más beneficios que gestionando mi seguro.

Los profesionales cometen el mismo error. Hace varios años fui a la consulta de un conocido especialista en nariz y garganta de Filadelfia. Antes incluso de mirarme las amígdalas, me preguntó a qué me dedicaba. No le interesaba el tamaño de mis amígdalas. Le interesaba el tamaño de mi cuenta corriente. Su principal preocupación no era cuánto podía ayudarme, sino cuánto podía sacar de mí. El resultado fue que no consiguió nada. Salí de su consulta con desdén por su falta de carácter.

El mundo está lleno de gente así: acaparadora y egoísta. Así que los pocos individuos que intentan servir a los demás de forma desinteresada poseen una enorme ventaja, ya que tienen poca competencia. Owen D. Young dijo: «El hombre que es capaz de ponerse en el lugar de otros hombres, que puede comprender el funcionamiento de sus mentes, no ha de preocuparse nunca por lo que el futuro le depara».

Si de la lectura de estas páginas usted solo saca una enseñanza, una mayor tendencia a pensar siempre desde el punto de vista de los demás y a ver las cosas desde su ángulo; si únicamente es eso lo que consigue de este libro, bien podrá decir que ha sido uno de los hitos de su carrera.

La mayoría de la gente va a la universidad y aprende a leer a Virgilio y a dominar los misterios del cálculo sin saber nunca cómo funciona su propia mente. En relación con lo anterior, una vez impartí un curso de «Oratoria eficaz» para jóvenes universitarios que entraban a trabajar en la Carrier Corporation de Newark (Nueva Jersey), la empresa encargada de refrigerar los edificios de oficinas y climatizar los teatros. Uno de ellos, interesado en convencer a los demás de que jugaran al baloncesto, les dijo lo siguiente:

> Quiero que vengáis a jugar al baloncesto. Me gusta jugar al baloncesto, pero las últimas veces que he ido al gimnasio no hemos sido suficientes para organizar un partido. La otra noche, dos o tres de nosotros empezamos a lanzarnos la pelota y yo acabé con un ojo morado. Me gustaría que vinierais mañana por la noche. Quiero jugar al baloncesto.

¿Mencionó algo de que lo querían los demás? ¿Quién va a querer ir a un gimnasio al que no va nadie? No importa lo que él quiera. A nadie le apetece acabar con un ojo morado. ¿Podría haberles enseñado a conseguir las cosas que ellos desean al usar el gimnasio? Seguramente. Mejor ánimo, más apetito, la mente más despejada, diversión, juegos, baloncesto, etc.

Repitamos el sabio consejo del profesor Overstreet: «Primero, despierte en la otra persona un deseo entusiasta. Quien es capaz de hacer esto tiene al mundo entero a su lado; quien no puede, recorre un camino solitario».

Otro de los alumnos del curso de formación que impartí estaba preocupado por su hijo pequeño. El niño, bajo de peso, se negaba a comer bien. Sus padres utilizaban el método habitual: le regañaban e insistían constantemente. «Mamá quiere que comas esto y aquello». «Papá quiere que seas un hombre grande».

¿Prestaba el niño atención a estas súplicas? Tanto como a las celebraciones de la religión mahometana.

Ninguna persona con un mínimo de sentido común esperaría que un niño de tres años reaccionase ante el punto de vista de un padre de treinta. Sin embargo, eso era precisamente lo que ese padre pretendía. Era absurdo. Al final se dio cuenta. Así que se dijo: ¿Qué quiere este niño? ¿Cómo puedo vincular lo que yo quiero a lo que él quiere?

Fue fácil una vez que se decidió a pensar en ello. Su hijo tenía un triciclo con el que le encantaba correr por la acera de un lado a otro frente a su casa de Brooklyn. Unos metros más abajo vivía una «amenaza», como dicen en Hollywood: un niño más grande que tiraba al pequeño de su triciclo para montarse él. Cuando esto sucedía, lo habitual era que el niño volviera corriendo hacia su madre y que ella saliera corriendo para arrebatarle el juguete al otro y devolvérselo a su hijo.

¿Qué quería el niño? No hacía falta ser Sherlock Holmes para saberlo. Su orgullo, su rabia, su deseo de sentirse importante —todas las emociones más fuertes de su ser— le impulsaban a vengarse, a romper la nariz a la «amenaza». Así que cuando su padre le dijo que, si comía lo que sus padres querían que comiera, algún día sería capaz de defenderse él mismo de aquel niño más grande, cuando su padre le prometió eso, ya no hubo más problemas. El pequeño habría comido espinacas, chucrut, caballa salada..., cualquier cosa con tal de ser lo bastante grande para enfrentarse al matón que tantas veces le había humillado.

Después de resolver ese problema, el padre abordó otro: su hijo tenía la costumbre de mojar la cama.

Dormía con su abuela. Por la mañana, la mujer se despertaba, palpaba la sábana y le decía: «Mira, Johnny, anoche volviste a hacerlo». Y el pequeño respondía: «No, yo no he sido. Fuiste tú».

Regañarle, darle unos azotes, avergonzarle, repetirle que mamá no quería que lo hiciera... Nada de eso funcionaba para mantener la cama seca.

Así que los padres se preguntaron: ¿Cómo podemos hacer que este niño *quiera* dejar de mojar la cama?

¿Cuáles eran sus deseos? En primer lugar, el pequeño tenía ganas de llevar pijama como papá, en vez de camisón como la abuela. La mujer se estaba hartando de sus malas costumbres nocturnas, así que se ofreció encantada a comprarle un pijama si modificaba esos hábitos. En segundo lugar, quería una cama propia... La abuela no se opuso.

Su madre lo llevó a los grandes almacenes Loeser, en Brooklyn, le guiñó un ojo a la dependienta y dijo:

—Aquí hay un pequeño caballero al que le gustaría hacer algunas compras.

La dependienta le hizo sentirse importante:

—Joven, ¿en qué puedo ayudarle?

El pequeño se irguió un par de centímetros y respondió:

—Quiero comprarme una cama.

Cuando le mostraron la que su madre quería, la dependienta, avisada con otro guiño a tiempo, convenció al chico para que eligiera precisamente esa.

La cama fue entregada al día siguiente; y esa noche, cuando papá llegó a casa, el pequeño corrió a la puerta gritando:

—¡Papá! ¡Papá! Ven a ver la cama que me he comprado.

Él, mirando la reciente adquisición, obedeció el mandato de Charles Schwab: «Sea efusivo en su aprobación y pródigo en el elogio».

—Esta cama no vas a mojarla, ¿verdad? —le preguntó.

—¡Ah, no, no! No pienso mojar esta cama.

El niño cumplió su promesa, pues se trataba de su orgullo. Era su cama. Solo él la había comprado. Y, además, ahora vestía pijama como un hombrecito. Quería actuar como un hombre. Y lo hizo.

Otro padre, K. T. Dutschmann, ingeniero telefónico, alumno de mi curso, no conseguía que su hija de tres años desayunara. Los métodos habituales de regañar, suplicar y engatusar no funcionaron. Así que él y su esposa se preguntaron: ¿Cómo podemos actuar para que desayune?

A la niña le encantaba imitar a su madre, sentirse grande y adulta; así que una mañana la sentaron en una silla y dejaron que ella misma preparara el desayuno.

Justo en el momento preciso, mientras ella andaba removiendo algo, el padre entró en la cocina. «Mira, papá, esta mañana estoy preparando los cereales», exclamó.

Esa mañana se comió dos raciones de cereales sin que nadie tuviera que decirle nada, porque le interesaban. Había adquirido un sentimiento de importancia; había encontrado en la preparación del desayuno una vía de autoexpresión.

William Winter dijo una vez que «la autoexpresión es la necesidad dominante de la naturaleza humana». ¿Por qué no utilizar esa misma psicología en los negocios? Cuando tenemos una idea brillante, en lugar de convencer a la otra persona de que es nuestra, ¿por qué no dejar que la cocine y la prepare ella misma? Entonces, la considerará suya, le gustará y quizá se coma un par de raciones.

Recuerde: «Primero, despierte en la otra persona un deseo entusiasta. Quien es capaz de hacer esto tiene al mundo entero a su lado; quien no puede, recorre un camino solitario».

Nueve sugerencias para aprovechar al máximo este libro

1. Si desea aprovechar al máximo este libro, hay un requisito indispensable, un principio esencial más importante que cualquier pauta o técnica. A menos que cumpla usted esta exigencia fundamental, de poco le servirán mil reglas sobre cómo estudiar. Y si posee ese talento esencial, entonces podrá lograr resultados maravillosos sin necesidad de leer ninguna sugerencia sobre cómo sacarle el máximo partido a un libro.

¿Cuál es este requisito mágico? Tan solo esto: un profundo y motivador deseo de aprender, una vigorosa determinación de aumentar su capacidad para tratar con la gente.

¿Cómo puede desarrollar ese impulso? Recordándose constantemente lo importantes que son para usted estos principios. Imagínese cómo este talento le ayudará en su carrera hacia una mayor recompensa social y económica. Dígase una y otra vez: «Mi popularidad, mi felicidad y mis ingresos dependen en buena medida de mi habilidad para tratar con la gente.

2. Lea cada capítulo rápidamente una primera vez para tener una visión general. Es probable que sienta la tentación de pasar enseguida al siguiente, pero no lo haga, a no ser que esté leyendo estas páginas por puro entretenimiento. Si lo que quiere es mejorar su habilidad en las relaciones humanas, vuelva atrás y relea cada capítulo de forma pausada. A la larga, esto le supondrá ahorrar tiempo y obtener resultados.

3. Deténgase con frecuencia para reflexionar sobre lo que está leyendo. Pregúntese cómo y cuándo puede aplicar cada sugerencia. Leer de esta forma le ayudará mucho más que avanzar a toda velocidad como si fuera un perro persiguiendo a un conejo.

4. Tenga un lápiz de color rojo, un bolígrafo o una pluma estilográfica a mano y, cuando encuentre una sugerencia que crea que puede utilizar, trace una línea junto a ella. Si cree que es una magnífica sugerencia, subraye cada frase o márquela con «XXXX». Marcar y subrayar un libro lo hace más interesante y mucho más fácil de revisar.

5. Conozco a un hombre que ha sido director de sucursal de una gran compañía de seguros durante quince años. Cada mes lee todos los contratos que emite su compañía. Así es, lee los mismos contratos mes tras mes, año tras año. ¿Por qué? Porque la experiencia le ha enseñado que es la única manera de recordar claramente sus cláusulas y disposiciones.

Pasé casi dos años escribiendo un libro sobre cómo hablar en público y, sin embargo, todavía hoy me doy cuenta de que tengo que volver a él de vez en cuando para recordar lo que escribí en mi propia obra. La rapidez con que olvidamos es asombrosa.

Por lo tanto, si quiere usted obtener un beneficio real y duradero de este libro, no piense que será suficiente con hojearlo una vez. Después de leerlo detenidamente, debería dedicar unas horas a repasarlo cada mes. Téngalo siempre en su escritorio. Eche un vistazo a sus páginas a menudo. No deje de impresionarse por las enormes posibilidades de mejora que aún tiene por delante. Recuerde que solo podrá hacer uso de estos principios de forma habitual e inconsciente mediante un ejercicio constante de revisión y aplicación. No hay otro modo.

6. Bernard Shaw dijo una vez: «Si se enseña algo a un hombre, jamás lo aprenderá». Shaw tenía razón. El aprendizaje es un proceso activo; aprendemos haciendo. Así que, si desea dominar los principios que está estudiando en estas páginas, haga algo al respecto. Aplique estas reglas a cada oportunidad. Si no lo hace, las olvidará rápidamente. Solo el conocimiento que se utiliza se queda grabado en la mente.

Es probable que le resulte difícil aplicar estas sugerencias todo el tiempo. Lo sé porque a mí, autor del libro, a menudo me parece complicado poner en práctica todo lo que sostengo. Por ejemplo, cuando uno está disgustado, es mucho más fácil criticar y censurar que intentar comprender el punto de vista de la otra persona. Con frecuencia resulta más sencillo encontrar defectos que elogios. Es más natural hablar de lo que uno quiere que hablar de lo que quiere la otra persona. Y así, en general. Por lo tanto, mientras lee este libro, recuerde que no está tratando simplemente de adquirir información. Está intentando crear nuevos hábitos. Así es, usted está buscando una nueva forma de vida. Eso requerirá tiempo, constancia y práctica diaria.

Por tanto, consulte estas páginas a menudo. Considérelas como un manual de trabajo sobre las relaciones humanas; y siempre que tenga que lidiar con algún problema concreto —como tratar con un niño, convencer a su esposa de su punto de vista o satisfacer a un cliente enojado— desconfíe de hacer lo natural, lo impulsivo. Suele ser un error. En lugar de eso, vuelva al libro y repase los párrafos que ha subrayado. A continuación, pruebe estas nuevas fórmulas y observe cómo hacen magia para usted.

7. Ofrézcale a su cónyuge, a su hijo o a algún socio una moneda de diez centavos o un dólar cada vez que se sorprenda infringiendo determinado principio. Convierta el dominio de estas reglas en un animado juego.

8. El presidente de un importante banco de Wall Street describió una vez, en una charla ante mis alumnos, el eficaz sistema que utilizaba para superarse. Este hombre tenía poca educación formal, pero llegó a ser uno de los economistas más importantes de Estados Unidos, y confesó que debía la mayor parte de su éxito a la aplicación constante de su sistema particular. Esto es lo que hace. Lo pondré en sus propias palabras tan exactamente como alcanzo a recordar:

> Desde hace años llevo una agenda con todas las citas que tengo durante el día. Mi familia nunca hace planes para mí los sábados por la noche, porque sabe que dedico una parte de cada noche de sábado

> a examinar, revisar y evaluar mis acciones. Después de cenar, me voy solo, abro mi agenda y reflexiono sobre todas las entrevistas, debates y reuniones que han tenido lugar durante la semana.
>
> Me pregunto: «¿Qué errores cometí en aquella ocasión? ¿Qué hice bien y qué podría haber hecho mejor? ¿Qué lecciones puedo aprender de esa experiencia?».
>
> A menudo, esta revisión semanal me hace sentir muy infeliz. Con frecuencia me asombro de mis propias meteduras de pata. Por supuesto, con el paso de los años, estas meteduras de pata son cada vez menos frecuentes. A veces ahora me siento inclinado a darme unas palmaditas en la espalda después de una de estas sesiones. Este sistema de autoanálisis y autoformación, año tras año, ha hecho más por mí que cualquier otra cosa que jamás haya intentado.
>
> Me ha ayudado a mejorar mi capacidad para tomar decisiones y me ha ayudado enormemente en todas mis relaciones. No puedo recomendarlo más encarecidamente.

¿Por qué no utiliza usted un sistema similar para comprobar la aplicación de los principios que se tratan en este libro? Si lo hace, ocurrirán dos cosas. En primer lugar, se encontrará inmerso en un proceso educativo tan intrigante como inestimable. Por otra parte, descubrirá que su habilidad para conocer y tratar con la gente crece y se extiende como laurel verde.

9. Lleve un diario en el que anotar sus logros en la aplicación de estos principios. Sea concreto. Indique nombres, fechas y resultados. Llevar un registro de este tipo le motivará para esforzarse más; ¡ya verá lo fascinantes que le resultan estas anotaciones cuando se las encuentre por casualidad dentro de unos años!

Para sacar el máximo partido a este libro:

1. Desarrolle un profundo deseo de dominar los principios de las relaciones humanas.
2. Lea cada capítulo dos veces antes de pasar al siguiente.
3. Mientras lee, deténgase con frecuencia para preguntarse cómo puede aplicar cada sugerencia.
4. Subraye todas las ideas importantes.
5. Repase este libro cada mes.
6. Aplique estos principios en cada oportunidad que se le presente; utilice este libro como si fuera un manual de trabajo con el que resolver sus problemas cotidianos.
7. Haga de su aprendizaje un juego animado, ofreciendo a algún amigo una moneda de diez centavos o un dólar cada vez que se sorprenda infringiendo alguno de estos principios.
8. Compruebe cada semana sus progresos, pregúntese qué errores ha cometido, qué mejoras puede implementar y qué lecciones ha aprendido de cara al futuro.
9. Lleve un diario que refleje cómo y cuándo ha aplicado estos principios.

SEGUNDA PARTE

Seis formas de caerle bien a la gente

Haga esto y será bienvenido en todas partes

¿Por qué hay que leer este libro para saber cómo ganar amigos? ¿Por qué no estudiar la técnica del mayor conquistador de amigos que el mundo ha conocido? ¿De quién estoy hablando? Puede que se lo encuentre usted mañana por la calle. Cuando se acerque a él y esté a menos de tres metros, empezará a mover la cola. Si se detiene y le da una palmadita, se pondrá loco de contento para demostrarle lo mucho que le quiere. Y usted sabe muy bien que detrás de esta muestra de afecto por su parte no hay segundas intenciones; no quiere venderle ningún inmueble ni casarse con usted.

¿Se ha parado usted a pensar que el perro no tiene que trabajar para vivir? Una gallina tiene que poner huevos, una vaca tiene que dar leche y un canario tiene que cantar. Pero un perro se gana la vida dándole solo amor.

Cuando yo tenía cinco años, mi padre compró un perrito de pelo claro por cincuenta centavos. Fue la luz y la alegría de mi infancia. Todas las tardes, a eso de las cuatro y media, se sentaba en el patio delantero con sus hermosos ojos fijos en el camino, y en cuanto oía mi voz o me veía agitar mi fiambrera entre los matorrales, salía disparado, corriendo sin aliento colina arriba para saludarme dando brincos de alegría y ladridos de puro éxtasis.

Tippy fue mi compañero constante durante cinco años. Entonces, una trágica noche —nunca lo olvidaré—, murió a menos de tres metros de mí, alcanzado por un rayo. La muerte de Tippy fue la mayor tragedia de mi infancia.

Tú nunca leíste un libro de psicología, Tippy. No lo necesitabas. Sabías por instinto divino que uno puede hacer más amigos en dos meses interesándose sinceramente por otras personas que en dos años intentando que otras personas se interesen por ti. Permítame repetirlo. Uno puede hacer más amigos en dos meses interesándose sinceramente por otras personas que en dos años intentando que otras personas se interesen por ti.

Sin embargo, conozco, y usted también, a gente que va por la vida intentando convencer a los demás de que se interesen por ellos. Naturalmente, esto no funciona. A la gente no le interesa usted, ni yo. Están interesados en sí mismos, mañana, tarde y noche.

La compañía telefónica de Nueva York realizó un estudio detallado de las conversaciones de sus abonados para averiguar qué palabra era la más utilizada. Lo ha adivinado: fue el pronombre personal «yo». «Yo» se pronunció tres mil novecientas noventa veces en quinientas conversaciones telefónicas.

Cuando contempla una foto de grupo en la que aparece usted, ¿de quién es el rostro que busca primero? Si piensa que la gente se interesa por usted, responda a esta pregunta: Si muriera esta noche, ¿cuánta gente iría a su funeral?

¿Por qué debería interesarse la gente por usted si usted no se interesa primero por ellos? Anote su respuesta. Si nos limitamos a intentar impresionar a otras personas para tratar de que se interesen por nosotros, nunca tendremos muchos amigos verdaderos y sinceros. Los amigos, los verdaderos amigos, no se hacen así.

Napoleón lo intentó, y en su último encuentro con Josefina le dijo: «Josefina, he sido tan afortunado como cualquier hombre en esta Tierra;

y, sin embargo, en este momento, eres la única persona en el mundo en quien puedo confiar». Y los historiadores dudan de que pudiera confiar siquiera en ella.

El difunto Alfred Adler, el famoso psicólogo vienés, escribió un libro titulado *Comprender la vida*. En sus páginas dice: «El individuo que no se interesa por sus semejantes es el que tiene mayores dificultades en la vida y el que causa mayores perjuicios a los demás. Es de entre tales individuos de donde surgen todos los fracasos humanos».

Podrá usted leer decenas de sesudos volúmenes sobre psicología sin encontrar una afirmación más significativa, para usted o para mí. No me gusta repetirme, pero la afirmación de Adler es tan rica en significado que voy a hacerlo:

> El individuo que no se interesa por sus semejantes es el que tiene mayores dificultades en la vida y el que causa mayores perjuicios a los demás. Es de entre tales individuos de donde surgen todos los fracasos humanos.

Una vez asistí a un curso de redacción de relatos cortos en la Universidad de Nueva York durante el cual el editor de la revista *Collier's* habló ante nuestra clase. Nos aseguró que era capaz de coger cualquiera de las docenas de relatos que pasaban por su mesa cada día y, tras leer unos pocos párrafos, sentir si al autor le gustaba o no la gente. «Si al autor no le gusta la gente —decía—, a la gente no le gustarán sus historias».

Este curtido profesional se detuvo dos veces en el transcurso de su charla sobre la escritura de ficción y se disculpó por soltarnos un sermón. «Les estoy diciendo —admitió— las mismas cosas que les diría su predicador. Pero, recuerden, si quieren ser escritores de éxito, tienen que interesarse por la gente».

Si eso es cierto para escribir ficción, puede estar seguro de que es triplemente cierto para tratar con la gente cara a cara.

Pasé una noche en el camerino de Howard Thurston la última vez que actuó en Broadway. Thurston, el reconocido decano de los magos; Thurston, el rey de la prestidigitación. Durante cuarenta años viajó por todo el mundo, creando ilusiones, desconcertando al público y haciendo que la gente se quedara boquiabierta. Más de sesenta millones de personas pagaron por ver su espectáculo, y él obtuvo casi dos millones de dólares de beneficios.

Le pedí al señor Thurston que me contara el secreto de su éxito. Sin duda, su educación no había tenido nada que ver, ya que de pequeño se escapó de casa, vivió como vagabundo, viajó en vagones de mercancías, durmió en pajares, mendigó comida de puerta en puerta y aprendió a leer mirando desde los vagones las señales que había a lo largo del trazado del ferrocarril.

¿Tenía conocimientos superiores de magia? No, me dijo que se habían escrito cientos de libros sobre prestidigitación y que había decenas de personas que sabían tanto como él. Sin embargo, él poseía dos cosas que los demás no tenían. En primer lugar, tenía la habilidad de transmitir su personalidad sobre el escenario. Era un maestro del espectáculo. Conocía la naturaleza humana. Todo lo que hacía, cada gesto, cada cambio en la entonación de su voz, cada levantamiento de ceja, había sido cuidadosamente ensayado de antemano, y sus acciones estaban cronometradas en fracciones de segundo. Pero, además de eso, Thurston sentía un interés genuino por la gente.

Me confesó que muchos magos miraban al público y se decían: «Bueno, hay un montón de tontos ahí fuera, un montón de paletos; los engañaré sin problemas». Sin embargo, el método de Thurston era totalmente diferente. Según me contó, cada vez que subía al escenario se decía a sí mismo: «Estoy agradecido de que esta gente venga a verme. Hacen posible que me gane la vida de una forma muy agradable. Voy a darles lo mejor que tengo». Jamás salía al escenario sin decirse a sí mismo repetidas veces: «Amo a mi público. Amo a mi público».

¿Ridículo? ¿Absurdo? Puede usted pensar lo que quiera. Yo simplemente se lo transmito sin comentarios, como una receta utilizada por uno de los magos más famosos de todos los tiempos.

Madame Schumann-Heink me dijo más o menos lo mismo. A pesar del hambre y el desamor, a pesar de haber pasado una vida llena de tragedias, hasta el punto de que en cierta ocasión intentó suicidarse y matar a sus hijos, a pesar de todo eso, se abrió camino hasta la cima y llegó a convertirse en la cantante wagneriana más distinguida que jamás haya visto el público. También ella me confesó que una de las claves de su éxito era lo mucho que se interesaba por la gente.

Ese fue asimismo uno de los secretos de la asombrosa popularidad de Theodore Roosevelt. Hasta sus criados le adoraban. Su guardaespaldas y asistente personal, James E. Amos, un hombre de color, escribió un libro sobre él titulado *Theodore Roosevelt, Hero to His Valet*. En esa obra Amos relata este esclarecedor incidente:

> Mi mujer le preguntó una vez al presidente por la codorniz cotuí. Ella nunca había visto una y él se la describió con todo lujo de detalles. Algún tiempo después, sonó el teléfono de nuestra casa de campo. (Amos y su esposa vivían en una casita en la finca de Roosevelt, en Oyster Bay). Mi esposa contestó y era él, Roosevelt en persona. La había llamado para decirle que había una codorniz junto a su ventana y que si se asomaba podría verla. Esas pequeñas cosas eran muy típicas de él.
>
> Siempre que pasaba por delante de nuestra casa, aunque no nos viera, le oíamos gritar: «¡Huhu, Annie!» o «¡Huhu, James!». Era una forma amable de saludar cuando pasaba.

¿Cómo podían los empleados dejar de querer a un hombre así? ¿Cómo no iba a caer bien a todo el mundo? Roosevelt visitó la Casa Blanca un día en que el presidente y la señora Taft estaban de viaje. Su sincera simpatía hacia la gente humilde quedó demostrada cuando saludó a todos los antiguos sirvientes por su nombre, también a las sirvientas. Su ayudante de campo, Archibald Butt, escribió sobre Roosevelt:

> Cuando vio a Alice, la ayudante de cocina, le preguntó si todavía hacía pan de maíz. Alice le dijo que a veces lo hacía para el servicio, pero que nadie más lo comía.
>
> —Demuestran tener mal gusto —respondió Roosevelt—. Se lo diré al presidente cuando lo vea.
>
> Alice le llevó un trozo en un plato y él se encaminó al despacho, comiéndoselo mientras avanzaba, saludando a los jardineros y peones a su paso... Se dirigió a cada uno de ellos como solía hacerlo en el pasado. Todavía lo comentan entre ellos. Ike Hoover dijo con lágrimas en los ojos:
>
> —Es el único día feliz que hemos tenido en casi dos años, y ninguno de nosotros lo cambiaría por un billete de cien dólares.

Fue este mismo profundo interés por los problemas de otras personas lo que hizo del doctor Charles W. Eliot uno de los más notables rectores que jamás haya dirigido una universidad. Cabe recordar que presidió los destinos de Harvard desde cuatro años después del fin de la guerra civil hasta cinco años antes del estallido de la Primera Guerra Mundial. He aquí un ejemplo de la forma en que trabajaba.

Un día, un estudiante de primer año, L. R. G. Crandon, fue a su despacho para pedir cincuenta dólares del fondo de préstamos estudiantiles. El crédito le fue concedido. Cito a continuación las palabras de Crandon:

> Entonces, le di las gracias de todo corazón, e iba a marcharme cuando el rector Eliot dijo:
>
> —Por favor, siéntese.
>
> Acto seguido, para mi asombro, añadió:
>
> —Me han dicho que cocina y come usted en su habitación. Bien, no creo que eso sea malo en absoluto, siempre y cuando tome la comida adecuada y en cantidad suficiente. Cuando iba a la universidad, yo hacía lo mismo. ¿Ha cocinado alguna vez pastel de ternera? Si se hace con carne de ternera lo bastante madura y se cocina lo suficiente, es

> una de las mejores cosas que se pueden comer, porque no hay desperdicio. Yo lo hacía así.
>
> Entonces me explicó cómo coger la ternera, cocerla lentamente y hervir el caldo hasta que se convirtiera en gelatina. Después me dijo cómo cortarla y aplastarla con una sartén dentro de otra para comerla fría.

Mi experiencia personal me ha enseñado que uno puede ganarse la atención, el tiempo e incluso la cooperación de las personas más solicitadas del país, interesándose sinceramente por ellas. Permítanme ilustrarlo con otro ejemplo:

Hace años impartí un curso de escritura de ficción en el Instituto de Artes y Ciencias de Brooklyn; queríamos que Kathleen Norris, Fannie Hurst, Ida Tarbell, Albert Payson Terhune, Rupert Hughes, así como otros autores distinguidos de la época —y muy ocupados— vinieran a Brooklyn y nos obsequiaran con sus experiencias. Así que les escribimos, diciéndoles que admirábamos su trabajo y que estábamos muy interesados en recibir sus consejos y aprender los secretos de su éxito.

Cada una de las cartas estaba firmada por unos ciento cincuenta estudiantes. Conscientes de que los autores estaban muy ocupados, demasiado como para preparar una conferencia, adjuntamos una lista de preguntas sobre sí mismos y sus métodos de trabajo para que respondieran. Les gustó. ¿A quién no le gustaría? Así que salieron de sus casas y viajaron hasta Brooklyn para echarnos una mano.

Utilizando el mismo método, convencí a Leslie M. Shaw, secretario del Tesoro del gabinete de Theodore Roosevelt, a George W. Wickersham, fiscal general del gabinete de Taft, a William Jennings Bryan, a Franklin D. Roosevelt y a muchos otros hombres prominentes para que vinieran a hablar a los alumnos de mis cursos de oratoria.

A todos nosotros, ya seamos carniceros o panaderos o el rey en su trono, a todos nos gusta la gente que nos admira. Tomemos como ejemplo al emperador alemán. Al final de la Primera Guerra Mundial era probablemente el hombre más salvaje y universalmente despreciado de la Tierra. Hasta su propia nación se volvió contra él cuando huyó a Holanda para salvar el pellejo. El odio contra él era tan intenso que millones de personas le habrían arrancado gustosamente las extremidades una por una o habrían deseado quemarlo en la hoguera. En medio de tanta furia, un niño escribió al emperador una carta sencilla y sincera, llena de bondad y admiración. Decía que, pensaran lo que pensaran los demás, él siempre querría a Guillermo como emperador. El soberano se sintió profundamente conmovido e invitó al niño a visitarle. El niño acudió ante su presencia, acompañado de su madre, con la que, por cierto, terminó casándose. Aquel muchacho no necesitó leer ningún libro sobre cómo ganar amigos e influir sobre las personas. Lo sabía instintivamente.

Si queremos hacer amigos, debemos hacer cosas por los demás, cosas que requieran tiempo y energía, que impliquen desinterés y consideración. Cuando el duque de Windsor era príncipe de Gales, tenía programada una visita a Sudamérica, y antes de emprenderla pasó meses estudiando español para ser capaz de dar discursos en el idioma del país; y los sudamericanos le adoraron por ello.

Durante años me he propuesto averiguar los cumpleaños de mis amigos. ¿Cómo? Aunque no tengo la menor fe en la astrología, empiezo preguntándole a la otra persona si cree que la fecha de nacimiento tiene algo que ver con el carácter y las inclinaciones. Entonces le pido que me diga el mes y el día de su nacimiento. Si dice 24 de noviembre, por ejemplo, me repito a mí mismo: «24 de noviembre, 24 de noviembre». En cuanto se marcha, escribo su nombre junto a esa fecha y luego lo paso a una libreta de cumpleaños. Al principio de cada año, tengo estas fechas anotadas en mi calendario, de modo que captan mi atención de forma automática. Cuando llega el día, les envío una carta o un telegrama. ¡Es todo un éxito! A menudo soy la única persona del mundo que se acuerda.

Si queremos hacer amigos, saludemos a la gente con ánimo y entusiasmo. Cuando alguien le llame por teléfono, utilice la misma psicología. Diga «Hola» en un tono que exprese lo mucho que se alegra de que le llamen.

La compañía telefónica de Nueva York enseña a sus operadores a decir «Número, por favor» en un tono que signifique «Buenos días, me alegro de poder ayudarle». Recuérdelo mañana cuando conteste al teléfono. ¿Funciona esta filosofía en los negocios? Podría citar decenas de ejemplos, pero solo tenemos tiempo para dos.

Charles R. Walters, empleado de uno de los grandes bancos de Nueva York, recibió el encargo de redactar un informe confidencial sobre cierta empresa. Solo conocía a una persona que poseía los datos que necesitaba con tanta urgencia. El señor Walters fue a ver a ese hombre, el presidente de una gran compañía industrial. Cuando fue conducido al despacho del directivo, una joven mujer asomó la cabeza por una puerta y le dijo al presidente que ese día no tenía sellos para él. «Colecciono sellos para mi hijo de doce años», le explicó a Walters.

El señor Walters expuso su encargo y empezó a hacerle preguntas. El presidente fue vago y poco claro en sus respuestas. No le apetecía hablar y, al parecer, nada podía convencerle de que lo hiciera. La entrevista fue breve y estéril.

Así relató la experiencia Walters a los alumnos que asistían a mi clase:

> Francamente, no sabía qué hacer. Entonces recordé lo que le había dicho su secretaria: sellos, hijo de doce años. Y también recordé que el departamento de asuntos exteriores de nuestro banco coleccionaba sellos, sellos tomados de las cartas que llegaban de todos los rincones del mundo.
>
> Al día siguiente por la tarde telefoneé a este hombre y le dije que tenía algunos sellos para su hijo. ¿Me recibieron con entusiasmo? Sí, señor. No me habría estrechado la mano con mayor entusiasmo si se hubiera presentado al Congreso. Irradiaba alegría y buena voluntad. «A mi George le encantará este —repetía mientras acariciaba los sellos—. Y mire este. Es una joya».
>
> Pasamos treinta minutos hablando de sellos y mirando una foto de su hijo, y luego dedicó más de una hora de su tiempo a darme toda

> la información que quería, sin que yo se lo pidiera. Me contó todo lo que sabía y luego llamó a sus subordinados y les preguntó. Telefoneó a algunos de sus socios. Me llenó de datos, cifras, informes y correspondencia. En el lenguaje de los periodistas, tenía una primicia.

He aquí el segundo ejemplo:

C. M. Knaphle Jr., de Filadelfia, llevaba años intentando vender carbón a una gran cadena de tiendas que, sin embargo, seguía comprando el combustible a un distribuidor de fuera de la ciudad, quien, para transportarlo, pasaba justo por delante de la oficina del señor Knaphle. Una noche, Knaphle pronunció un discurso ante los asistentes a una de mis clases en el que descargó su ira contra las grandes cadenas comerciales, tachándolas de maldición para el país.

Y todavía seguía preguntándose por qué no conseguía venderles carbón.

Le sugerí que probara otras tácticas. En pocas palabras, esto es lo que sucedió: organizamos un debate entre los miembros del curso con el tema «La proliferación de las cadenas de tiendas está haciéndole al país más mal que bien», y Knaphle, a sugerencia mía, debía situarse del lado contrario; aceptó el papel de defensor de estas grandes superficies comerciales.

Se dirigió directamente a un ejecutivo de esta organización al que despreciaba y le dijo: «No he venido a intentar venderle carbón. He venido a pedirle que me haga un favor». Luego le habló del debate y añadió: «Necesitaría su ayuda porque no se me ocurre nadie más capaz de darme los datos que quiero. Estoy ansioso por ganar el debate; y le agradeceré profundamente cualquier ayuda que pueda prestarme».

He aquí el resto de la historia en palabras del propio señor Knaphle:

> Le pedí a aquel hombre exactamente un minuto de su tiempo. Con ese acuerdo accedió a verme. Después de exponer mi caso, me invitó a sentarme y habló conmigo durante una hora y cuarenta y siete minutos exactamente. Llamó a otro ejecutivo que había escrito

un libro sobre las cadenas de tiendas. Escribió a la National Chain Store Association y me consiguió una copia de un debate sobre el tema. Él opina que las cadenas comerciales prestan un verdadero servicio a la humanidad. Está orgulloso de lo que hace por cientos de comunidades. Su mirada brillaba mientras hablaba, y debo confesar que me abrió los ojos a cosas que ni siquiera podía imaginar. Cambió por completo mi punto de vista.

Cuando me iba, me acompañó hasta la puerta, me pasó el brazo por el hombro, me deseó suerte en mi debate y me pidió que volviera a verle y le contara cómo me había ido. Las últimas palabras que me dijo fueron: «Vuelva en primavera. Me gustaría hacerle un pedido de carbón».

Para mí fue casi un milagro. Se ofreció a comprarme carbón sin que yo se lo propusiera. Había avanzado más en dos horas interesándome de verdad por él y sus problemas que lo que habría podido avanzar en diez años intentando que se interesara por mí y mi carbón.

El señor Knaphle no había descubierto una nueva verdad, pues hace mucho tiempo, cien años antes de que naciera Cristo, un viejo y famoso poeta romano, Publilio Sirio, ya dijo: «Nos interesamos por los demás cuando ellos se interesan por nosotros».

De modo que, si quiere caerle bien a la gente, la regla n.º 1 es:

MUESTRE INTERÉS SINCERO POR LOS DEMÁS

Si desea desarrollar una personalidad más agradable, una habilidad más eficaz en las relaciones humanas, permítame que le anime a leer *The Return to Religion*, del doctor Henry Link. No deje que el título le asuste. No es un libro buenista; ha sido escrito por un conocido psicólogo que ha entrevistado y aconsejado personalmente a más de tres mil personas que han acudido a él con problemas de personalidad. El doctor Link me confesó que podría haber titulado su libro *Cómo desarrollar su personalidad*. Su obra trata sobre ese tema. Lo encontrará interesante y esclarecedor. Si lo lee y pone en práctica sus sugerencias, casi seguro que aumentará su habilidad para tratar con la gente.

Una forma sencilla de causar una buena primera impresión

Hace poco asistí a una cena en Nueva York. Una de las invitadas, una mujer que había heredado cierta cantidad de dinero, estaba ansiosa por causar una grata impresión a todo el mundo. Había derrochado una fortuna en abrigos de piel, diamantes y perlas. Sin embargo, no había hecho nada con su cara. Irradiaba amargura y egoísmo. No se daba cuenta de algo que cualquiera sabe: que la expresión que una mujer luce en la cara es mucho más importante que la ropa que lleva puesta. (Por cierto, es una buena frase para recordar cuando su esposa quiera comprarse un abrigo de piel).

Charles Schwab me dijo que su sonrisa le había reportado un millón de dólares. Y probablemente se quedara corto, porque la personalidad de Schwab, su encanto y su capacidad para caer bien a la gente eran, en verdad, responsables casi en exclusiva de su extraordinario éxito; y uno de los factores más deliciosos de su personalidad es su cautivadora sonrisa.

Una vez pasé una tarde con Maurice Chevalier y, francamente, me decepcionó. Desanimado, taciturno, era muy diferente de lo que yo esperaba... Hasta que sonrió. Entonces parecía como si el sol hubiera atravesado una nube. De no haber sido por su sonrisa, Maurice Chevalier probablemente habría seguido siendo ebanista en París, continuador del oficio de su padre y sus hermanos.

Los actos dicen más que las palabras, y una sonrisa expresa: «Me cae bien usted. Me causa felicidad. Me alegro de verle». Por eso los perros triunfan. Se alegran tanto de vernos que saltan de alegría. Así que, naturalmente, nosotros nos alegramos de verlos.

¿Una sonrisa poco sincera? No. Eso no engaña a nadie. Sabemos que es mecánica y nos molesta. Me refiero a una sonrisa de verdad, una sonrisa que calienta el corazón, una sonrisa que viene de dentro, el tipo de sonrisa que se cotiza en el mercado.

El jefe de personal de unos grandes almacenes de Nueva York me reconoció que prefería contratar a una dependienta que no hubiera terminado la escuela primaria si tenía una sonrisa encantadora, que a un doctor en Filosofía con un rostro sobrio.

El presidente del consejo de administración de una de las mayores empresas de caucho de Estados Unidos me dijo en cierta ocasión que, según su experiencia, un hombre rara vez tiene éxito en algo si no se divierte haciéndolo. Este líder industrial no tiene mucha fe en ese viejo proverbio según el cual el trabajo duro por sí solo es la llave mágica que abrirá la puerta de nuestros deseos. «He conocido a hombres —me dijo— que tuvieron éxito y que disfrutaban de su trabajo. Más tarde, vi cómo esos mismos hombres empezaban a realizar su trabajo como si se tratase de un castigo. Se volvieron aburridos, perdieron la alegría y fracasaron».

Debe usted disfrutar conociendo a la gente si luego espera que ellos disfruten conociéndole a usted. Le he pedido a miles de hombres de negocios que sonrían a alguien cada hora del día durante una semana y luego vengan a clase y hablen de los resultados. ¿Ha funcionado? Veamos... He aquí una carta de William B. Steinhardt, miembro de la bolsa de Nueva York. El suyo no es un caso aislado. De hecho, es igual a otros cientos.

> Llevo casado más de dieciocho años y en todo ese tiempo rara vez le he sonreído a mi esposa o le he dirigido más de veinte palabras desde que me levantaba hasta que estaba listo para irme a trabajar. Yo era uno de los hombres más gruñones que jamás hayan paseado por Broadway.
>
> Como me pidió usted que diera una charla sobre mi experiencia con las sonrisas, decidí que lo intentaría durante una semana. A la mañana siguiente, mientras me peinaba, me miré en el espejo y me dije a mí mismo: «Bill, hoy vas a borrar ese ceño fruncido que tienes. Vas a sonreír. Y vas a hacerlo desde ya mismo». Cuando me senté a desayunar, saludé a mi mujer con un «Buenos días, querida», y sonreí al decirlo.
>
> Ya me advirtió usted de que podría sorprenderse. Bueno, he de

decirle que subestimó su reacción. Estaba desconcertada, atónita. Le dije que en el futuro podía esperar que esto ocurriera con regularidad, y desde hace dos meses lo hago todas las mañanas.

Este cambio de actitud ha traído más felicidad a nuestro hogar en estos dos meses que ninguna otra cosa en el último año. Ahora, cuando salgo para la oficina, saludo al ascensorista del edificio con un «Buenos días» y una sonrisa, saludo al portero con una sonrisa. Sonrío al cajero de la taquilla del metro cuando le pido cambio. Cuando estoy en el edificio de la bolsa, le sonrío a gente que nunca me había visto sonreír hasta hace poco.

Enseguida me di cuenta de que todos me devolvían la sonrisa. Trato a los que acuden a mí con quejas o reclamaciones de forma alegre. Sonrío mientras los escucho, y observo que resulta mucho más fácil arreglar las cosas. He descubierto que las sonrisas me reportan dólares, muchos dólares cada día.

Comparto oficina con otro corredor de bolsa. Uno de sus empleados es un joven simpático; y yo estaba tan entusiasmado con los resultados que estaba obteniendo que hace poco le hablé de mi nueva filosofía sobre las relaciones humanas. Entonces me confesó que cuando llegué por primera vez a la oficina le parecí una persona de lo más antipática, y que solo había cambiado de opinión recientemente. Me dijo que, cuando sonreía, yo era realmente humano.

También he eliminado las críticas de mi vocabulario. Ahora muestro y aprecio y hago elogios en lugar de criticar. He dejado de hablar de lo que yo quiero e intento ver el punto de vista de los demás. Y estas cosas han revolucionado literalmente mi vida. Soy un hombre totalmente diferente, un hombre más feliz, más rico, más rico en amistad y felicidad; las únicas cosas que realmente importan, después de todo.

Recuerde que esta carta fue escrita por un profesional desenvuelto y experimentado que se gana la vida comprando y vendiendo acciones por cuenta propia en la bolsa de Nueva York, un negocio tan difícil que noventa y nueve de cada cien personas que lo intentan fracasan.

¿No le apetece sonreír? Entonces, dos cosas. Primero, oblíguese a hacerlo. Si está usted solo, impóngase la orden de silbar, de tararear una melodía o cantar. Luego, actúe como si ya fuera feliz, y eso ayudará a hacerle sentir felicidad. Así lo expresaba el difunto profesor William James, de Harvard:

> La acción parece seguir al sentimiento, pero, en realidad, acción y sentimiento van de la mano. Regulando la acción, que está bajo el control más directo de la voluntad, podemos regular indirectamente el sentimiento, que no lo está.

De modo que el camino voluntario y soberano hacia la alegría, cuando la hemos perdido, consiste en sentarse alegremente y actuar y hablar como si esa alegría ya estuviera ahí.

Todo el mundo busca la felicidad, y hay una forma segura de encontrarla: controlando los pensamientos. La felicidad no depende de las condiciones externas, sino de las internas.

No se trata de lo que usted tiene, ni de quién es, dónde está o a lo que se dedica. Lo que hace que usted se sienta feliz o infeliz es lo que usted piensa al respecto. Por ejemplo, dos personas pueden encontrarse en el mismo lugar, haciendo lo mismo, ambas pueden tener la misma cantidad de dinero y prestigio y, sin embargo, una puede sentirse desgraciada y la otra feliz. ¿Por qué? Porque tienen una actitud mental diferente. He visto tantos rostros felices entre los trabajadores chinos que sudan y se afanan bajo el sofocante calor de China por siete centavos al día como en Park Avenue.

«No existe nada bueno ni malo —afirmó Shakespeare—, pero el pensamiento lo hace así». Abe Lincoln dijo una vez que «la mayoría de la gente es tan feliz como se lo propone». Y tenía razón. Hace poco contemplé un vívido ejemplo de esta verdad.

Yo subía las escaleras de la estación de Long Island, en Nueva York, y justo delante de mí, treinta o cuarenta chicos lisiados, con bastones y muletas, lo hacían también con dificultad. A uno de ellos tenían, incluso, que llevarlo en brazos. Me sorprendieron sus risas y su alegría. Se lo comenté a uno de los monitores a cargo de los niños. «Oh, sí —me dijo—. Cuando un chico se da cuenta de que va a ser un lisiado de por vida, al principio se queda impactado; pero, una vez superado el *shock*, suele resignarse a su destino y acaba siendo más feliz que los chicos normales». Me entraron ganas de quitarme el sombrero ante aquellos muchachos; me dieron una lección que espero no olvidar nunca.

En una ocasión, pasé una tarde con Mary Pickford en la época en que ella estaba a punto de divorciarse de Douglas Fairbanks. La gente probablemente se imaginaba que en ese momento estaría angustiada y triste; pero a mí me pareció una de las personas más serenas y triunfantes que jamás he conocido. Irradiaba felicidad. ¿Su secreto? Lo ha revelado en un pequeño libro de treinta y cinco páginas, un libro que puede que le guste. Acérquese a una biblioteca pública y pida un ejemplar de *Why Not Try God?*, de Mary Pickford.

Franklin Bettger, extercera base de los St. Louis Cardinals, y posteriormente uno de los aseguradores de mayor éxito de Estados Unidos, me dijo que hace años entendió que una persona con una sonrisa siempre es bienvenida. Así que, antes de entrar a un despacho, siempre se detiene un instante y piensa en las muchas cosas por las que tiene que sentirse agradecido, esboza una gran sonrisa y luego entra en la habitación justo mientras la sonrisa desaparece de su rostro. Él cree que esta sencilla técnica ha tenido mucho que ver con su extraordinario éxito en la venta de seguros.

Lea atentamente este sabio consejo de Elbert Hubbard, pero recuerde que no le servirá de nada si luego no lo pone en práctica:

> Siempre que salga a la calle, meta la barbilla hacia dentro, lleve la cabeza erguida y llene los pulmones al máximo; empápese del sol; salude a sus amigos con una sonrisa y ponga el alma en cada apretón de manos. No tema ser incomprendido y no pierda ni un minuto pensando en sus enemigos. Intente fijar en su mente lo que le gustaría hacer; y así, sin desviarse de dirección, avanzará directamente hacia su meta.

> Fije en su mente las grandes cosas que le gustaría hacer, y entonces, a medida que los días vayan pasando, se verá a usted mismo aprovechando inconscientemente las oportunidades necesarias para que su deseo se cumpla, al igual que el coral obtiene de la marea los elementos que necesita. Imagine en su mente a la persona capaz, sincera y útil que usted desea ser. Este pensamiento le irá transformando hora tras hora en ese individuo en particular. [...] El pensamiento es supremo. Conserve una actitud mental adecuada: la actitud del valor, la franqueza y el buen ánimo. Pensar correctamente es crear. Todas las cosas vienen a través del deseo, y cada oración sincera es contestada. Llegamos a ser aquello en lo que está fijado nuestro corazón. Meta la barbilla hacia dentro y lleve la cabeza erguida. Somos dioses en la crisálida.

Los ancianos chinos son muy sabios y conocen bien cómo funciona el mundo. Ellos tienen un proverbio que usted y yo deberíamos llevar siempre con nosotros. Dice así: «Un hombre sin una cara sonriente no debería abrir una tienda».

Y hablando de tiendas, Frank Irving Fletcher, en uno de sus anuncios para Oppenheim, Collins & Co., nos ofreció un poco de filosofía hogareña:

> El valor de una sonrisa en Navidad
>
> No cuesta nada, pero crea mucho.
>
> Enriquece a los que la reciben, sin empobrecer a los que dan.
>
> Sucede en un instante, y su recuerdo a veces dura para siempre.
>
> Nadie es tan rico como para vivir sin ella, y nadie tan pobre que no pueda enriquecerse con sus beneficios.
>
> Crea felicidad en el hogar, fomenta la buena voluntad en los negocios y es la contraseña de los amigos.
>
> Es descanso para los fatigados, luz para los desanimados, sol para los infelices, y el mejor antídoto de la naturaleza para las preocupaciones.

Sin embargo, no se puede comprar, mendigar, pedir prestada o robar, porque es algo que no le sirve de nada a nadie hasta que se regala.

Y si en las prisas de última hora de las compras navideñas alguno de nuestros vendedores está demasiado cansado para regalarle una sonrisa, ¿podemos pedirle que nos deje usted una sonrisa suya?

Y es que nadie necesita tanto una sonrisa como quien ya no tiene ninguna que regalar.

De modo que, si quiere caerle bien a la gente, la regla n.º 2 es:

SONRÍA

Si no hace usted esto, tendrá problemas

En 1898 sucedió algo trágico en el condado de Rockland, Nueva York. Un niño había muerto, y ese día en particular los vecinos se preparaban para ir al funeral. Jim Farley fue al establo para ensillar su caballo. El suelo estaba cubierto de nieve, el aire era frío y cortante; el caballo llevaba días sin ejercitarse y, cuando lo llevaba al abrevadero, el animal se giró bruscamente, soltó un par de coces al aire y mató a Jim Farley. Así que el pequeño pueblo de Stony Point aquella semana celebró dos funerales en lugar de uno.

Jim Farley dejó viuda y tres hijos, así como unos centenares de dólares del seguro de vida. Su hijo mayor, Jim, tenía diez años, y se puso a trabajar en una fábrica de ladrillos, cargando arena, vertiéndola en los moldes y dando la vuelta a los ladrillos para secarlos al sol. Jim nunca dispuso de la oportunidad de recibir una buena educación. Sin embargo, gracias a su simpatía irlandesa, tenía facilidad para caerle bien a la gente, así que se dedicó a la política y, con el paso de los años, desarrolló una extraña habilidad para recordar los nombres de las personas.

Nunca pisó un instituto, pero antes de cumplir los cuarenta y seis años, cuatro universidades le habían honrado con títulos y había llegado a ser presidente del Comité Nacional Demócrata, así como director general de Correos de Estados Unidos.

Una vez entrevisté a Jim Farley y le pregunté por el secreto de su éxito. Él me dijo:

—Trabajo duro.

A lo que yo repuse:

—No se haga el gracioso.

Luego me preguntó cuál creía yo que era la razón de su éxito, y le contesté:

—Tengo entendido que se sabe usted el nombre de pila de diez mil personas.

—Se equivoca —repuso—. Conozco el nombre de pila de cincuenta mil personas.

No le quepa la menor duda: esa habilidad ayudó al señor Farley a poner a Franklin D. Roosevelt en la Casa Blanca.

Durante los años que Jim Farley viajó como vendedor de una empresa de yeso, y durante los que ocupó el cargo de secretario municipal en Stony Point, creó un sistema para recordar nombres. Al principio era muy sencillo. Cada vez que conocía a alguien, averiguaba su nombre completo, el tamaño de su familia, la naturaleza de su negocio y el sentido de sus opiniones políticas. Tenía todos estos datos bien presentes como parte del cuadro, y la siguiente vez que se topaba con esa persona, aunque fuera un año más tarde, podía darle una palmada en la espalda, preguntarle por su familia y por las malvarrosas del jardín. No es de extrañar que tuviera seguidores.

Durante meses, antes de que comenzara la campaña de Roosevelt a la Presidencia, Farley escribió cientos de cartas a personas de todos los estados del oeste y del noroeste. Luego se subió a un tren y en diecinueve días recorrió veinte estados y casi veinte mil kilómetros viajando en diligencias, trenes, automóviles y barcos. Pasaba por la ciudad, se reunía con su gente para comer o desayunar, tomar el té o cenar, y les daba una «charla de corazón a corazón». Luego se lanzaba de nuevo a otra etapa de su viaje.

En cuanto regresaba al este, le escribía a una persona de cada una de las ciudades que había visitado, pidiéndole una lista de todos aquellos con los que había conversado. La lista final contenía miles y miles de nombres. Sin embargo, cada persona de ese registro era agasajada con el sutil halago de recibir una carta personal de James Farley. Las misivas empezaban con un «Estimado Bill» o «Estimado Joe» y siempre iban firmadas por «Jim».

Farley descubrió muy pronto que el adulto medio está más interesado en su propio nombre que en todos los demás nombres del mundo juntos. Si es usted capaz de recordar ese nombre y pronunciarlo con soltura, le habrá hecho un cumplido sutil y muy eficaz. Ahora bien, olvídelo o escríbalo mal, y se habrá colocado en una situación muy desfavorable.

En relación con lo anterior, recuerdo que una vez organicé un curso de oratoria en París y envié cartas mecanografiadas a todos los residentes estadounidenses de la ciudad. Los mecanógrafos franceses, al parecer con escasos conocimientos de inglés, se encargaban de rellenar los nombres y, naturalmente, cometían errores garrafales. Un hombre, el director de sucursal de un gran banco estadounidense en París, me envió una severa reprimenda porque su nombre estaba mal escrito.

¿A qué se debió el éxito de Andrew Carnegie? Le llamaban el «rey del acero» y, sin embargo, él mismo sabía muy poco sobre su fabricación. Tenía cientos de hombres empleados que sabían mucho más sobre el tema que él. No obstante, sabía cómo manejar a las personas, y eso fue lo que le hizo rico.

Desde muy joven mostró dotes de organización y liderazgo. A los diez años, él también había descubierto la asombrosa importancia que la gente da a su propio nombre. Y utilizó ese descubrimiento para ganarse su colaboración. He aquí un ejemplo para ilustrarlo. Cuando era niño, en Escocia, atrapó una coneja. Y ¡listo! Pronto se hizo con un nido de conejitos... y nada para alimentarlos. Pero tuvo una idea brillante. Les dijo a los chicos del barrio que si salían a recoger suficiente trébol y diente de león para dar de comer a los conejos, les pondría un nombre en su honor. El plan funcionó como por arte de magia y Carnegie nunca se olvidó.

Años más tarde ganó millones utilizando esa misma psicología en los negocios. Por ejemplo, quería vender raíles de acero a la compañía del ferrocarril de Pensilvania. En esa época J. Edgar Thomson era su presidente, así que Andrew Carnegie construyó una enorme acería en Pittsburgh y la llamó Acería Edgar Thomson. Aquí tiene una adivinanza: cuando el ferrocarril de Pensilvania necesitó rieles de acero, ¿a quién cree usted que J. Edgar Thomson se los compró? ¿A Sears? ¿A Roebuck? No. No. Tampoco. Se equivoca. Pruebe otra vez.

Cuando Carnegie y George Pullman se disputaban la supremacía en el negocio de los coches-cama, el rey del acero volvió a acordarse de la lección de los conejos. La Central Transportation Company, que Andrew

Carnegie dirigía, competía contra la empresa que Pullman poseía. Ambas luchaban por hacerse con el negocio de los coches-cama en la empresa ferroviaria Union Pacific, enfrentándose entre sí, rebajando los precios y destruyendo toda posibilidad de beneficio. Tanto Carnegie como Pullman habían ido a Nueva York para hablar con el consejo de administración de la Union Pacific. Reunidos una noche en el Hotel St. Nicholas, Carnegie dijo:

—Buenas noches, señor Pullman. ¿No cree usted que estamos haciendo el ridículo?

—¿A qué se refiere? —preguntó el aludido.

Entonces Carnegie manifestó lo que tenía en mente: la fusión de sus dos intereses. Describió en términos elogiosos las mutuas ventajas de trabajar el uno con el otro, en lugar de hacerlo en contra. Pullman escuchó atentamente, pero no estaba del todo convencido. Finalmente, preguntó:

—¿Cómo se llamaría la nueva empresa?

Y Carnegie respondió con prontitud:

—Pullman Palace Car Company, naturalmente.

El rostro de Pullman se iluminó.

—Acompáñeme a mi habitación —le dijo—. Vamos a discutirlo.

Aquella charla cambió la historia de la industria estadounidense.

Esta política de Andrew Carnegie de recordar y honrar los nombres de sus amigos y socios comerciales fue uno de los secretos de su liderazgo. Se enorgullecía de poder llamar a muchos de sus trabajadores por su nombre de pila y presumía de que, mientras él estuvo personalmente al mando, ninguna huelga perturbó jamás sus flamantes acerías.

El pianista polaco Paderewski, por su parte, hacía sentir importante a su cocinero negro dirigiéndose siempre a él como «señor Cobre». En quince ocasiones diferentes, Paderewski fue de gira por Estados Unidos, tocando de costa a costa para un público entusiasta. Siempre viajaba en un vagón privado y su cocinero siempre le tenía preparada la cena después del concierto. A lo largo de todos esos años Paderewski jamás le llamó «George»; con su formalidad del Viejo Mundo, siempre se dirigía a él como «señor Cobre», y al señor Cobre le encantaba.

Las personas están tan orgullosas de su nombre que se esfuerzan por perpetuarlo a toda costa. Incluso el jactancioso y mundano P. T. Barnum, decepcionado por no tener hijos que lo inmortalizaran, le ofreció a su nieto, C. H. Seeley, veinticinco mil dólares si se hacía llamar «Barnum» Seeley.

Hace doscientos años los hombres ricos solían pagar a los autores para que les dedicaran sus libros. Las bibliotecas y los museos deben sus mejores colecciones a individuos que no pudieron soportar que sus nombres fueran apeados de la memoria de la raza. La Biblioteca Pública de Nueva York tiene sus colecciones Astor y Lenox. El Museo Metropolitano perpetúa los nombres de Benjamin Altman y J. P. Morgan. Y casi todas las iglesias están embellecidas por vidrieras que conmemoran los nombres de los donantes.

La mayoría de la gente no recuerda los nombres por la sencilla razón de que no se toma el tiempo y la energía necesarios para concentrarse, repetirlos y memorizarlos para siempre en su cabeza. Se excusan diciendo que están demasiado ocupados. Sin embargo, probablemente no lo estén más que Franklin D. Roosevelt, y él sí se tomaba su tiempo para recordar incluso los nombres de los mecánicos con los que entraba en contacto.

Un ejemplo ilustrativo. La compañía Chrysler construyó un coche especial para el señor Roosevelt; W. F. Chamberlain y un mecánico lo entregaron en la Casa Blanca. Tengo ante mí una carta del señor Chamberlain relatando su experiencia:

> Yo le enseñé al presidente Roosevelt a conducir un coche con un montón de artilugios inusuales, pero él me enseñó mucho sobre el fino arte de manejar a la gente.
>
> Cuando telefoneé a la Casa Blanca, el presidente se mostró extremadamente amable y alegre. Me llamó por mi nombre de pila, me hizo sentir muy cómodo y me impresionó especialmente el hecho de que estaba extraordinariamente interesado en las cosas que tenía que mostrarle y contarle.

El coche estaba diseñado de tal manera que podía manejarse solo con las manos. Una multitud se agolpó alrededor para contemplarlo, y él comentó: «Me parece maravilloso. Lo único que hay que hacer es pulsar un botón; el coche se mueve y se puede conducir sin esfuerzo. Me parece algo magnífico, no sé qué lo hace andar. Me encantaría tener tiempo para desmontarlo y ver cómo funciona».

Cuando los amigos y allegados de Roosevelt admiraron la máquina, dijo en su presencia: «Señor Chamberlain, aprecio enormemente todo el tiempo y el esfuerzo que ha dedicado usted a desarrollar este coche; es un trabajo magnífico». Admiró el radiador, el espejo retrovisor especial, así como el reloj, los faros especiales, el tipo de tapicería, la posición del asiento del conductor, las maletas en el maletero con sus iniciales grabadas en cada una de ellas. En otras palabras, se fijó en todos los detalles a los que sabía que yo había prestado mucha atención. Hizo todo lo posible por llamar la atención de la señora Roosevelt, de la señorita Perkins, del secretario de Trabajo, así como de su secretaria sobre las distintas piezas del coche. Incluso metió en el asunto al anciano portero negro diciéndole: «George, cuide muy bien de las maletas».

Cuando terminó la lección de conducción, el presidente se volvió hacia mí y me dijo: «Bueno, señor Chamberlain, he hecho esperar treinta minutos a la Junta de la Reserva Federal. Será mejor que vuelva al trabajo».

Había llevado conmigo a un mecánico a la Casa Blanca. Fue presentado a Roosevelt cuando llegó. No habló con el presidente, y Roosevelt solo oyó su nombre una vez. Era un tipo tímido y se mantuvo en un segundo plano. Sin embargo, antes de marcharse, el presidente se acercó a él, le estrechó la mano, le llamó por su nombre y le dio las gracias por venir a Washington. Y no había nada superficial en su agradecimiento. Lo decía sinceramente. Pude sentirlo.

Pocos días después de regresar a Nueva York, recibí una fotografía firmada por el presidente Roosevelt y una pequeña nota de agradecimiento en la que expresaba de nuevo su aprecio por mi ayuda. Cómo encuentra tiempo para hacerlo es un misterio para mí.

Franklin D. Roosevelt sabía que una de las formas más sencillas, obvias e importantes de ganarse la buena voluntad de los demás es recordar nombres y hacer que la gente se sienta importante, pero ¿cuántos de nosotros lo hacemos?

La mitad de las veces nos presentan a un desconocido, charlamos unos minutos y ni siquiera recordamos su nombre cuando nos despedimos. Una de las primeras lecciones que aprende un político es esta: «Recordar el nombre de un votante es habilidad política. Olvidarlo es pasar al ostracismo». La capacidad de recordar nombres es casi tan importante en los negocios y los contactos sociales como en la política.

Napoleón III, emperador de Francia y sobrino del gran Napoleón, presumía de que, a pesar de todas sus obligaciones reales, era capaz de retener el nombre de todas las personas que conocía. ¿Su técnica? Sencilla. Si no lo escuchaba bien, decía: «Lo siento. No he oído bien el nombre». Y si era un nombre inusual, preguntaba: «¿Cómo se escribe?». Durante la conversación se tomaba la molestia de repetirlo varias veces e intentaba asociarlo mentalmente con los rasgos, la expresión y el aspecto general de la persona. Si se trataba de alguien importante, Napoleón se esforzaba aún más. En cuanto Su Alteza Real se quedaba solo, escribía el nombre de la persona, miraba lo escrito, se concentraba, lo fijaba en su mente y luego rompía el papel. De este modo, obtenía una impresión visual del nombre que se unía a la impresión auditiva.

Todo esto lleva su tiempo, pero «los buenos modales —decía Emerson— se consiguen a base de pequeños sacrificios».

De modo que, si quiere caerle bien a la gente, la regla n.º 3 es:

RECUERDE QUE EL NOMBRE DE UNA PERSONA ES PARA ELLA. EL SONIDO MÁS DULCE E IMPORTANTE QUE EXISTE

Cómo convertirse en un buen conversador de forma sencilla

Hace poco me invitaron a una velada de *bridge*. Yo no juego al *bridge*, y allí había una mujer que tampoco jugaba. Ella se había enterado de que yo había sido representante de Lowell Thomas antes de que saliera en la radio, y que había viajado mucho por Europa ayudándole a preparar las conferencias sobre viajes que daba entonces. Así que me dijo:

—¡Oh, señor Carnegie! Quiero que me hable de todos esos lugares maravillosos que ha visitado y de las atracciones que ha visto.

Mientras nos sentábamos en el sofá, me comentó que ella y su marido habían regresado recientemente de un viaje a África.

—¡África! —exclamé—. ¡Qué interesante! Siempre he querido ver África, pero nunca he estado allí, salvo una breve estancia de veinticuatro horas una vez en Argel. Dígame, ¿ha visitado usted el país de la caza mayor? ¿Sí? ¡Qué afortunada! La envidio. Hábleme de África.

La cosa funcionó durante cuarenta y cinco minutos. No volvió a preguntarme dónde había estado o qué había visto yo. No quería oírme hablar de mis viajes. Lo único que quería era alguien que la escuchara con interés para poder expandir su ego y contar dónde había estado. ¿Acaso es algo raro? No. Muchas personas son así.

Por ejemplo, hace poco conocí a un distinguido botánico en una cena que ofreció J. W. Greenberg, el editor de libros de Nueva York. Yo nunca había hablado antes con un botánico y me pareció fascinante. Me senté literalmente en el borde de la silla y le escuché mientras hablaba de hachís y de Luther Burbank y de jardines de interior y me contaba datos asombrosos sobre la humilde patata. Yo también tengo un pequeño huerto de interior y él tuvo la amabilidad de decirme cómo solucionar algunos de mis problemas.

Como ya he dicho, estábamos en una cena. Debía de haber una docena de invitados más, pero yo violé todos los cánones de cortesía, ignoré a todos los demás y estuve charlando durante horas con el botánico. Llegó la medianoche. Me despedí de todos y me marché. El botánico se dirigió a nuestro anfitrión y le hizo varios cumplidos halagadores sobre mí. Según él, yo era «de lo más estimulante», además de esto y aquello, y terminó señalando que era un «conversador de lo más interesante».

¿Un conversador interesante? ¿Yo? No había dicho prácticamente nada. Aunque hubiera querido, no habría podido pronunciar una sola frase sin cambiar de tema, porque no sé más de botánica que de la anatomía de un pingüino. No obstante, algo sí había hecho: escuchar atentamente. Había escuchado porque estaba realmente interesado. Y él se dio cuenta de ello. Como es natural, eso le agradó. Ese tipo de escucha es uno de los mayores cumplidos que podemos hacer a alguien. «Pocos seres humanos —escribió Jack Woodford en *Strangers in Love*— son inmunes a la implícita adulación que hay en el oyente embelesado».

Yo fui incluso más lejos de la mera atención embelesada. Fui «efusivo en mi aprobación y pródigo en mis elogios». Le dije que me había entretenido e instruido enormemente, y era verdad. Le confesé cuánto desearía tener sus conocimientos, y era verdad. Le dije que me encantaría pasear por el campo con él, y era verdad. Le dije que debía volver a verle... y debo hacerlo.

Y así le hice creer que yo era un buen conversador cuando, en realidad, solo fui un buen oyente que le había animado a hablar.

¿Cuál es el secreto, el misterio para una relación de negocios exitosa? Bueno, según ese genial erudito que es Charles W. Eliot, «no hay ningún misterio para una relación de negocios exitosa. La atención exclusiva a la persona que está hablando es muy importante. No hay nada más halagador que eso».

Es evidente, ¿no? No hace falta estudiar cuatro años en Harvard para darse cuenta. Sin embargo, usted y yo conocemos a muchos comerciantes que alquilan locales caros, compran sus productos buscando economizar, decoran sus escaparates de forma llamativa, gastan cientos de dólares en publicidad y luego contratan a dependientes que no tienen el sentido común de saber escuchar; dependientes que interrumpen a los clientes, les contradicen, los irritan y, prácticamente, los expulsan de la tienda.

Tomemos, por ejemplo, la experiencia de J. C. Wootton. Él me contó esta historia en una de mis clases. En una ocasión compró un traje en unos grandes almacenes de la emprendedora ciudad de Newark, Nueva Jersey, cerca del mar. La adquisición resultó decepcionante; el tejido de la chaqueta destiñó y manchó el cuello de su camisa.

Llevó el traje de vuelta a la tienda, buscó al vendedor que le había atendido y le contó lo sucedido. ¿He dicho «contó» lo sucedido? Lo siento, es una exageración. *Intentó* contar lo sucedido, pero no pudo. Era interrumpido constantemente.

—Hemos vendido miles de esos trajes —repuso el vendedor— y esta es la primera queja que hemos tenido.

Eso era lo que decía con sus palabras, pero su estilo era aún peor. Su tono beligerante expresaba más bien: «Está usted mintiendo. Cree que nos puede engañar, ¿verdad? Pues le voy a enseñar yo un par de cosas...».

En el fragor de la discusión, intervino un segundo vendedor.

—Todos los trajes oscuros rozan un poco al principio —apuntó—. Eso no se puede evitar. No en trajes de ese precio. Es cosa del tinte.

El señor Wootton continuó su relato:

> Para entonces, yo estaba bastante alterado. El primer vendedor puso en duda mi honestidad. El segundo insinuó que había comprado un artículo de segunda categoría. Me puse furioso. Estaba a punto de decirles que cogieran su traje y se fueran al infierno, cuando de repente pasó por allí el jefe del departamento. Él conocía su oficio. Cambió por completo mi actitud. Convirtió a un hombre enfadado en un cliente satisfecho. ¿Cómo lo consiguió? Con tres cosas. En primer lugar, escuchó mi historia de principio a fin, sin decir una palabra. En segundo lugar, cuando terminé y los vendedores volvieron a exponer sus opiniones, discutió con ellos desde mi punto de vista. No solo

> señaló que mi cuello estaba manchado por el traje, sino que insistió en que en esa tienda no se vendía nada que no diera plena satisfacción. En tercer lugar, admitió que desconocía la causa del problema y me dijo muy sinceramente: «¿Qué quiere que haga con el traje? Haremos lo que usted diga».
>
> Solo unos minutos antes había estado dispuesto a decirles que se quedasen con su dichoso traje, pero entonces respondí: «Solo quiero su consejo. Quiero saber si el problema es temporal y si se puede hacer algo al respecto». Me sugirió que probara el traje una semana más. «Si para entonces sigue sin estar conforme —me prometió—, tráigalo y le daremos uno con el que sí lo esté. Sentimos mucho haberle causado este inconveniente».
>
> Salí de la tienda satisfecho; el traje estaba bien al final de la semana y mi confianza en aquellos grandes almacenes quedó completamente restablecida.

No es de extrañar que aquel gerente fuera jefe de su departamento; y, en cuanto a sus subordinados, seguirán siendo... Estaba a punto de decir «seguirán siendo dependientes toda la vida». No, probablemente serán degradados al departamento de paquetería, donde nunca entrarán en contacto con los clientes.

El protestón crónico, incluso el crítico más violento, con frecuencia se ablandará y apaciguará en presencia de un oyente paciente y comprensivo; un oyente que permanezca callado mientras el iracundo buscador de defectos se dilata como una cobra rey y vomita el veneno de su organismo. He aquí otro ejemplo. La compañía telefónica de Nueva York descubrió hace unos años que tenía que tratar con un cliente especialmente iracundo, que por lo general gustaba de insultar a las telefonistas. Maldecía y despotricaba. Amenazaba con arrancar el aparato de raíz. Se negaba a pagar unas facturas que, según él, eran falsas. Escribió cartas a los periódicos, presentó innumerables quejas ante la Comisión de Servicios Públicos e inició varios pleitos contra la compañía telefónica, que, finalmente, envió a uno de sus más hábiles «mediadores» para hablar con esta persona tan problemática. El intermediario aguardó y dejó que el viejo cascarrabias se divirtiera soltando su perorata. Le escuchó y, solidarizándose con sus quejas, le ofreció un «efectivamente».

Así lo explicaba ante mis alumnos:

> No paró de despotricar y yo le escuché durante casi tres horas. Luego, regresé en otra ocasión y escuché un poco más. Le vi cuatro veces, y antes de que terminara la cuarta visita me había convertido en miembro fundador de una organización que estaba creando. La llamó Asociación protectora de abonados telefónicos. Sigo perteneciendo a ella y, que yo sepa, en la actualidad soy su único miembro en el mundo, aparte del señor ____.
>
> Le escuché y empaticé con él en cada uno de los puntos que expuso durante estas visitas. Nunca antes le había hablado así un hombre de la compañía telefónica, llegando a ser casi simpático. El motivo por el que fui a verle ni siquiera se mencionó en la primera visita, ni en la segunda ni en la tercera, pero en nuestro cuarto encuentro cerré el caso por completo, hice que se pagaran las facturas en su totalidad y, por primera vez en la historia de sus dificultades con la compañía telefónica, retiró sus quejas a la comisión.

Sin duda, aquel usuario se consideraba un santo cruzado defendiendo los derechos del público contra una explotación despiadada. Sin embargo, en realidad, lo que quería era sentirse importante. Al principio lo consiguió pataleando y quejándose, pero en cuanto un representante de la compañía le concedió esa sensación de importancia, sus reclamaciones carentes de todo fundamento se desvanecieron en el aire.

Veamos otro caso. Una mañana, hace años, un cliente enfadado irrumpió en el despacho de Julian F. Detmer, fundador de la Detmer Woollen Company, que más tarde se convertiría en la mayor distribuidora mundial de lana para el sector de la sastrería.

El señor Detmer me lo explicó así:

Este hombre nos debía quince dólares. El cliente lo negaba, pero sabíamos que se equivocaba. Así que nuestro departamento de crédito insistió en que pagara. Después de recibir varias cartas de nuestro personal, hizo las maletas, viajó a Chicago y se apresuró a entrar en mi despacho para informarme no solo de que no pensaba pagar esa factura, sino de que no iba a comprar nunca más productos por valor de un solo dólar a la Detmer Woollen Company.

Escuché pacientemente todo lo que tenía que decir. Estuve tentado de interrumpirle, pero me di cuenta de que sería una mala estrategia. Así que le dejé hablar. Cuando por fin se calmó y se mostró receptivo, le dije con voz serena:

—Quiero agradecerle que haya venido usted a Chicago a contarme todo esto. Me ha hecho un gran favor, porque, si nuestro departamento de crédito le ha molestado, puede molestar también a otros buenos clientes, y eso sería una lástima. Créame, tengo muchas más ganas de oírlo que usted de contarlo.

Aquello era lo último que esperaba escuchar. Creo que estaba un poco decepcionado, porque había venido a Chicago para decirme un par de cosas y ahí estaba yo, dándole las gracias en lugar de discutir con él. Le aseguré que borraríamos de los libros el cargo de quince dólares y olvidaríamos el asunto, puesto que él era un hombre muy cuidadoso y solo tenía que ocuparse de una cuenta, mientras que nuestros empleados tenían que ocuparse de miles. Por lo tanto, era menos probable que se equivocara él que nosotros.

Le dije que comprendía perfectamente cómo se sentía y que, si yo estuviera en su lugar, sin duda me sentiría exactamente como él. Como ya no nos iba a comprar, le recomendé otras casas de lana.

En el pasado, solíamos almorzar juntos cuando venía a Chicago, así que le invité a comer conmigo ese día. Aceptó a regañadientes, pero cuando regresamos a la oficina hizo un pedido mayor que nunca. Volvió a casa con un humor más calmado y con ganas de ser tan justo con nosotros como nosotros lo habíamos sido con él, revisó sus facturas, encontró una que se le había extraviado y nos envió un cheque de quince dólares, con sus disculpas.

Más tarde, cuando su mujer dio a luz un niño, le puso Detmer de segundo nombre, y siguió siendo amigo y cliente de la casa hasta su muerte, veintidós años después.

Hace años un pobre chico inmigrante holandés limpiaba los cristales de una panadería después de la escuela por cincuenta céntimos a la semana. Su familia era tan pobre que solía salir a la calle con una cesta todos los días a recoger pedazos de carbón extraviados que habían caído en la cuneta donde los vagones habían estado descargando. Ese chico, Edward Bok, no asistió más de seis años a la escuela. Sin embargo, con el tiempo llegó a convertirse en uno de los editores de revistas de mayor éxito en la historia del periodismo estadounidense. ¿Cómo lo consiguió? Es una larga historia, pero se puede contar brevemente cómo empezó: utilizando los principios que se exponen en este capítulo.

Dejó la escuela a los trece años y trabajó como chico de los recados para la Western Union por seis dólares y veinticinco centavos a la semana. Sin embargo, no renunció ni por un momento a la idea de una educación. Al contrario, empezó a formarse a sí mismo. Ahorró el dinero del billete de autobús y del almuerzo hasta que tuvo suficiente para comprarse una enciclopedia de biografías de estadounidenses ilustres, y entonces hizo algo inaudito. Leyó sobre las vidas de hombres famosos y les escribió pidiéndoles información adicional sobre su infancia. Él sabía escuchar, y animaba a los famosos a hablar de sí mismos. Contactó con el general James A. Garfield, que entonces se presentaba a las elecciones presidenciales, y le preguntó si era cierto que una vez fue remolcador en un canal; y Garfield le respondió. También escribió al general Grant preguntándole por cierta batalla, y Grant le dibujó un mapa, invitó a cenar a aquel muchacho de catorce años y pasó la velada hablando con él. Escribió a Emerson y le animó a hablar de sí mismo.

Pronto, este recadero de la Western Union llegó a mantener correspondencia con muchas de las personas más famosas de la nación: Emerson,

Phillips Brooks, Oliver Wendell Holmes, Longfellow, la señora de Abraham Lincoln, Louise May Alcott, el general Sherman o Jefferson Davis.

No solo se carteaba con estas personas distinguidas, sino que, en cuanto tuvo vacaciones, visitó a muchos de ellos y fue un huésped bienvenido en sus casas. Esta experiencia le infundió una confianza inestimable. Estos hombres y mujeres le habían proporcionado una visión y una ambición que revolucionaron su vida. Y, todo esto, permítanme repetirlo, fue posible únicamente gracias a la aplicación de los principios que estamos tratando aquí.

Isaac F. Marcosson, probablemente el mejor entrevistador de celebridades del mundo, afirmó en cierta ocasión que muchas personas no logran causar una impresión favorable porque no son capaces de escuchar con atención. «Están tan pendientes de lo que van a decir a continuación que no mantienen los oídos bien abiertos. Los grandes hombres me han dicho que prefieren a los buenos oyentes que a los buenos oradores, pero la capacidad de escuchar parece más escasa que casi cualquier otro rasgo positivo».

Y no solo los grandes hombres ansían saber escuchar, sino también la gente corriente. Como dijo una vez el *Reader's Digest*: «Muchas personas llaman al médico cuando en realidad lo único que quieren es alguien que las escuche».

Durante las horas más oscuras de la guerra civil estadounidense. Lincoln escribió a un viejo amigo de Springfield, Illinois, pidiéndole que fuera a Washington; el presidente le dijo que tenía algunos problemas que deseaba discutir con él. El antiguo vecino acudió a la Casa Blanca, y Lincoln habló con él durante horas sobre la conveniencia de emitir una proclamación liberando a los esclavos. Lincoln repasó todos los argumentos a favor y en contra de tal medida y luego leyó cartas y artículos periodísticos, algunos denunciándole por no dar la libertad a los esclavos y otros denunciándole por temor a que fuera a liberarlos. Después de hablar durante horas. El presidente estrechó la mano de su antiguo vecino, le dio las buenas noches y lo envió de vuelta a Illinois sin siquiera pedirle su opinión. Había acaparado en su totalidad la conversación. Eso pareció aclarar su mente. «Parecía sentirse más tranquilo después de la charla», comentó el viejo amigo. Lincoln no buscaba consejos. Solo quería un oyente amable y comprensivo con el que poder desahogarse. Eso es lo que todos queremos cuando tenemos problemas. A menudo es lo único que desea el cliente irritado, el empleado insatisfecho o el amigo herido.

Si quiere saber cómo hacer para que la gente le rehúya y se ría de usted a sus espaldas e incluso le desprecie, aquí tiene la receta: nunca escuche a nadie durante demasiado tiempo. Hable sin parar sobre sí mismo. Si se le ocurre una idea mientras la otra persona está hablando, no espere a que termine. No es tan listo como usted. ¿Por qué perder el tiempo escuchando su cháchara? Interrúmpale en mitad de una frase.

¿Conoce usted a gente así? Yo sí, por desgracia; y lo más asombroso es que algunos de ellos son miembros destacados de la sociedad.

Pelmazos, eso es lo que son; pelmazos embriagados de su propio ego, ebrios del sentido de su propia importancia.

La persona que solo habla de sí misma, solo piensa en sí misma. Y «la persona que solo piensa en sí misma —sostiene el doctor Nicholas Murray Butler, rector de la Universidad de Columbia— carece de toda educación. No es educada —agrega Butler— por muy instruida que pueda estar».

De modo que, si usted aspira a ser un buen conversador, sea un oyente atento. Como dice Charles Northam Lee, «para ser interesante, muestre interés». Haga preguntas que la otra persona disfrute respondiendo. Anímela a hablar de sí misma y de sus logros.

Recuerde que su interlocutor está cien veces más interesado en sí mismo, en sus deseos y en sus problemas que en usted y los suyos. Su dolor de muelas significa más para él que una hambruna en China que mate a un millón de personas. Un forúnculo en el cuello le interesa más que cuarenta terremotos en África. Piense en ello la próxima vez que inicie una conversación.

De modo que, si quiere caerle bien a la gente, la regla n.º 4 es:

SEA UN BUEN OYENTE; ANIME A LOS DEMÁS A HABLAR SOBRE SÍ MISMOS

Cómo hacer que los demás se interesen por usted

Todo el que visitaba a Theodore Roosevelt en Oyster Bay se quedaba asombrado de la amplitud y diversidad de sus conocimientos. «Ya fuera un vaquero o un soldado de caballería, un político neoyorquino o un diplomático —escribió Gamaliel Bradford—, Roosevelt sabía qué decirle». ¿Y cómo lo hacía? La respuesta es sencilla. Cada vez que esperaba una visita, se sentaba hasta tarde la noche anterior a leer sobre el tema en el que conocía que su invitado estaba particularmente interesado. Y es que Roosevelt sabía, como saben todos los líderes, que el verdadero camino hacia el corazón de un hombre es hablarle de las cosas que más aprecia.

El genial William Lyon Phelps, antiguo profesor de literatura en Yale, aprendió esta lección muy pronto. En su ensayo sobre la naturaleza humana escribe:

> En una ocasión, cuando yo tenía ocho años y estaba pasando un fin de semana con mi tía Libby Linsley en su casa de Stratford, junto al río Housatonic, un hombre de mediana edad llamó una tarde y, tras un cortés intercambio verbal con mi tía, me dedicó su atención. En aquel momento, resultaba que yo estaba entusiasmado con los barcos, y aquel visitante habló del tema de una manera que me pareció de lo más atractiva. Cuando se marchó, hablé de él con pasión. ¡Qué hombre! ¡Y cómo le interesaban barcos!
>
> Mi tía me dijo que era un abogado de Nueva York al que los barcos no le importaban lo más mínimo.
>
> —Pero, entonces, ¿por qué hablaba todo el tiempo de barcos? —le pregunté.
>
> —Porque es un caballero. Se dio cuenta de que a ti te gustaban y habló de aquello que sabía que te interesaría. Quiso ser amable.
>
> Nunca olvidé el comentario de mi tía.

Mientras escribo este capítulo, tengo ante mí una carta de Edward L. Chalif, un hombre que colabora con los Boy Scouts. Dice así:

> Un día me di cuenta de que necesitaba un favor. Se acercaba una gran reunión de los Scouts en Europa, y yo quería que el presidente de una de las corporaciones más grandes de Estados Unidos pagara los gastos de viaje de uno de mis muchachos.
>
> Afortunadamente, justo antes de ir a ver a este hombre, me enteré de que había extendido un cheque por valor de un millón de dólares, y que, después de ser cancelado, lo había hecho enmarcar.
>
> Así que lo primero que hice al entrar en su despacho fue pedirle que me mostrara el cheque. Un cheque de un millón de dólares. Le dije que jamás había oído de nadie que hubiera extendido un talón por semejante suma y que quería contarles a mis hijos que yo lo había visto. Me lo enseñó encantado; lo admiré y le pedí que me contara la historia de cómo y por qué había llegado a extenderlo.

¿Se da cuenta de que el señor Chalif no empezó hablando de los Boy Scouts ni de la reunión en Europa ni de lo que él quería? Habló sobre lo que le interesaba a la persona. He aquí el resultado:

> El hombre ante el que me encontraba me dijo: «Por cierto, ¿para qué quería verme?». Así que se lo conté. Para mi gran sorpresa, no solo accedió inmediatamente a lo que le solicitaba, sino a mucho más. Yo le había pedido que enviara solo a un muchacho a Europa, pero él nos envió a cinco muchachos y a mí mismo; nos dio una carta de crédito por valor de mil dólares, y nos dijo que nos quedáramos en Europa durante siete semanas. También me entregó cartas de presentación para los presidentes de sus sucursales, poniéndolos a nuestra disposición. Además, él mismo nos recibió en París y nos enseñó la ciudad. Desde entonces, ha dado trabajo a algunos de los chicos cuyos padres han fallecido y sigue colaborando activamente con nosotros.

> Aun así, sé que si no hubiera averiguado qué le interesaba y si no hubiéramos hablado primero sobre el tema, no me habría resultado ni la décima parte de fácil acercarme a él.

¿Cree usted que esta técnica puede ser valiosa en el mundo de los negocios? Veamos. Tomemos como ejemplo a Henry G. Duvernoy, de Duvernoy & Sons, una de las empresas panaderas de mayor prestigio de Nueva York.

El señor Duvernoy llevaba tiempo intentando venderle pan a cierto hotel de Nueva York. Había visitado al gerente todas las semanas durante cuatro años. Acudía a los mismos actos sociales que él. Incluso alquiló habitaciones en el hotel y se alojó allí para conseguir el negocio. Pero fracasó.

> Después de estudiar las relaciones humanas, decidí cambiar de táctica y me propuse averiguar qué le interesaba a este hombre, qué era lo que le entusiasmaba.
>
> Descubrí que pertenecía a una sociedad de hoteleros llamada Hotel Greeters of America. No solo pertenecía a ella, sino que su gran entusiasmo le había llevado a convertirse en presidente de dicha organización también a nivel internacional. No importaba dónde se celebraran sus convenciones, él siempre estaba allí, aunque tuviera que volar sobre montañas o cruzar desiertos y mares.
>
> Así que, cuando le vi al día siguiente, empecé a conversar sobre aquella sociedad. ¡Menuda respuesta obtuve! Me habló durante media hora de la asociación con un tono vibrante. Pude ver claramente que esa sociedad era la pasión de su vida. Antes de salir de su despacho, me vendió la afiliación a su organización.
>
> Entre tanto, yo no había mencionado nada sobre pan. Sin embargo, unos días después, el mayordomo de su hotel me telefoneó para que acudiera con muestras y precios.
>
> —No sé qué le ha dicho usted al viejo —me dijo el mayordomo—, pero no cabe duda de que le ha convencido.

¡Piénsenlo! Llevaba cuatro años atosigando a aquel hombre, intentando cerrar un acuerdo con él, y aún estaría atosigándole si no me hubiera tomado la molestia de averiguar qué le interesaba y de qué le gustaba hablar.

De modo que, si quiere caerle bien a la gente, la regla n.º 5 es:

HABLE DE LO QUE LE INTERESA
A LA OTRA PERSONA

Cómo caerle bien a la gente al instante

Una vez me encontraba haciendo cola para enviar una carta en la sucursal de correos de la Calle Treinta y Tres con la Octava Avenida de Nueva York. Entonces, me di cuenta de que el empleado de la oficina de registro estaba aburrido de su trabajo: pesar los sobres, repartir los sellos, contar el cambio, emitir recibos... La misma monotonía año tras año.

Así que me dije: «Voy a intentar caerle bien». Obviamente, para caerle bien, tengo que decirle algo bonito, no sobre mí, sino sobre él. Así que pensé: «¿Qué hay en él que pueda admirar honestamente?». A veces es una pregunta difícil de responder, sobre todo con desconocidos, pero, en este caso, resultó fácil. Al instante vi algo que admiraba infinitamente.

Así que, mientras pesaba mi sobre, comenté con entusiasmo:

—Desde luego, me encantaría tener su cabellera.

Levantó la vista, medio sobresaltado, con el rostro radiante con una sonrisa.

—Bueno, ya no es lo que era —dijo con modestia.

Le aseguré que, aunque hubiera perdido parte de su prístina gloria, seguía siendo magnífica. Se sintió inmensamente satisfecho. Mantuvimos una agradable conversación y lo último que me dijo fue:

—Mucha gente ha admirado mi pelo.

Apuesto a que aquel día ese tipo salió caminando como si flotara. Apuesto a que esa noche volvió a casa y se lo contó a su mujer. Apuesto a que se miró al espejo y dijo: «Es una hermosa cabellera».

Una vez conté esta historia en público, y un hombre me preguntó después: «¿Qué quería conseguir de él?».

¡¡¡Qué quería conseguir de él!!!

Si somos tan despreciablemente egoístas que no podemos irradiar un poco de felicidad y transmitir un poco de aprecio sincero sin intentar obtener algo de la otra persona a cambio, si nuestra alma no es más grande que una amarga manzana, nos encontraremos con el fracaso que tanto merecemos.

Oh, sí, yo quería algo de aquel tipo. Quería algo que no tiene precio. Y lo conseguí. Tuve la sensación de haber hecho algo por él sin que él hiciera nada a cambio por mí. Esa es una sensación que resuena en la memoria de uno mucho después de que el incidente haya pasado.

Hay una ley importantísima en la conducta humana; si la obedecemos, casi nunca nos meteremos en dificultades. De hecho, nos traerá innumerables amigos y una felicidad constante. Pero en el mismo instante en que quebrantemos esa ley, nos meteremos en un sinfín de problemas. La ley es la siguiente: Haga siempre que la otra persona se sienta importante. El profesor John Dewey, como ya hemos señalado, afirma que el deseo de ser importante es el impulso más profundo de la naturaleza humana; y el profesor William James apunta: «El principio más profundo de la naturaleza humana es el anhelo de ser apreciado». Como ya he comentado páginas atrás, es el impulso que nos diferencia de los animales. Es el impulso responsable de la civilización misma.

Los filósofos llevan miles de años especulando sobre las reglas de las relaciones humanas, y de toda esa especulación solo ha surgido un precepto importante. No es nuevo. Es tan antiguo como la historia. Zoroastro lo enseñaba a sus adoradores del fuego en Persia hace tres mil años; Confucio lo predicaba en China hace veinticuatro siglos; Lao-Tse, el fundador del taoísmo, lo explicaba a sus discípulos en el valle del Han; Buda lo hacía a orillas del sagrado Ganges quinientos años antes de Cristo; los libros sagrados del hinduismo lo transmitían mil años antes; Jesús lo enseñaba entre las colinas pedregosas de Judea hace diecinueve siglos y lo resumió en un pensamiento, probablemente la regla más importante del mundo: «Trata a los demás tal como quieres que los demás te traten a ti».

Usted quiere la aprobación de aquellos con los que se relaciona. Quiere el reconocimiento de su verdadera valía. Quiere sentir que es importante en su pequeño mundo. No desea escuchar halagos baratos e insinceros, pero anhela el aprecio verdadero. Quiere que sus amigos y socios sean, como dice Charles Schwab, «efusivos en su aprobación y pródigos en el elogio». Todos buscamos eso.

Así que obedezcamos la regla de oro y demos a los demás lo que nos gustaría que los demás nos dieran a nosotros. ¿Cómo? ¿Cuándo? ¿Dónde? La respuesta es: todo el tiempo, en todas partes.

Una vez le pregunté al responsable de información del Radio City Music Hall por el número del despacho de Henry Souvaine. Vestía un uniforme impecable y se enorgullecía de la forma en que transmitía la información. Respondió con claridad y nitidez: «Henry Souvaine. (Pausa.) Piso 18. (Pausa.) Habitación 1816».

Me dirigí hacia el ascensor, pero me detuve y regresé para decirle: «Quiero felicitarle por la excelente manera en que ha respondido usted a mi pregunta. Ha sido muy claro y preciso. Lo ha hecho usted como un artista. Y eso no es habitual». Radiante de satisfacción, me explicó por qué había hecho cada pausa, y por qué cada frase había sido pronunciada de esa forma particular precisamente. Mi breve comentario le hizo ajustarse un poco más la corbata y, mientras subía al piso dieciocho, tuve la sensación de haber añadido una nimiedad a la suma total de la felicidad humana de aquella tarde.

No hace falta ser embajador en Francia ni presidente del comité de pícnics del club de alces para utilizar esta filosofía del aprecio. Puede hacer magia con ella casi todos los días.

Si, por ejemplo, la camarera nos trae puré de patatas cuando hemos pedido patatas fritas, podemos decir: «Siento molestarla, pero las prefiero fritas». Ella responderá: «No es ninguna molestia», y lo cambiará encantada porque le ha mostrado respeto.

Pequeñas muestras de cortesía como «siento molestarle», «sería tan amable de», «por favor», «le importaría» o «gracias» sirven para engrasar el engranaje de la monótona vida cotidiana y, de paso, son el sello de la buena educación.

Tomemos otro ejemplo. ¿Alguna vez ha leído una novela de Hall Caine? —*The Christian*, *The Deemster*, *The Manxman*—. Millones de personas leen sus obras, incontables millones. Caine era hijo de un herrero. No asistió a la escuela más de ocho años. Sin embargo, cuando murió, era el literato más rico que el mundo hubiera conocido hasta entonces.

La historia es la siguiente: Hall Caine amaba los sonetos y las baladas, así que devoró toda la poesía de Dante Gabriel Rossetti. Incluso redactó un escrito elogiando los logros artísticos de su poeta admirado, al que, posteriormente, le envió una copia. Rossetti estaba encantado. «Un joven con una opinión tan elevada de mí —probablemente se dijo— debe de ser alguien brillante». Así que invitó al hijo de este herrero a ir a Londres y trabajar como secretario suyo. Ese fue el punto de inflexión en la vida de Hall Caine, ya que, en su nuevo puesto, tuvo ocasión de conocer a los literatos destacados del momento. Siguiendo sus consejos e inspirado por su apoyo, se lanzó a una carrera que consagraría su nombre en la cima de la literatura.

Su casa, el castillo de Greeba, en la isla de Man, se convirtió en la meca de turistas de todos los rincones del mundo, y dejó un patrimonio de dos millones y medio de dólares. Quién sabe si habría muerto pobre y desconocido de no haber escrito un texto en el que expresaba su admiración por un hombre famoso. Tal es el poder, el estupendo poder, de la apreciación sincera y sentida.

Rossetti se consideraba importante. No es extraño. Casi todo el mundo se considera importante, muy importante. Igual que todas las naciones. ¿Se siente usted superior a los japoneses? Pues lo cierto es que los japoneses se imaginan muy superiores a usted. Un japonés de mentalidad tradicional, por ejemplo, se enfurece al ver a un hombre blanco bailando con una japonesa.

¿Se considera usted superior a los naturales de India? Está usted en su derecho, pero hay un millón de hindúes que se consideran tan infinitamente superiores a usted que no se ensuciarían rebajándose a tocar la comida que su sombra pagana ha atravesado y contaminado.

¿Se considera usted superior a los esquimales? De nuevo, está usted en su derecho, pero, ¿le gustaría saber lo que un esquimal piensa de usted? Bueno, entre los esquimales hay ciertos vagabundos, individuos inútiles que se niegan a trabajar; los esquimales los llaman «hombres blancos», que es el término más despectivo que tienen.

Cada nación se siente superior a las demás. Eso genera patriotismo y guerras. La pura verdad es que casi todas las personas que conoce se sienten superiores a usted en cierta medida, y una forma de llegar a su corazón es hacerles comprender de alguna manera sutil que usted reconoce su importancia en su pequeño mundo, y hacerlo sinceramente.

Recuerde lo que dijo Emerson: «Todo hombre que conozco es superior a mí en algún sentido. En ese sentido, aprendo de él».

Lo patético del asunto es que, con frecuencia, aquellos que tienen menos motivos para sentirse realizados refuerzan su sentimiento interior de insuficiencia a base de gritos y un engreimiento externo que resultan ofensivos y verdaderamente desagradables.

Como dijo Shakespeare: «¡Hombre, prodigio de soberbia! Investido de su fugaz autoridad, realiza proezas tan fantásticas a la vista de los altos cielos, que los ángeles lloran de pena».

Voy a contarle tres historias de cómo empresarios asistentes a mis cursos han aplicado estos principios a los que me refiero en esta parte del libro con resultados notables. Tomemos primero el caso de un abogado de Connecticut que prefiere que no se mencione su nombre por respeto a su familia. Le llamaremos señor R.

Poco después de incorporarse al curso, se desplazó a Long Island junto a su esposa para visitar a algunos parientes de ella. Fueron primero a ver a una anciana tía y luego su mujer continuó el viaje sola para seguir viendo a otros allegados más jóvenes.

Como en el curso tenía que hablar sobre cómo había aplicado los principios del agradecimiento, pensó que podría empezar por la anciana. Así que, cuando llegó a su casa, echó un vistazo a su alrededor para detectar algo que pudiera admirar con sinceridad.

—Esta casa se construyó hacia 1890, ¿verdad? —preguntó él.

—Así es —respondió ella—. Ese es justo el año en que se levantó.

—Me recuerda a la casa en la que yo nací —replicó—. Es preciosa. Bien construida y amplia. Ya no se construyen casas así.

—Tiene usted razón —convino la anciana—. A los jóvenes de hoy en día ya no les interesan las casas bonitas, lo único que quieren es un pequeño apartamento y una nevera eléctrica, y luego irse de paseo en sus automóviles. Esta es una casa de ensueño —continuó la mujer, con una voz que vibraba de emoción al evocar tiernos recuerdos—. Se edificó con amor. Mi marido y yo soñamos con ella durante años antes de levantarla. No llamamos a ningún arquitecto. Lo planeamos todo nosotros.

Ella le enseñó la vivienda y él expresó su sincera admiración por los hermosos tesoros que la anciana había ido recogiendo a lo largo de sus viajes y atesorando durante toda una vida: chales de cachemir, un antiguo juego de té inglés, una vajilla Wedgwood, camas y sillas francesas, cuadros italianos y cortinas de seda que tiempo atrás habían colgado de los muros de un castillo en Francia.

Después de mostrarle la casa, le llevó al garaje. Allí, apoyado sobre unos tacos, había un Packard casi nuevo.

—Mi marido compró ese coche poco antes de morir —dijo en voz baja—. Nunca he montado en él desde su muerte. Usted sabe apreciar las cosas hermosas, así que quiero regalarle este coche.

—Vaya, tía —repuso él—. Me abruma usted. Agradezco su generosidad, naturalmente; pero no podría aceptarlo. Ni siquiera soy pariente suyo. Tengo un coche nuevo, y estoy seguro de que tiene usted muchos parientes a los que les encantaría tener ese Packard.

—¡Parientes! —exclamó ella—. Sí, tengo parientes que están esperando a que me muera para heredar el coche, pero se van a quedar con las ganas.

—Si no quiere regalárselo, puede usted vendérselo a algún comprador de segunda mano —añadió él.

—¡Venderlo! —gritó ella—. ¿Cree que vendería este coche? ¿Cree usted que soportaría ver a extraños paseando por la calle en ese automóvil que mi marido me compró? No se me ocurriría venderlo. Se lo voy a regalar. Usted sabe apreciar las cosas hermosas.

Él intentó rechazar el regalo, pero no podía hacerlo sin herir sus sentimientos.

Esta anciana, abandonada en una gran casa, sola con sus chales de cachemir, sus antigüedades francesas y sus recuerdos, anhelaba un poco de reconocimiento. Había sido joven, bella y deseada. Una vez había construido una hermosa casa con amor y había coleccionado cosas de toda Europa para decorarla. Ahora, en la soledad de la vejez, ansiaba un poco de calor humano, un poco de aprecio genuino, y nadie se lo daba. Y cuando lo encontró, como un manantial en el desierto, no halló otra forma de expresar su gratitud que regalando nada menos que un Packard.

Tomemos otro caso. Donald M. McMahon, superintendente de Lewis & Valentine, una empresa de jardinería y paisajismo de Rye, Nueva York, relató también su experiencia:

> Poco después de escuchar la conferencia sobre cómo ganar amigos e influir sobre las personas, me encontraba trabajando en la finca de un famoso jurista. El propietario salió a darme algunas sugerencias sobre dónde plantar un montón de rododendros y azaleas. Le dije:
>
> —Señor juez, tiene usted una hermosa afición. He estado admirando sus preciosos perros. Tengo entendido que gana usted muchas cintas azules cada año en la gran exposición canina que se celebra en el Madison Square Garden.
>
> El efecto de esta pequeña muestra de aprecio fue sorprendente.
>
> —Así es —respondió el juez—. Me divierto mucho con mis perros. ¿Le gustaría ver mis perreras?
>
> Pasó casi una hora enseñándome sus animales, así como los premios que habían ganado. Incluso sacó sus pedigríes y me explicó las líneas de sangre responsables de tanta belleza e inteligencia.
>
> Finalmente, me preguntó:
>
> —¿Tiene usted un hijo pequeño?
>
> —Sí —respondí.
>
> —Bien, ¿no le gustaría tener un cachorro? —preguntó el juez.
>
> —Oh, sí, le encantaría.
>
> —Estupendo, voy a regalarle uno —me ofreció.
>
> Empezó a explicarme cómo alimentar al cachorro. Luego hizo una pausa.

—Se le olvidará si se lo digo. Voy a escribírselo.

Así que el juez entró en casa, escribió a máquina unas notas con el pedigrí y las instrucciones de alimentación y me regaló un cachorro valorado en cien dólares, además de una hora y quince minutos de su valioso tiempo, en gran parte porque le expresé mi sincera admiración por su afición y sus logros.

George Eastman, de Kodak, inventó la película transparente que hizo posible el cine, amasó una fortuna de cien millones de dólares y se convirtió en uno de los hombres de negocios más famosos del mundo. Sin embargo, a pesar de todos estos logros, también ansiaba pequeñas muestras de reconocimiento, al igual que usted y que yo.

Le daré un ejemplo. Hace unos años, Eastman estaba construyendo la Escuela de Música Eastman en Rochester, así como el Kilbourn Hall, un teatro en memoria de su madre. James Adamson, presidente de la Superior Seating Company de Nueva York, quería cerrar un acuerdo para suministrar asientos para estos dos edificios. Tras hablar por teléfono con el arquitecto, Adamson concertó una cita para ver al señor Eastman en Rochester.

Cuando Adamson llegó, el arquitecto le dijo:

—Sé que usted quiere conseguir este pedido, pero ya le anticipo que no tendrá ni la más mínima oportunidad si le hace perder a George Eastman más de cinco minutos de su tiempo. Es muy riguroso. Siempre está muy ocupado. Así que dígale lo que tenga que decirle rápidamente y lárguese.

Adamson estaba dispuesto a hacer precisamente eso.

Cuando le hicieron pasar al despacho, vio a Eastman inclinado sobre una pila de papeles en su escritorio. El magnate levantó la vista, se quitó las gafas y se dirigió al arquitecto y a Adamson, diciendo:

—Buenos días, caballeros, ¿qué puedo hacer por ustedes?

El arquitecto los presentó y, a continuación, el señor Adamson comenzó a hablar:

—Mientras le esperábamos, señor Eastman, he estado admirando su oficina. No me importaría trabajar lo más mínimo si tuviera una oficina así. Ya sabe usted que me dedico al diseño de interiores en madera, y jamás en mi vida había visto una oficina más bonita.

George Eastman respondió:

—Me recuerda usted algo que casi había olvidado. Es preciosa, ¿verdad? Me gustaba mucho cuando se construyó. Sin embargo, ahora vengo aquí con muchas otras cosas en la cabeza y a veces ni siquiera me fijo en lo que me rodea durante semanas.

Adamson se acercó y acarició un panel con la mano.

—Esto es roble inglés, ¿verdad? Una textura un poco diferente a la del roble italiano.

—Así es —respondió Eastman—. Es roble inglés importado. Lo escogió un amigo mío especializado en maderas nobles.

Luego Eastman se dedicó a enseñarle el despacho, refiriéndose a las proporciones, el colorido, el tallado a mano y otros efectos que había ayudado a planificar y ejecutar.

Mientras paseaban por la estancia admirando el trabajo de la madera, se detuvieron ante una ventana y George Eastman, con su modestia y su voz suave, señaló algunas de las instituciones a través de las cuales intentaba ayudar a la humanidad: la Universidad de Rochester, el Hospital General, el Hospital Homeopático, el Friendly Home, el Hospital Infantil. Adamson le felicitó calurosamente por la forma idealista en que utilizaba su fortuna para aliviar los sufrimientos de otros. En ese momento George Eastman abrió una vitrina y sacó la primera cámara fotográfica de su vida, un invento que le había comprado a un inglés.

Adamson le preguntó largo y tendido sobre sus primeros esfuerzos para iniciarse en el mundo de los negocios, y su interlocutor habló con verdadero sentimiento sobre la pobreza de su infancia. Le contó cómo su madre viuda se mantenía con lo que ganaba trabajando en una pensión mientras él estaba empleado en una oficina de seguros por cincuenta centavos al día. El terror a la pobreza le perseguía día y noche, y resolvió ganar suficiente dinero para que su madre no tuviera que trabajar hasta morir en una pensión.

Adamson continuó preguntándole y le escuchaba, absorto, mientras Eastman relataba la historia de sus experimentos con placas fotográficas secas. Le contó cómo se pasaba el día entero trabajando en una oficina después de haber empleado a veces toda la noche experimentando, echando solo breves cabezadas mientras actuaban los productos químicos; en ocasiones pasaba hasta setenta y dos horas seguidas trabajando y durmiendo a ratos vestido.

James Adamson había entrado en el despacho de Eastman a las diez y cuarto y le habían advertido de que no dispondría de más de cinco minutos; pero pasó una hora, pasaron dos horas... y seguían hablando.

Finalmente, George Eastman se volvió hacia Adamson y le dijo:

—La última vez que estuve en Japón compré unas sillas, las traje a casa y las puse en mi porche. Pero el sol descascarilló la pintura, así que el otro día fui a la ciudad, compré algo de pintura y las reparé yo mismo. ¿Le gustaría ver de lo que soy capaz pintando sillas? Muy bien. Venga a comer a mi casa y se lo enseñaré.

Tras la comida el señor Eastman le mostró a Adamson las sillas que había traído de Japón. No valían más de un dólar y medio cada una. Aun así, George Eastman, que había ganado cien millones de dólares en su negocio, estaba orgulloso de ellas porque él mismo las había pintado.

El pedido de los asientos ascendió a noventa mil dólares. ¿Quién cree que se hizo con él, James Adamson o alguno de sus competidores? Desde ese día hasta la muerte del señor Eastman ambos fueron íntimos amigos.

¿Dónde cree usted que deberíamos empezar a aplicar esta maravillosa piedra de toque que es el aprecio? ¿Por qué no empezar en casa? No conozco ningún otro lugar donde sea más necesaria o se eche más en falta. Su esposa sin duda tiene muchas características positivas, al menos usted pensó alguna vez que así era, o de lo contrario no se habría casado con ella. Pero, ¿cuánto hace que no expresa usted su admiración por sus virtudes? ¿Cuánto tiempo? ¿Cuánto?

Hace unos años me encontraba pescando en la cabecera del río Miramichi, en New Brunswick. Estaba aislado en un campamento solitario en lo profundo de los bosques canadienses. Lo único que tenía para leer era un periódico rural. Lo leí entero, incluidos los anuncios, así como un artículo de Dorothy Dix. Este artículo era tan bueno que lo recorté y lo guardé. La autora afirmaba estar cansada de escuchar cómo sermoneaban constantemente a las novias. En su opinión, alguien tendría que apartar al novio y darle este sabio consejo:

> Nunca se case hasta que haya besado la piedra Blarney. Elogiar a una mujer antes de casarse es cuestión de preferencia, pero elogiar a una mujer después de casarse es una cuestión de necesidad y de seguridad personal. El matrimonio no es lugar para la franqueza. Es un terreno para la diplomacia.
>
> Si desea comer espléndidamente todos los días, nunca critique las tareas domésticas de su esposa ni haga comparaciones odiosas entre ellas y las de su madre. Al contrario, elogie siempre su domesticidad y felicítese abiertamente por haberse casado con la única mujer que combina los atractivos de Venus, Minerva y Mary Ann Bevan. Incluso cuando el filete sepa a cuero y el pan a ceniza, no se queje. Simplemente, comente que la comida no está a la altura de su nivel habitual de perfección, y ella quemará una ofrenda en la estufa de la cocina para estar a la altura del ideal que tiene de ella.

No empiece a hacer esto de repente, o sospechará, pero esta noche, o mañana por la noche, llévele flores o una caja de caramelos. No se limite a decir: «Sí, debería hacerlo». Hágalo. Y muéstrele además una sonrisa y ofrézcale unas cálidas palabras de afecto. Si más esposas y maridos hicieran esto, me pregunto si todavía tendríamos un matrimonio de cada seis destrozado en las rocas de Reno.

¿Le gustaría saber cómo hacer que una mujer se enamore de usted? Bien, he aquí el secreto. No es idea mía. La tomé prestada de Dorothy Dix.

Una vez entrevistó a un famoso bígamo que había conquistado el corazón y la cuenta de ahorros de veintitrés mujeres. (Por cierto, cabe señalar de paso que lo entrevistó en la cárcel). Cuando ella le preguntó cuál era su receta para enamorar a las mujeres, él respondió que no había ningún truco, que bastaba con hablarle a una mujer de sí misma.

La misma técnica funciona con los hombres: «Háblele a un hombre de sí mismo —decía Disraeli, uno de los individuos más astutos de cuantos gobernaron el Imperio británico—, y le escuchará durante horas enteras».

De modo que, si quiere caerle bien a la gente, la regla n.º 6 es:

HAGA QUE LA OTRA PERSONA SE SIENTA IMPORTANTE, Y HÁGALO DE CORAZÓN

***

Ya ha leído usted suficiente. Ahora, cierre el libro y empiece a aplicar esta filosofía del aprecio con la persona que tenga más cerca; y observe cómo obra la magia.

EN RESUMEN

Seis maneras de caerle bien a la gente

1. Muestre verdadero interés por los demás.
2. Sonría.
3. Recuerde que el nombre de una persona es para ella el sonido más dulce e importante que existe.
4. Sea un buen oyente; anime a los demás a hablar de sí mismos.
5. Hable de lo que le interesa a la otra persona.
6. Haga que la otra persona se sienta importante, y hágalo de corazón.

TERCERA PARTE

Doce maneras de convencer a los demás de su punto de vista

No se puede ganar una discusión

Poco después de acabar la guerra, estando yo en Londres, una noche aprendí una lección inestimable. Yo era entonces el representante de *sir* Ross Smith. Durante la contienda, *sir* Ross había sido en Palestina el as australiano de la aviación y, poco después de que se declarara la paz, asombró al mundo entero dando media vuelta al planeta en treinta días. Nunca antes se había intentado una hazaña semejante. Causó una tremenda sensación. El gobierno australiano le concedió cincuenta mil dólares, el rey de Inglaterra le nombró caballero y, durante un tiempo, fue el hombre del que más se hablaba bajo el paraguas de la Union Jack; el Lindbergh del Imperio británico. Una noche asistí a un banquete ofrecido en honor de *sir* Ross y, durante la cena, el hombre que se sentaba a mi lado me contó una graciosa anécdota que giraba en torno a la siguiente cita: «Hay una divinidad que forja nuestros fines, por mucho que queramos alterarlos».

Me dijo que procedía de la Biblia. Se equivocaba. Yo lo sabía. Lo sabía con toda certeza. No tenía la menor duda. Así que, para sentirme importante y demostrar mi superioridad, me erigí por mi cuenta en comité no solicitado ni bienvenido para corregirle. Él se mantuvo en sus trece.

¿De quién? ¿De Shakespeare? ¡Imposible! ¡Absurdo! Esa cita era de la Biblia. ¡Estaba seguro de ello!

Esta persona estaba sentada a mi derecha, y el señor Frank Gammond, un viejo amigo mío, a mi izquierda. Gammond había dedicado años al estudio de Shakespeare, así que acordamos someter la cuestión... al juicio del señor Gammond. Frank escuchó, me dio un puntapié por debajo de la mesa, y luego dijo: «Dale, estás equivocado. Este señor tiene razón. Es de la Biblia».

Esa noche, de camino a casa, le dije a Gammond:

—Frank, tú sabías que esa cita es de Shakespeare.

—Sí, por supuesto —respondió—, *Hamlet,* Acto V, Escena 2. Pero estábamos allí como invitados a una fiesta, mi querido Dale. ¿Por qué demostrarle a un hombre que se equivoca? ¿Va a hacer eso que le caigas bien? ¿Por qué dejarle en evidencia? No te pidió tu opinión. No la quería. ¿Por qué discutir con él? Evita siempre conflictos innecesarios.

«Evita siempre conflictos innecesarios». El hombre que me dijo eso ya ha muerto, pero la lección que me enseñó perdura. Era una lección muy necesaria, porque yo era un discutidor empedernido. Durante mi juventud, discutía con mi hermano sobre todo lo habido y por haber. Cuando iba a la universidad, estudié lógica y argumentación, y participaba en campeonatos de debate. Hablando de ser de Misuri, yo nací allí. Pues demuéstramelo (Que alguien decía ser de Misuri, ¡pues demuéstramelo!) Más tarde, enseñé debate y argumentación en Nueva York, y una vez, me avergüenza admitirlo, planeé incluso escribir un libro sobre el tema. Desde entonces, he escuchado, criticado, participado y observado los efectos de miles de argumentos. Como resultado de todo ello, he llegado a la conclusión de que solo hay una manera de sacar lo mejor de una discusión, y es evitarla. Evítela como evitaría las serpientes de cascabel y los terremotos.

Nueve de cada diez veces, una discusión termina con cada uno de los contendientes más firmemente convencido que nunca de que tiene toda la razón.

No puede ganar una discusión: si la pierde, es evidente; pero si la gana, también pierde. ¿Y por qué? Bien, supongamos que derrota a su rival, evidencia los fallos de su argumentación y demuestra que es *non compos mentis*. ¿Y entonces qué? Usted se sentirá bien, pero ¿y la otra persona? Usted ha hecho que se sienta inferior. Ha herido su orgullo. Le molestará su triunfo. Además, recuerde: «Un hombre convencido contra su voluntad sigue siendo de la misma opinión».

En relación con lo anterior, la compañía de seguros Penn Mutual Life Insurance ha establecido una política muy clara para sus agentes: «¡Nada de discutir!». El verdadero arte de vender no consiste en argumentar. No es algo ni remotamente parecido a una discusión. La mente humana no cambia de esa manera.

Un ejemplo para ilustrarlo. Hace años, un belicoso irlandés llamado Patrick J. O'Haire acudió a una de mis clases. Apenas había recibido educación y le encantaba armar bronca. Había sido chófer, y vino a verme porque llevaba un tiempo intentando vender camiones, al parecer sin mucho éxito. Al preguntarle un poco, me di cuenta de que no paraba de discutir y enemistarse con las mismas personas con las que intentaba hacer negocios. Si un potencial cliente decía algo despectivo sobre los camiones que vendía, Pat se ponía colorado y se le echaba encima, y *ganaba* muchas discusiones en aquellos días. Como me dijo después, «a menudo salía de la oficina de un hombre diciendo: "Se lo he dejado bien claro a ese pájaro"». Claro que se lo había dejado claro, pero no le había vendido nada.

Mi primer problema no era enseñar a Patrick J. O'Haire a hablar. Mi tarea más inmediata era enseñarle precisamente a que se abstuviera de hablar y evitara las disputas verbales.

El señor O'Haire es ahora uno de los vendedores estrella de la White Motor Company de Nueva York. ¿Cómo lo hace? He aquí su historia en sus propias palabras:

> Si entro en la oficina de un comprador y este me dice: «¿Cómo? ¿Un camión White? ¡Son malísimos! No aceptaría uno ni regalado.

Voy a comprar el modelo X»; yo le digo: «Amigo, escúcheme, el modelo X es un buen camión. Si compra el X, no se arrepentirá. Los camiones X los fabrica una buena empresa y la gente que los vende es muy buena».

Entonces se queda sin palabras. No hay lugar para la discusión. Si me dice que el modelo X es el mejor y yo le digo que claro que lo es, la cosa se acaba ahí. No puede estar toda la tarde diciendo que es el mejor cuando yo le doy la razón. Entonces dejamos el tema del modelo X y empiezo a hablar de las bondades de los camiones White.

Hubo un tiempo en que algo así me sacaba de mis casillas. Empezaba a discutir, y cuanto más discutía, más argumentaba el potencial cliente a favor del modelo X; y cuanto más argumentaba, más se convencía de las bondades del producto de la competencia.

Cuando ahora echo la vista atrás, me pregunto cómo fui jamás capaz de vender algo. Malgasté años de mi vida discutiendo en desguaces. Ahora mantengo la boca cerrada. Es más rentable.

Como decía el sabio Ben Franklin: «Si discute usted, y pelea y contradice, puede lograr muchas veces un triunfo, pero será un triunfo vacío, porque jamás obtendrá la buena voluntad del contrincante».

Averígüelo usted mismo. ¿Qué prefiere, una victoria académica y teatral o la buena voluntad de un hombre? Rara vez se pueden tener las dos cosas.

El *Boston Transcript* publicó una vez este significativo y curioso epitafio:

Aquí yace el cuerpo de William Jay,
Que murió defendiendo su derecho de paso.
Tenía razón, toda la razón, mientras aceleraba.
Mas ahora está tan muerto como si hubiera estado equivocado.

Puede que usted tenga razón, toda la razón, a medida que avanza en su argumento; pero en lo que se refiere a hacer cambiar de opinión a la otra persona, probablemente será tan inútil como si estuviera equivocado.

William G. McAdoo, secretario del Tesoro en el gabinete de Woodrow Wilson, afirmó que, como resultado de sus ajetreados años en política, había aprendido que «es imposible derrotar a un ignorante con argumentos».

«¿Un ignorante?». El señor McAdoo se queda corto. Mi experiencia me dice que es prácticamente imposible hacer que un hombre —independientemente de su coeficiente intelectual— cambie de opinión mediante una disputa verbal.

Por ejemplo, Frederick S. Parsons, asesor fiscal, estuvo discutiendo sin parar durante una hora con un inspector de Hacienda. Estaba en juego una cantidad de nueve mil dólares. Parsons afirmaba que esos nueve mil dólares eran en realidad una deuda *incobrable*, nunca se cobrarían y, por tanto, no debían estar sujetos a impuestos. «Deuda incobrable... ¡De eso nada! —repuso el inspector—. Hay que gravarlos igualmente». Así sucedió, en palabras del señor Parsons:

> El inspector era frío, arrogante y testarudo. No había forma de razonar con él ni hechos que le convencieran. Cuanto más discutíamos, más terco se ponía. Así que decidí evitar la discusión, cambiar de tema y mostrarle algo de reconocimiento. Le dije:
>
> —Supongo que este es un asunto insignificante en comparación con las decisiones realmente importantes y difíciles que debe usted tomar. Yo también he estudiado fiscalidad. Sin embargo, he tenido que aprender mis conocimientos de los libros, usted adquiere los suyos de la mano de la experiencia. A veces desearía tener un trabajo como el suyo. Me enseñaría mucho —hablaba muy en serio.
>
> Entonces el inspector se enderezó en su silla, se recostó y comenzó a hablar largo y tendido de su trabajo, ilustrándome acerca de los ingeniosos fraudes que había descubierto a lo largo de su carrera.
>
> Poco a poco su tono se fue volviendo más amistoso, y enseguida pasó a hablarme de sus hijos. Al marcharse, me aseguró que seguiría estudiando mi problema y que me comunicaría su decisión al cabo de unos días.

> Tres días después telefoneó a mi despacho y me informó de que había decidido dar por válida la declaración de la renta tal y como estaba presentada.

Este inspector dejaba en evidencia una de las debilidades humanas más comunes. Quería sentirse importante y, mientras el señor Parsons discutía con él, lo conseguía afirmando a voz en grito su autoridad; ahora bien, en cuanto se admitía su importancia, se daba por concluida la discusión y se le permitía expandir su ego, se transformaba en un ser humano simpático y amable.

Constant, primer ayuda de cámara de Napoleón, jugaba a menudo al billar con Josefina. En sus memorias, afirma: «Aunque yo tenía cierta habilidad, siempre conseguía que ella me ganara, lo que la complacía sobremanera».

Bien, aprendamos una lección de Constant: dejemos que nuestros clientes, amantes, maridos y esposas nos ganen en las pequeñas discusiones que puedan surgir.

Buda dijo: «El odio nunca es vencido con el odio, sino con el amor». Del mismo modo, nunca se pone fin a un malentendido con una discusión, sino mediante tacto, diplomacia, conciliación y un deseo sincero de entender el punto de vista de la otra persona.

En una ocasión, Lincoln reprendió a un joven oficial del Ejército por enzarzarse en una violenta polémica con un compañero. Dijo así:

> Ningún hombre que esté decidido a dar lo mejor de sí mismo puede permitirse perder el tiempo en disputas personales. Menos aún puede permitirse asumir las consecuencias, incluida la corrupción de su carácter y la pérdida de autocontrol. Cede en las cosas más importantes a las que no tienes más que los mismos derechos que el otro; y cede a las menos importantes, aunque sean claramente tuyas. Es mejor ceder el paso a un perro que ser mordido por él.

Así pues, la regla n.º 1 es:

LA ÚNICA MANERA DE SACAR LO MEJOR DE UNA DISCUSIÓN ES EVITARLA

Una forma segura de ganarse enemigos, y cómo evitarlo

Cuando Theodore Roosevelt ocupaba la Casa Blanca, confesó que si pudiera tener razón el setenta y cinco por ciento de las veces, sus expectativas se verían cumplidas.

Si esa era la máxima calificación a la que aspiraba uno de los hombres más distinguidos del siglo XX, ¿qué podemos decir nosotros? Si usted tiene la seguridad de estar en lo cierto tan solo el cincuenta y cinco por ciento de las veces, puede ir a Wall Street, ganar un millón de dólares al día, comprarse un yate y casarse con una corista. Y si no está seguro de tener razón ni siquiera el cincuenta y cinco por ciento de las veces, ¿qué gana diciéndole a los demás que se equivocan?

Se puede transmitir a alguien que está equivocado con una mirada, con determinada entonación de la voz o con un gesto, tan elocuentemente como con palabras. Si le dice usted a alguien que se equivoca, ¿le dará entonces la razón? Jamás. Porque ha asestado un golpe directo a su inteligencia, a su juicio, a su orgullo, a su amor propio. Eso hará que quiera devolver el golpe, pero nunca conseguirá que cambie de opinión. Ya puede arrojarle usted a la cara toda la lógica de Platón o de Kant, que no modificará su posición, porque ha herido sus sentimientos.

No empiece anunciando: «Voy a demostrarle tal y cual cosa». No es buen comienzo. Eso equivale a decir: «Soy más listo que usted. Voy a decirle un par de cosas y le haré cambiar de opinión». Ese tipo de expresión es un desafío, despierta oposición y despierta en la otra persona el deseo de luchar contra usted antes siquiera de que usted empiece a hablar.

Ya es complicado, incluso en las condiciones más favorables, hacer que la gente modifique su postura. ¿Por qué hacerlo más difícil? ¿Por qué ponerse trabas? Si se dispone a demostrar algo, no permita que los demás lo sepan. Hágalo tan sutilmente, tan hábilmente, que nadie piense que lo está haciendo.

El poeta Alexander Pope afirmó: «Debe enseñarse a los hombres como si no se les enseñara. Las cosas desconocidas les deben ser propuestas como cosas olvidadas». Y como *lord* Chesterfield le dijo a su hijo: «Has de ser más sabio que los demás, si puedes, pero no se lo digas».

En la actualidad, apenas creo en nada de lo que creía hace veinte años, excepto en la tabla de multiplicar, y empiezo a dudar incluso de eso cuando leo a Einstein. Puede que dentro de otros veinte años no crea lo que afirmo en este libro. Ya no estoy tan seguro de nada como antes. En repetidas ocasiones, Sócrates dijo a sus seguidores en Atenas: «Solo sé que no sé nada». Bueno, no puedo esperar ser más listo que Sócrates, así que he dejado de decirle a la gente que está equivocada. Y he descubierto que merece la pena.

Si un hombre hace una afirmación que usted cree que es errónea —incluso si sabe que es errónea—, ¿no es mejor empezar diciendo algo como: «¡Pues mire! Yo pensaba lo contrario, pero puedo estar equivocado. A menudo lo estoy y, en ese caso, me gusta que me corrijan. Examinemos los hechos»? Hay cierta magia positiva en frases como «Puedo estar equivocado. A menudo lo estoy. Examinemos los hechos».

Nadie en el Cielo ni en la Tierra le cuestionará jamás cuando diga: «Puedo estar equivocado. Examinemos los hechos». Eso es lo que hace un hombre de ciencia. Una vez entrevisté a Stefansson, el célebre explorador y científico que pasó once años más allá del círculo polar ártico y que vivió durante seis alimentándose exclusivamente de carne y agua. Cuando me habló de uno de sus experimentos, le pregunté qué pretendía demostrar con él. Nunca olvidaré su respuesta. Me dijo: «Un científico nunca intenta demostrar nada. Solo intenta descubrir los hechos». A usted le gusta pensar de forma científica, ¿verdad? Pues nadie se lo impide, salvo usted mismo.

Nunca se meterá en problemas por admitir que puede estar equivocado. Eso pondrá fin a todas las discusiones e inspirará a la otra persona a ser tan justa, sincera y abierta de miras como usted; hará que asuma la posibilidad de estar, ella también, equivocada.

Cuando usted sabe a ciencia cierta que una persona está equivocada y se lo dice sin rodeos, ¿qué ocurre? Permítame ilustrarlo con un caso concreto.

El señor S., un joven abogado de Nueva York, defendía un caso bastante importante ante el Tribunal Supremo de Estados Unidos (Lustgarten contra Fleet Corporation 280 U.S. 320). Estaba en juego una considerable suma de dinero y se dirimía una cuestión jurídica de mucha relevancia.

Durante el alegato, uno de los jueces del Tribunal Supremo le dijo a S.:

—El plazo de prescripción en derecho marítimo es de seis años, ¿verdad?

El señor S. hizo una pausa, miró fijamente al juez, y luego respondió sin rodeos:

—Señoría, no hay prescripción en derecho marítimo.

Así continuó el señor S. el relato de su experiencia en una de mis clases:

> Se hizo el silencio y la temperatura en la sala pareció bajar a cero. Yo tenía razón. El juez estaba equivocado. Y yo se lo había dicho, pero, ¿hizo eso que se mostrara más indulgente? No. Sigo pensando que la ley estaba de mi lado. Y sé que hablé mejor que nunca, pero no fui convincente. Cometí el enorme error de decirle a un hombre muy culto y famoso que estaba equivocado.

Pocas personas son lógicas. La mayoría tenemos prejuicios y somos parciales. La mayoría estamos plagados de ideas preconcebidas, de celos, sospechas, miedo, envidia y orgullo. Igualmente, la mayoría de los ciudadanos no desean cambiar de opinión sobre su religión o su corte de pelo ni quieren modificar su postura frente al comunismo o Clark Gable. Así que, si usted es propenso a decirle a la gente que está equivocada, lea el siguiente párrafo todas las mañanas antes de desayunar. Es un extracto del brillante libro del profesor James Harvey Robinson, *The Mind in the Making*:

> A veces, cambiamos de opinión sin oponer ninguna resistencia ni alterarnos, pero si nos dicen que estamos equivocados, nos enojamos por la imputación y endurecemos el corazón. Somos increíblemente inconscientes en la formación de nuestras creencias, pero nos llenamos de una pasión ilícita por ellas cuando alguien se propone privarnos de su compañía. Evidentemente, no son las ideas en sí las que nos importan, es nuestra autoestima la que se ve amenazada. La pequeña palabra «mi» es la más importante en lo que atañe a los asuntos humanos, y tenerla debidamente en cuenta es el principio de la sabiduría. Tiene la misma fuerza cuando hablamos de *mi cena*, *mi perro* y *mi casa*, que de *mi padre*, *mi país* o *mi Dios*. No solo nos molesta que nos digan que nuestro reloj no va en hora o que nuestro coche se cae a pedazos, sino también que revisen nuestra interpretación de los surcos de Marte, la pronunciación del nombre «Epicteto», el valor medicinal de la salicina o la idea que tenemos de la época en que vivió Sargón I. [...] Nos gusta seguir creyendo aquello que nos hemos acostumbrado a aceptar como cierto, y el resentimiento que se despierta cuando se pone en duda alguna de nuestras suposiciones nos lleva a buscar todo tipo de excusas para aferrarnos a ellas. El resultado es que la mayor parte de nuestro supuesto razonamiento consiste en encontrar argumentos para seguir creyendo lo que ya creemos.

Una vez contraté a un decorador de interiores para que confeccionara unas cortinas para mi casa. Cuando llegó la factura, me quedé atónito. Unos días más tarde, una amiga vino a vernos y observó las cortinas. Le mencioné el precio y ella exclamó con cierto tono triunfal: «¿Cómo? ¡Qué barbaridad! Me temo que te la han jugado».

¿Era cierto? Sí, había dicho la verdad, pero a pocos nos gusta escuchar verdades que nos dejan en evidencia. Así que, como soy humano, intenté defenderme. Señalé que lo mejor es, a la larga, lo más caro, que no se puede esperar calidad y gusto artístico a precios de saldo, etcétera, etcétera.

Poco después, otra amiga se dejó caer por nuestra casa, admiró las cortinas, las valoró con entusiasmo y expresó su deseo de permitirse una creación tan exquisita para su propio hogar. Mi reacción fue totalmente distinta. «A decir verdad, yo no puedo permitírmelas. He pagado demasiado. Me arrepiento de haberlas encargado».

Cuando nos equivocamos, podemos admitirlo ante nosotros mismos. Y si lo hacemos con delicadeza y tacto, podemos admitirlo también ante los demás e incluso enorgullecernos de nuestra franqueza y amplitud de miras. Pero si es otra persona la que intenta que reconozcamos nuestro error...

Horace Greeley, el editor más famoso de Estados Unidos durante la guerra civil, discrepaba enérgicamente de la política de Lincoln. Creía que podría hacer que el presidente estuviera de acuerdo con él mediante una campaña de rígidos argumentos, burlas e insultos. Y emprendió esa amarga operación mes tras mes, año tras año. De hecho, escribió un ataque brutal, enormemente desagradable, sarcástico y con alusiones personales contra Lincoln la noche en que Booth le disparó.

Pero, ¿consiguió toda esta amargura que Lincoln estuviera de acuerdo con Greeley? En absoluto. La humillación y el abuso nunca sirven.

Si usted quiere algunas sugerencias excelentes sobre cómo tratar con la gente, desenvolverse y mejorar su personalidad, lea la autobiografía de Benjamin Franklin, una de las más fascinantes de cuantas han sido escritas, uno de los clásicos de la literatura estadounidense. Pida prestado un ejemplar en su biblioteca pública o consígalo en su librería. Franklin cuenta cómo llegó a dominar el inicuo hábito de la discusión hasta transformarse en uno de los hombres más hábiles, comedidos y diplomáticos de la historia de Estados Unidos.

Un día, cuando aún era un joven atolondrado, un viejo amigo suyo cuáquero lo llevó aparte y lo fustigó con unas cuantas verdades punzantes, más o menos en esta línea:

> Ben, eres imposible. Tus opiniones son una bofetada para todos los que discrepan contigo. Se han vuelto tan caras que a nadie le importan. Tus amigos se divierten más cuando no estás cerca.

> Sabes tanto que ningún hombre puede decirte nada. De hecho, ningún hombre va a intentarlo, porque el esfuerzo solo le produciría incomodidad y fatiga. Así que es probable que nunca sepas más de lo que sabes ahora, que es muy poco.

Una de las cualidades de Ben Franklin que más valoro es la forma en que aceptó esa acertada reprimenda. Él era lo suficientemente grande e inteligente como para darse cuenta de que todo era cierto, de que se dirigía al fracaso y al desastre social. Así que rectificó, e inmediatamente empezó a cambiar su actitud insolente e intolerante.

Dice Franklin:

> Me hice el propósito de contenerme para no refutar directamente las ideas de los demás, y de evitar reafirmar mi postura con expresiones dogmáticas. Incluso me prohibí utilizar expresiones pretenciosas tales como «ciertamente», «indudablemente» y otras por el estilo. Por eso adopté otras como «creo», «me parece que...», «ahora pienso que...», que entendía más humildes. Si alguien afirmaba algo que a mí me parecía erróneo, me negaba a mí mismo el placer de contradecirle tajantemente, poniendo al punto en evidencia lo absurdo de su aserto; en cambio, contestaba haciéndole observar que, aunque en ciertas circunstancias su posición podría resultar cierta, en las presentes «parecía que...» o «yo pensaba que...» la cosa era algo diferente. Me di cuenta de las ventajas de esta actitud enseguida, cuando las conversaciones comenzaron a discurrir en un clima más agradable.
>
> Esta nueva postura, que al principio me ponía un poco tenso porque pugnaba con mi inclinación natural, llegó a serme tan consustancial que en los últimos cincuenta años no hay nadie que pueda afirmar haber escuchado de mi boca nada que sonase a dogmático. Es a esta costumbre (además de a la virtud de la integridad) a la que, creo, se debía la ascendencia que de joven tuve sobre mis conciudadanos cuando les proponía crear nuevas instituciones o reformar las viejas, así como la influencia que lograban mis palabras en los consejos

> o asambleas públicos a los que pertenecí. Porque lo cierto es que yo no fui nunca un buen orador; ni la elocuencia ni la corrección del lenguaje eran mi fuerte, no paraba de titubear cuando buscaba la expresión idónea, y, aun así, conseguía generalmente que se aceptaran mis propuestas.

¿Cómo funciona el método de Ben Franklin en los negocios? Pongamos dos ejemplos.

F. J. Mahoney, afincado en el 114 de Liberty Street, Nueva York, vende equipos especiales para el comercio de petróleo. Había reservado un pedido para un cliente importante de Long Island, se había presentado y aprobado un diseño, y el equipo estaba en proceso de fabricación. Entonces ocurrió algo desafortunado. El comprador comentó el asunto con sus amigos y ellos le advirtieron de que estaba cometiendo un grave error. Le habían endosado algo que estaba mal. Era demasiado ancho, demasiado corto, demasiado esto y demasiado aquello. Estas opiniones preocuparon al cliente y desataron su mal humor, así que llamó por teléfono al señor Mahoney y le juró que no aceptaría el equipo que ya se estaba fabricando.

Así relató el señor Mahoney lo sucedido:

> Revisé todo cuidadosamente y tuve claro que nosotros teníamos razón. Al igual que también me di cuenta de que él y sus amigos no sabían de lo que estaban hablando, pero intuí que sería peligroso decírselo. Así que me desplacé hasta Long Island para verle y, al entrar en su despacho, se puso en pie de un salto y vino hacia mí hablando rápidamente. Estaba tan excitado que agitaba el puño mientras hablaba. Me culpó a mí y a mi equipo y terminó diciendo:
>
> —Y bien, ¿qué va a hacer usted al respecto?
>
> Le dije muy tranquilamente que haría todo lo que él me dijera.
>
> —Usted es quien va a pagar por esto —le dije—, así que sin duda debería conseguir lo que quiere. No obstante, alguien tiene que aceptar la responsabilidad. Si cree que usted tiene razón, denos un plano

> [para fabricar el nuevo equipo] y, aunque nos hemos gastado dos mil dólares en hacer este trabajo para usted, lo desecharemos. Estamos dispuestos a perder dos mil dólares con tal de complacerle, aunque debo advertirle de que, si lo construimos como usted insiste, deberá asumir la responsabilidad. No obstante, si nos deja proceder tal y como planeamos, que seguimos creyendo que es el camino correcto, nosotros asumiremos toda la responsabilidad.
>
> Para entonces ya se había calmado, y finalmente dijo:
>
> —Está bien, adelante, pero si no está bien, que Dios le ayude.
>
> Fue un acierto, y ya nos ha prometido otro pedido para dos trabajos similares esta temporada.
>
> Cuando ese hombre me insultó, agitó el puño ante mi cara y me dijo que no sabía lo que hacía, tuve que hacer acopio de todo mi autocontrol para no discutir e intentar justificarme. Hizo falta mucho autocontrol, pero valió la pena. Si le hubiera dicho que se equivocaba y hubiera empezado a discutir, aquello habría terminado en un pleito, rencores, pérdidas económicas y me habría quedado sin un cliente valioso.
>
> De modo que sí, estoy convencido de que no compensa decirle a un hombre que se equivoca.

Tomemos otro ejemplo —y recuerde que estos casos que estoy citando reflejan experiencias similares de otros miles de hombres—. R. V. Crowley trabaja como vendedor para la Gardner W. Taylor Lumber Company, una empresa maderera de Nueva York. Llevaba años diciéndoles a los duros inspectores madereros que se equivocaban. Había ganado las disputas, pero no había servido de nada. «Estos inspectores —afirmaba— son como los árbitros de béisbol. Una vez que toman una decisión, nunca la cambian».

El señor Crowley constató que la empresa perdía miles de dólares en esas discusiones que él ganaba. Así que, mientras asistía a mi curso, decidió cambiar de táctica y abandonar las disputas. ¿Con qué resultados?

He aquí la historia tal como él la contó a los compañeros de su clase:

> Una mañana sonó el teléfono en mi despacho. Al otro lado del aparato, una persona acalorada y molesta procedió a informarme de que un cargamento de madera que habíamos enviado a su planta resultaba totalmente insatisfactorio. Su empresa había interrumpido la descarga y nos pedía que nos encargáramos inmediatamente de retirar las existencias de su almacén. Después de descargar una cuarta parte de la madera, su inspector informó de que el material estaba un cincuenta y cinco por ciento por debajo de su categoría. Dadas las circunstancias, se negaron a aceptarlo.
>
> Inmediatamente, me desplacé hasta su fábrica y por el camino iba pensando en la mejor manera de abordar la situación. Normalmente, en tales circunstancias, debería haber citado las normas de clasificación e intentado, como resultado de mi propia experiencia y conocimientos como inspector de madera, convencer a mi colega de que la carga se hallaba correctamente clasificada y era él quien malinterpretaba las normas en su inspección. Sin embargo, se me ocurrió aplicar los principios aprendidos en este curso.
>
> Cuando llegué a la fábrica, me encontré al agente de compras y al inspector que había señalado el defecto con un humor de perros, dispuestos a discutir y pelear. Nos dirigimos al vagón correspondiente y pedí que continuaran descargándolo para poder analizar la situación. Solicité a mi homólogo que siguiera adelante y separara los descartes, como había estado haciendo, y que colocara las piezas buenas en otro montón aparte.
>
> Después de observarle durante un rato, me di cuenta de que su inspección era demasiado estricta: estaba malinterpretando las normas. Esta madera en concreto era de pino blanco, y yo sabía que el aquel hombre tenía una amplia formación en maderas duras, pero no era competente en pino blanco. El pino blanco era mi fuerte, pero ¿puse alguna objeción a la forma en que estaba clasificando la madera? Ninguna. Seguí observando y poco a poco empecé a preguntar por qué

algunas piezas no eran satisfactorias. Ni por un instante insinué que el inspector estuviera equivocado. Insistí en que la única razón por la que preguntaba era para que, en futuros envíos, pudiéramos ofrecer a su empresa exactamente lo que quería.

Haciendo preguntas con un espíritu amistoso y cooperativo, e insistiendo continuamente en que tenían razón al desechar los listones que no satisfacían sus propósitos, conseguí apaciguarle y que la tensión inicial de nuestra relación comenzara a suavizarse. De vez en cuando, un comentario mío cuidadosamente formulado le hacía pensar que tal vez algunas de esas piezas rechazadas sí cumplían los estándares por los que habían pagado, pero sus necesidades exigían una calidad más cara. Sin embargo, tuve mucho cuidado para que no pensara que le estaba dando importancia.

Poco a poco fue cambiando de actitud. Por fin me confesó que no tenía experiencia con el pino blanco y empezó a hacerme preguntas sobre cada pieza a medida que salía del camión. Yo le explicaba por qué tal pieza entraba en la clase especificada, pero sin dejar de insistir en que no queríamos que lo aceptara si no era adecuado para sus necesidades. Llegó un momento en que se sentía culpable cada vez que ponía una pieza en el montón de las rechazadas. Y por fin vio que el error era de ellos por no haber especificado a tiempo una categoría de madera tan buena como la que necesitaban.

El resultado final fue que volvió a revisar todo el cargamento tras mi marcha, aceptó todo el lote y recibimos un cheque por la totalidad.

Solo un poco de tacto y la determinación de abstenerme de decirle a la otra persona que estaba equivocada le ahorraron a mi compañía ciento cincuenta dólares en efectivo, y sería difícil asignar un valor monetario a la buena voluntad ganada.

Por cierto, no estoy revelando nada nuevo en este capítulo. Hace diecinueve siglos, Jesús dijo: «Ponte de acuerdo con tu adversario pronto». Y dos mil doscientos años antes de que naciera Cristo, el viejo rey Khety de Egipto le dio a su hijo un sabio consejo, un consejo que hoy en día sigue siendo muy necesario: «Sé diplomático. Te ayudará a conseguir lo que quieres».

En otras palabras, no discuta con su cliente, su marido, su esposa o su adversario. No le diga que se equivoca, no lo altere. Utilice en su lugar un poco de mano izquierda.

De modo que, si quiere convencer a otros de su punto de vista, la regla n.º 2 es:

MUESTRE RESPETO POR LAS OPINIONES DE LOS DEMÁS, NUNCA LE DIGA A ALGUIEN QUE SE EQUIVOCA

Cuando se equivoque, admítalo

Vivo casi en el centro geográfico de Nueva York; sin embargo, a un minuto a pie de mi casa hay una extensión salvaje de bosque virgen donde los matorrales de zarzamora florecen en primavera, las ardillas anidan y crían a sus cachorros y la hierba crece tan alta como la cabeza de un caballo. El lugar se llama Forest Park. Se trata de un bosque cuya apariencia probablemente no ha cambiado mucho desde el día en que Colón descubrió América. Suelo pasear por este parque con Rex, mi Boston terrier. Es un pequeño sabueso amistoso e inofensivo, y como rara vez nos encontramos con nadie en el parque, lo llevo sin correa ni bozal. Pero un día nos topamos con un policía a caballo, un hombre ansioso por demostrar su autoridad.

—¿Cómo lleva usted suelto a ese perro en el parque sin bozal ni correa? —me reprendió—. ¿No sabe que es ilegal?

—Sí, lo sé —respondí suavemente—, pero no pensé que aquí pudiera hacer ningún daño a nadie.

—¡No pensó! ¡No pensó! A la ley le importa un bledo lo que usted piense. Ese perro puede matar a una ardilla o morder a un niño. Bien, voy a dejarlo pasar esta vez, pero si vuelvo a ver a este perro por aquí, sin bozal y sin correa, tendrá que dar explicaciones ante el juez.

Prometí obedecer dócilmente.

Y obedecí unas cuantas veces, pero a Rex no le gustaba el bozal, y a mí tampoco, así que decidimos arriesgarnos. Todo fue de maravilla durante un tiempo, hasta que nos topamos con un obstáculo. Una tarde, Rex y yo corrimos por la cima de una colina y allí, de repente —para mi consternación— vi al adalid de la ley y el orden, a horcajadas sobre su caballo alazán. Rex iba delante y se dirigía directamente hacia el policía. Estaba perdido; lo sabía. Así que no esperé a que empezara a hablar. Me adelanté y le dije:

—Agente, me ha pillado con las manos en la masa. Soy culpable.

No tengo coartada ni excusa. Usted me advirtió la semana pasada de que si volvía a llevar al perro sin bozal, me multaría.

—Bueno —respondió el hombre en un tono suave—. Sé que es una tentación dejar que un perrito como este corra por aquí cuando no hay nadie.

—Claro que es una tentación —le contesté—, pero va contra la ley.

—Bueno, un perrito así no va a hacer daño a nadie —repuso.

—No, pero puede matar a alguna ardilla —añadí.

—Ya..., bueno, creo que se lo está tomando usted demasiado en serio —afirmó—. Le diré lo que vamos a hacer. Déjelo correr por la colina, donde yo no lo vea, y nos olvidaremos del asunto.

Ese policía, como todo ser humano, quería sentirse importante; así que, cuando empecé a censurarme a mí mismo, la única forma que tenía de alimentar su autoestima era adoptar una actitud magnánima y mostrarse clemente.

Ahora, supongamos que hubiera intentado defenderme... Bien, ¿ha discutido alguna vez con un policía? Yo, en lugar de hacerlo, admití que él tenía toda la razón y yo estaba equivocado por completo; lo asumí con toda rapidez, abiertamente y con entusiasmo. Ni *lord* Chesterfield en persona habría sido más cortés que aquel policía a caballo que, solo una semana antes, me había amenazado con hacer que el peso de la ley cayera sobre mí.

Si sabemos que nos va a caer una reprimenda de cualquier manera, ¿no es mucho mejor adelantarnos a los demás y *autorreprendernos* nosotros mismos? ¿No es mucho más fácil escuchar la autocrítica que soportar la censura de labios ajenos?

Diga sobre usted mismo todas las cosas despectivas que sabe que la otra persona está pensando o tiene intención de decir —y dígalas antes de que ella tenga oportunidad de hacerlo— y le dejará sin palabras. Las probabilidades de que adopte una actitud amable e indulgente y minimice los errores que usted ha cometido son de cien a una, como hizo aquel agente conmigo y con Rex.

Ferdinand E. Warren, un artista comercial, utilizó esta técnica para ganarse la buena voluntad de un malhumorado y quisquilloso marchante de arte. He aquí su historia contada por él mismo.

> Al hacer dibujos con fines publicitarios y editoriales es importante ser preciso y muy exacto. Algunos directores artísticos exigen que sus encargos se elaboren de inmediato; y en estos casos es probable que se produzca algún pequeño error. Conocí a un director artístico en particular al que le encantaba sacar defectos de cualquier pequeño detalle. A menudo, he salido de su despacho disgustado, no por la crítica, sino por su manera de decir las cosas. Hace poco le entregué un encargo urgente y me llamó para que acudiera inmediatamente a su presencia. Me dijo que había un problema. Cuando llegué, me encontré justo con lo que me temía. Mostraba una actitud hostil, deseoso de aprovechar la oportunidad para criticarme. Me preguntó acaloradamente por qué había hecho tal o cual cosa.
>
> Aquella era la oportunidad de aplicar la autocrítica sobre la que había estado estudiando. Así que le dije:
>
> —Señor Fulano, si lo que dice es cierto, la culpa es solo mía y no hay absolutamente ninguna excusa para esta metedura de pata. Llevo dibujando para usted el tiempo suficiente como para saberlo. Estoy avergonzado.
>
> Inmediatamente empezó a defenderme.
>
> —Sí, es cierto, pero después de todo, no se trata de un error tan grave. Es solo...
>
> —Cualquier error —le interrumpí— puede costar caro, y todos son irritantes.
>
> Quiso hablar, pero no le dejé. Me lo estaba pasando en grande. Por primera vez en mi vida me criticaba a mí mismo, y me encantaba.
>
> —Debería haber tenido más cuidado —continué—. Usted me ha hecho muchos encargos y se merece lo mejor, así que reharé el dibujo.
>
> —¡No! ¡No! —protestó—. No se me ocurriría causarle tantas molestias.

> Alabó mi trabajo, me aseguró que solo quería un cambio mínimo y que mi pequeño error no le había costado dinero a su empresa; al fin y al cabo, se trataba de un mero detalle y no valía la pena preocuparse por él.
>
> Mi afán por criticarme le quitó las ganas de discutir. Acabó invitándome a comer; y antes de despedirnos me dio un cheque y un nuevo encargo.

Cualquier necio puede intentar justificar sus errores —y la mayoría de los necios lo hacen—, pero admitir los propios nos eleva por encima del rebaño y nos otorga un sentimiento de nobleza y júbilo. Por ejemplo, una de las cosas más hermosas que la historia recoge sobre Robert E. Lee es la forma en que se culpó a sí mismo y solo a sí mismo del fracaso de la carga de Pickett en Gettysburg.

La carga de Pickett constituyó sin duda uno de los ataques más brillantes y peculiares de cuantos han tenido lugar en la historia bélica de Occidente. El propio Pickett era alguien muy particular. Llevaba el pelo tan largo que sus mechones castaños casi le tocaban los hombros y, como Napoleón en sus campañas italianas, escribía ardientes cartas de amor casi a diario desde el campo de batalla. Sus devotas tropas le aclamaron aquella trágica tarde de julio mientras cabalgaba alegremente hacia las líneas de la Unión, con el sombrero colocado en un ángulo extravagante sobre la oreja derecha. Le aclamaron y le siguieron, hombre con hombre, fila con fila, con los estandartes ondeando y las bayonetas brillando al sol. Atrevido. Magnífico. Un murmullo de admiración recorrió las líneas al contemplarlo.

Las tropas de Pickett avanzaron con paso ligero a través de huertos y maizales, por un prado y una hondonada. Los cañones enemigos abrían terribles brechas en las filas, pero seguían adelante, inexorables, irresistibles.

De repente, la infantería de la Unión salió de detrás del muro de piedra de Cemetery Ridge, donde se había escondido, y disparó andanada tras andanada contra las indefensas tropas de Pickett. La cresta de la colina era una cortina de fuego, un matadero, un volcán en llamas. En pocos minutos, todos los comandantes de brigada de Pickett, excepto uno, habían caído, así como cuatro quintas partes de sus cinco mil hombres.

Armistead, al frente de los hombres en el asalto final, corrió hacia delante, saltó por encima del muro de piedra y, agitando su gorra en lo alto de su espada, gritó: «¡Dadles acero, muchachos!». Lo hicieron. Saltaron el parapeto, clavaron bayonetas en los cuerpos de sus enemigos, destrozaron cráneos empleando sus fusiles a modo de garrotes y plantaron las banderas del Sur en Cemetery Ridge. Los estandartes ondearon sobre el terreno tan solo un momento, pero ese momento, a pesar de su brevedad, marcó el punto álgido de la Confederación.

La carga de Pickett —brillante y heroica— fue, sin embargo, el principio del fin. Lee había fracasado. No podría penetrar en el norte. Y él lo sabía. El Sur estaba condenado.

Lee se encontraba tan abatido, tan conmocionado, que presentó su dimisión y pidió a Jefferson Davis, el presidente de la Confederación, que nombrara a «un hombre más joven y más capaz». Si Lee hubiera querido atribuir a otro la responsabilidad del desastroso fracaso de la carga de Pickett, podría haber encontrado una veintena de excusas. Algunos de sus comandantes de división le habían fallado. La caballería no había llegado a tiempo para apoyar el ataque de la infantería. Esto había salido mal y aquello otro también.

Pero Lee era demasiado noble para culpar a otros. Mientras las derrotadas y ensangrentadas tropas de Pickett luchaban por regresar a las líneas confederadas. Robert E. Lee cabalgó solo a su encuentro y recibió a los hombres con una autocrítica poco menos que sublime. «Todo esto ha sido culpa mía —confesó—. Yo y solo yo he perdido esta batalla». Pocos generales en toda la historia han tenido el valor y el carácter de admitirlo.

Elbert Hubbard fue uno de los autores más originales que jamás agitaron a una nación, y sus frases mordaces a menudo despertaban feroces resentimientos. Aun así, con su rara habilidad para manejar a la gente, a menudo convertía a sus enemigos en amigos.

Por ejemplo, cuando algún lector irritado escribía para decirle que no estaba de acuerdo con tal o cual artículo y terminaba llamando a Hubbard esto y lo otro, él respondía de la siguiente manera:

> Ahora que lo pienso, yo tampoco estoy del todo de acuerdo. No todo lo que escribí ayer me gusta hoy. Me alegra saber lo que piensa usted sobre el tema. La próxima vez que esté por aquí, visítenos y hablaremos largo y tendido sobre este asunto. Reciba desde la distancia un cordial apretón de manos. Atentamente.

¿Qué decirle a una persona que te trata así? Cuando tengamos razón, intentemos ganarnos a la gente con delicadeza y tacto; y cuando nos equivoquemos —y será sorprendentemente a menudo, si somos honestos con nosotros mismos—, admitamos nuestros errores con rapidez y entusiasmo. Esa técnica no solo producirá resultados sorprendentes, sino que, lo creamos o no, es mucho más divertida, dadas las circunstancias, que intentar justificarse.

Recuerde el viejo proverbio: «Luchando nunca se consigue lo suficiente, pero cediendo se obtiene más de lo esperado».

De modo que, si quiere convencer a los demás de su punto de vista, sería recomendable que recordara la regla n.º 3:

CUANDO SE EQUIVOQUE, RECONÓZCALO RÁPIDAMENTE Y CON ROTUNDIDAD

El mejor camino hacia la razón humana

Si usted se altera y le suelta un par de cosas a su interlocutor, se sentirá muy satisfecho y desahogado, pero, ¿y la otra persona? ¿Compartirá su placer? Su tono beligerante y su actitud hostil ¿harán que esté de acuerdo con usted?

En cierta ocasión Woodrow Wilson dijo:

> Si vienes a mí con los puños cerrados, creo poder prometerte que los míos se cerrarán más rápido que los tuyos; pero si vienes a mí y me dices: sentémonos y conversemos, y si estamos en desacuerdo, comprendamos por qué estamos en desacuerdo y en qué lo estamos, llegaremos a advertir que, al fin y al cabo, no nos hallamos tan lejos el uno del otro, que los puntos en que diferimos son pocos y los puntos en que convenimos son muchos, y que si tenemos la paciencia y la franqueza y el deseo necesarios para ponernos de acuerdo, a ello llegaremos.

Nadie apreció más la verdad de la afirmación de Woodrow Wilson que John D. Rockefeller Jr. En 1915, Rockefeller era el hombre más ferozmente despreciado de Colorado. Una de las huelgas más sangrientas de la historia de la industria estadounidense llevaba dos terribles años conmocionando al estado. Mineros airados y beligerantes exigían salarios más altos a la Colorado Fuel & Iron Company, la empresa que dirigía Rockefeller. Se habían destruido propiedades, se había solicitado la ayuda del ejército, se había derramado sangre; algunos huelguistas habían muerto acribillados a balazos.

En un momento así, con el ambiente hirviendo de odio, Rockefeller quería convencer a los huelguistas de su punto de vista. Y lo consiguió. ¿Cómo? Esta es la historia.

Después de pasar semanas tratando de buscar un acercamiento con ellos, se dirigió a los representantes de los huelguistas. El discurso fue, en su totalidad, una obra maestra que produjo resultados asombrosos. Calmó las tempestuosas olas de odio que amenazaban con engullir al magnate y le granjeó una multitud de admiradores. Supo presentar los hechos de una manera tan cordial que los trabajadores volvieron al tajo sin decir una palabra más sobre el aumento de salarios por el que tan violentamente habían luchado.

He aquí el comienzo de ese notable parlamento. Nótese la amabilidad que desborda. Recuerde que Rockefeller está hablando a hombres que, hasta poco antes, querían colgarlo de un árbol. Sin embargo, no podría haber sido más amable ni más amistoso si se hubiera dirigido a un grupo de misioneros. Su discurso brilla con frases y expresiones como «Estoy orgulloso de estar aquí»; «habiendo visitado sus hogares, conocido a muchas de sus esposas e hijos, nos reunimos aquí no como extraños, sino como amigos»; «espíritu de amistad mutua»; «intereses comunes»; «estoy aquí hoy únicamente gracias a su cortesía».

Comenzó diciendo Rockefeller:

> Este es un día señalado en mi vida. Es la primera vez que tengo la suerte de reunirme con los representantes de los empleados de esta gran compañía, sus directivos y superintendentes, y puedo asegurarles que estoy orgulloso de estar aquí y que recordaré esta reunión mientras viva. Si esta reunión se hubiera celebrado hace dos semanas, me habría presentado aquí como un extraño para la mayoría de ustedes, y solo habría podido reconocer unas pocas caras.
>
> Habiendo tenido la oportunidad la semana pasada de visitar todos los campamentos de las cuencas carboníferas del sur y de hablar individualmente con prácticamente todos los representantes, excepto con los que estaban de viaje; habiendo visitado sus hogares, conocido a muchas de sus esposas e hijos, nos reunimos aquí no como extraños, sino como amigos, y es en ese espíritu de amistad mutua en el que me complace tener esta oportunidad de debatir con ustedes nuestros intereses comunes.

> Puesto que esta es una reunión de los directivos de la empresa y de los representantes de los empleados, si estoy aquí hoy es únicamente gracias a su cortesía, ya que no tengo la suerte de ser ni lo uno ni lo otro; y, sin embargo, siento que estoy íntimamente asociado con ustedes, ya que, en cierto sentido, represento tanto a los accionistas como a los directivos.

¿No es este un magnífico ejemplo del fino arte de convertir en amigos a los enemigos? Supongamos que Rockefeller hubiera actuado de otra manera. Supongamos que hubiera discutido con esos mineros y les hubiera echado en cara hechos desagradables. Supongamos que les hubiera transmitido con el tono de su voz y sus insinuaciones que estaban equivocados. Supongamos que, siguiendo todas las reglas de la lógica, hubiera demostrado sus errores. ¿Qué habría ocurrido? Se habría despertado más ira, más odio, más violencia.

Si el corazón de un hombre está lleno de discordia y malos sentimientos hacia usted, no podrá convencerlo de que piense como usted ni con toda la lógica del mundo. Los padres regañones, los jefes dominantes, así como los maridos y esposas insistentes deberían darse cuenta de que las personas no quieren cambiar de opinión. No se puede forzar a nadie a estar de acuerdo con uno, pero sí se le puede inducir, si somos amables y cordiales con él.

Ya lo dijo Lincoln hace casi cien años. Estas fueron sus palabras:

> Es una máxima antigua y verdadera que «una gota de miel atrapa más moscas que un galón de hiel». Igual sucede con los hombres: si quieres ganar a un hombre para tu causa, primero convéncele de que eres su amigo sincero. Ahí hay una gota de miel que atrapa su corazón; el cual, digan lo que digan, es el mejor camino hacia su razón.

Los empresarios están aprendiendo que vale la pena ser amables con los huelguistas. Por ejemplo, cuando dos mil quinientos empleados de la planta de White Motor Company se declararon en huelga para exigir salarios más altos y un sindicato, Robert F. Black, el presidente, no se enfureció ni maldijo, ni amenazó ni habló de tiranía y comunismo. En realidad, elogió a los huelguistas. Publicó un anuncio en los periódicos de Cleveland, felicitándoles por «la forma pacífica en la que han abandonado sus herramientas». Al ver que los piquetes huelguistas estaban ociosos, compró un par de docenas de bates y guantes de béisbol y les invitó a jugar en terrenos baldíos. Para aquellos que preferían jugar a los bolos, alquiló una bolera.

Esta amabilidad por parte de Black logró lo que siempre logra la amabilidad: generar más amabilidad. Así que los huelguistas tomaron escobas, palas y carros de basura, y empezaron a recoger cerillas, papeles y colillas de cigarros y puros por toda la fábrica. Imagíneselo. Imagínese a unos huelguistas limpiando los terrenos de su lugar de trabajo mientras luchan por unos salarios más altos y el reconocimiento del sindicato. Nunca se había oído hablar de un acontecimiento semejante en la larga y tempestuosa historia de las guerras obreras estadounidenses. Aquella huelga terminó con un acuerdo de compromiso en el plazo de una semana, sin resentimientos ni rencores.

Daniel Webster, que parecía un dios y hablaba como Jehová, fue uno de los abogados de mayor éxito que jamás haya defendido una causa. Sin embargo, daba paso a sus argumentos más poderosos con observaciones tan amables como: «será el jurado el que deba decidirlo», «quizás valga la pena pensar en esto, caballeros», «aquí hay algunos hechos que confío tendrán presentes, caballeros», o «ustedes, con su conocimiento de la naturaleza humana, apreciarán fácilmente el significado de estos hechos». Nada de intimidar ni presionar al jurado. Nada de intentar imponer sus opiniones a los demás. Webster utilizaba un enfoque suave, tranquilo y amistoso, que le ayudó a alcanzar celebridad.

Puede que usted nunca tenga que poner fin a una huelga o dirigirse a un jurado, pero tal vez sí quiera que su casero le baje el alquiler. ¿Le ayudará entonces la vía amistosa? Veamos.

O. L. Straub, ingeniero, estaba en esta situación: deseaba una bajada de alquiler. Él sabía que su casero era duro de pelar.

Así lo contaba el señor Straub en una charla ante la clase:

> Le escribí notificándole que iba a marcharme del apartamento en cuanto expirara el contrato. La verdad es que yo no quería mudarme. Quería quedarme si conseguía que me bajara el alquiler, pero la situación parecía abocada al fracaso. Otros inquilinos lo habían intentado sin éxito. Todo el mundo me decía que era muy difícil tratar con el casero. Aun así, me dije: «Estoy estudiando un curso sobre cómo tratar con la gente, así que lo probaré con él y a ver qué tal funciona».
>
> Él y su secretaria vinieron a verme en cuanto leyeron mi carta. Los recibí en la puerta con el saludo habitual de Charlie Schwab. Estaba rebosante de alegría, voluntad y entusiasmo. No empecé hablando de lo elevado que era el alquiler. En lugar de eso, le hice saber lo mucho que me gustaba su piso. Créanme, fui «efusivo en mi aprobación y pródigo en mis elogios». Le felicité por la forma en que gestionaba el edificio y le dije que me gustaría mucho quedarme otro año, pero que no podía permitírmelo.
>
> Era evidente que nunca había tenido un recibimiento semejante por parte de un inquilino. Apenas sabía qué pensar. Entonces empezó a hablarme de sus problemas: inquilinos que se quejaban constantemente. Uno le había escrito catorce cartas, algunas de ellas insultantes. Otro había amenazado con romper su contrato a menos que el propietario consiguiera que el hombre del piso de arriba dejara de roncar. «¡Qué alivio tener un inquilino satisfecho como usted!», me confesó. Y luego, sin que yo se lo pidiera, se ofreció a bajarme un poco el alquiler. Yo quería una rebaja aún mayor, así que le dije la cifra que podía pagar, y él aceptó sin rechistar.
>
> Cuando ya se iba, se volvió hacia mí y me preguntó: «¿Cómo le gustaría que le decoráramos el apartamento?».
>
> Si hubiera intentado una reducción del alquiler por los métodos que utilizaban los demás inquilinos, estoy seguro de que habría fracasado,

igual que ellos. Lo que triunfó fue el enfoque amistoso, comprensivo y agradecido.

Tomemos otro ejemplo. En esta ocasión se trata de una mujer, una dama de la alta sociedad, la señora Dorothy Day, de Garden City, Long Island.

Estas fueron sus palabras:

> Hace poco ofrecí un almuerzo a un pequeño grupo de amigos. Se trataba de una ocasión importante para mí. Naturalmente, estaba muy interesada en que todo saliera bien. Emil, el *maître* del hotel, suele ser quien me ayuda con estas cosas. Sin embargo, en esta ocasión me decepcionó. El almuerzo fue un fracaso. Emil no aparecía por ninguna parte, y solo había un camarero para atendernos. Este camarero no tenía la menor idea de cómo ofrecer un servicio de primera clase. Insistió en servir a mi invitada de honor en último lugar. En un momento dado, le sirvió un miserable trocito de apio en un plato grande. La carne estaba dura; las patatas, grasientas. Fue horrible. Yo estaba furiosa; tuve que esforzarme por sonreír durante todo el calvario, pero no dejaba de repetirme: «En cuanto vea a Emil, voy a decirle un par de cosas».
>
> Esto ocurrió un miércoles. La noche siguiente asistí a una conferencia sobre las relaciones humanas. Mientras escuchaba, me di cuenta de lo inútil que sería reprender a Emil. Se sentiría fatal y se mostraría resentido, y no tendría más ganas de ayudarme en el futuro. Así que intenté verlo desde su punto de vista. Él no había comprado la comida y tampoco la había cocinado. Tampoco podía evitar que algunos de sus camareros fueran unos ineptos. Tal vez yo había sido demasiado severa, demasiado precipitada en mi ira. Así que, en lugar de criticarle, decidí empezar de forma amistosa. Decidí abrirme a él con aprecio.
>
> Este enfoque funcionó de maravilla. Vi a Emil al día siguiente. Estaba a la defensiva, enojado y listo para plantar batalla. Entonces, le dije:

—Mire, Emil, quiero que sepa que para mí significa mucho tenerle a mi lado cuando tengo invitados. Es usted el mejor *maître* de hotel de Nueva York. Naturalmente, soy consciente de que usted no es el encargado de comprar y cocinar la comida. Usted no pudo evitar lo que pasó el miércoles.

Las nubes desaparecieron. Emil sonrió y dijo:

—Exactamente, señora. El problema fue de la cocina. No fue culpa mía.

Entonces continué:

—He organizado otras fiestas, Emil, y necesito su consejo. ¿Cree usted que sería una buena idea darle otra oportunidad a la cocina?

—Oh, desde luego, señora —repuso él—. Naturalmente. No tiene por qué repetirse.

La semana siguiente ofrecí otro almuerzo. Emil y yo planeamos el menú. Le reduje la propina a la mitad y nunca mencioné los errores del pasado.

Cuando llegamos, la mesa lucía espléndida con dos docenas de rosas. Emil nos atendió a la perfección. Difícilmente podría haber colmado mi fiesta de más atenciones si yo hubiera estado agasajando a la reina María. La comida fue excelente y estaba caliente. El servicio fue perfecto. El plato principal lo sirvieron cuatro camareros en lugar de uno. Emil en persona ofreció deliciosos caramelos de menta para terminar.

Cuando nos íbamos, mi invitada de honor me comentó:

—¿Has hechizado al *maître*? Jamás había visto servicio ni atención iguales.

Tenía razón. Le había hechizado a base de amabilidad y aprecio sincero.

Hace años, cuando yo todavía era un crío que caminaba descalzo por el bosque hacia una escuela rural en el noroeste de Misuri, un día leí una fábula sobre el sol y el viento. Discutían sobre cuál era el más fuerte, y el viento dijo: «Te demostraré que lo soy. ¿Ves aquel viejo de ahí abajo con un abrigo? Apuesto a que puedo hacer que se lo quite antes que tú».

Entonces el sol se ocultó tras una nube y el viento sopló hasta convertirse casi en un tornado, pero cuanto más fuerte soplaba el viento, más se tapaba el viejo con su abrigo.

Finalmente, el viento se calmó y se rindió; entonces el sol salió de detrás de la nube y sonrió amablemente al anciano. En seguida, se secó la frente y se quitó el abrigo. El sol le dijo entonces al viento que la amabilidad y la cordialidad eran siempre más fuertes que la furia y la fuerza.

Ya entonces, cuando yo era un niño y leía esta fábula, la verdad de ese relato estaba siendo demostrada en la lejana ciudad de Boston, un centro histórico de educación y cultura que nunca soñé con llegar a ver, por el doctor A. H. B., un médico que treinta años más tarde acabaría siendo uno de mis alumnos. He aquí la historia que nos relató en una de las charlas que dio en clase.

Los periódicos de Boston en aquellos días estaban llenos de falsos anuncios médicos, propaganda lanzada por abortistas profesionales y curanderos que pretendían tratar las enfermedades de la gente, pero que en realidad se aprovechaban de muchas víctimas inocentes atemorizándolas con sermones sobre la «pérdida de la virilidad» y otras terribles afecciones. Proponían como remedio mantener a la víctima sumida en el terror sin ofrecerle ningún tratamiento útil. Los abortistas habían causado muchas muertes, pero hubo pocas condenas. La mayoría de ellos pagan pequeñas multas o se libran gracias a influencias políticas.

La situación llegó a ser tan terrible que la buena gente de Boston se levantó llena de indignación. Los predicadores golpearon sus púlpitos, sentenciaron a los periódicos e imploraron la ayuda de Dios Todopoderoso para detener aquella publicidad. Organizaciones cívicas, hombres de negocios, clubes femeninos, iglesias y asociaciones juveniles la condenaron y denunciaron, pero todo fue en vano. Se libró una encarnizada lucha para tratar de ilegalizar aquella vergonzosa propaganda, pero los tejemanejes y las influencias políticas inclinaron la balanza.

El mencionado doctor era por aquel entonces presidente del Good Citizenship Committee of the Great Boston Christian Endeavour Union. Su comité lo había intentado todo, sin éxito. La lucha contra aquellos médicos criminales parecía inútil. Entonces, una medianoche, el doctor B probó con algo que aparentemente a nadie en Boston se le había ocurrido probar antes. Se dispuso a emplear la amabilidad, la simpatía y el aprecio. Intentó hacer que los editores desearan dejar de publicar aquellos anuncios. Escribió al editor de *The Boston Herald*, diciéndole lo mucho que admiraba su periódico. Siempre lo había leído; las noticias eran decentes, no sensacionalistas, y los editoriales, excelentes. Era un espléndido periódico familiar. Añadió que, en su opinión, era la mejor cabecera de Nueva Inglaterra y una de las mejores de América.

La carta del doctor continuaba así:

> No obstante, un amigo mío que tiene una hija pequeña me comentó que, noches atrás, la niña le había leído en voz alta uno de sus anuncios, uno de un abortista profesional, y a continuación le preguntó qué significaban algunas de las frases. Francamente, se sintió avergonzado y no supo qué decir. Su periódico entra en los mejores hogares de Boston. Si eso ocurrió en casa de mi amigo, ¿no es probable que esté ocurriendo también en muchos otros lugares? Si usted tuviera una hija pequeña, ¿querría que leyera esos anuncios? Y si los leyera y le preguntara por ellos, ¿qué explicación le daría usted?
>
> Lamento que un periódico tan magnífico como el suyo —casi perfecto en todos los demás aspectos— tenga esta característica que hace que algunos padres teman ver a sus hijas con él entre las manos. ¿No es probable que miles de sus suscriptores piensen lo mismo que yo?

Dos días después, el editor de *The Boston Herald* contestó al doctor B., que guardó la carta durante un tercio de siglo y me la dio cuando asistía a mi curso. Ahora la tengo delante mientras escribo. Está fechada el 13 de octubre de 1904.

Doctor A. H. B.
Boston, Massachusetts.

Estimado señor:

Realmente, me siento en deuda con usted por su carta del día 11, dirigida al editor de este periódico, pues me ha ayudado a decidirme por fin a tomar una medida que llevo contemplando desde que estoy a cargo aquí.

A partir del lunes, me propongo hacer que *The Boston Herald* sea absolutamente expurgado de todo material publicitario objetable, en la medida en que sea posible hacerlo. Las tarjetas médicas, la jeringa giratoria de irrigación anticonceptiva y demás anuncios similares serán totalmente eliminados, y el resto de publicidad médica, que es imposible retirar en este momento, será editada minuciosamente para que sea absolutamente inofensiva.

Agradeciéndole de nuevo su amable carta, que ha sido de gran ayuda a este respecto, me despido.

Atentamente,

W. E. Haskell, editor.

Esopo fue un esclavo griego que vivió en la corte de Cres y escribió fábulas inmortales seiscientos años antes de Cristo. Sin embargo, las verdades que enseñaba sobre la naturaleza humana son tan ciertas ahora en Boston y Birmingham como lo eran hace veinticinco siglos en Atenas. El sol puede lograr que se quite usted el abrigo más rápidamente que el viento, y la amabilidad, el acercamiento cortés y el aprecio pueden hacer que la gente cambie de opinión más fácilmente que todas las bravatas y amenazas del mundo.

Recuerde lo que dijo Lincoln: «Una gota de miel atrapa más moscas que un galón de hiel».

Si quiere convencer a los demás de su punto de vista, no olvide aplicar la regla n.º 4:

EMPIECE DE FORMA AMISTOSA

El secreto de Sócrates

Cuando hable usted con alguien, no empiece discutiendo sobre aquello en lo que discrepan; mejor, comience haciendo hincapié —y siga haciéndolo— en las cosas en las que estén de acuerdo. Continúe insistiendo, si es posible, en el hecho de que ambos persiguen el mismo fin y que su única diferencia es de método y no de propósito.

Consiga que la otra persona diga «sí» desde el principio. Evite, si puede ser, que diga «no».

En su libro *Influencing Human Behaviour* el profesor Overstreet sostiene:

> La respuesta «no» es una desventaja muy difícil de superar. Cuando una persona ha dicho «no», su orgullo le exige que siga siendo coherente consigo misma. Puede que más tarde piense que el «no» fue desacertado. Sin embargo, ¡no puede dejar de lado su preciado orgullo! Una vez que ha dicho una cosa, debe atenerse a ella. De ahí que sea de la mayor importancia que iniciemos a una persona en la dirección afirmativa.

El orador hábil consigue desde el principio una serie de «respuestas afirmativas». De este modo, pone en marcha los procesos psicológicos de sus oyentes en dirección afirmativa. Es como el movimiento de una bola de billar. Si se impulsa para que siga determinada trayectoria, se necesita algo de fuerza para desviarla, pero mucha más fuerza para hacer que vuelva en la dirección opuesta.

Las pautas psicológicas son bastante claras. Cuando una persona dice «no» y lo dice en serio, está haciendo mucho más que pronunciar una palabra de dos letras. Todo su organismo —glandular, nervioso, muscular— se unifica en una actitud de rechazo. Se produce —por lo general, al instante, pero a veces de modo observable— una retirada física o una predisposición para la retirada. En resumen, todo el sistema neuromuscular se pone en guardia contra la aceptación. Cuando, por el contrario, alguien dice «sí», no se manifiesta esa actitud de retroceso; el organismo adopta una predisposición de avance, aceptación y apertura. Por eso, cuantos más «síes» sea capaz de inducir desde el principio, más probabilidades tendrá de lograr captar la atención para una propuesta definitiva.

Esta respuesta afirmativa es una técnica muy sencilla. Y, sin embargo, se descuida con demasiada frecuencia. A menudo parece como si la gente se sintiera importante llevando la contraria desde el principio. La persona que es radical llega a una conferencia ante sus camaradas conservadores ¡e inmediatamente debe hacerlos enfurecer! ¿Cuál es, de hecho, el beneficio de ello? Si lo hace simplemente para obtener algún placer personal, se le podría disculpar, pero si realmente espera conseguir algo, solo es psicológicamente estúpido.

Consiga que un alumno, un cliente, un hijo, un marido o una esposa digan «no» de entrada, y necesitará la sabiduría y la paciencia de los ángeles para transformar esa negativa en una respuesta afirmativa.

El uso de esta técnica permitió a James Eberson, cajero en el Greenwich Savings Bank (Nueva York), retener a un posible cliente que, de otro modo, seguramente habría perdido.

Estas fueron sus palabras:

> Cuando el hombre vino a abrir una cuenta, le di nuestro formulario habitual para que lo rellenara. Algunas de las preguntas las respondió de buen grado, pero hubo otras que se negó en redondo a contestar.
>
> Antes de empezar a estudiar las relaciones humanas, le habría dicho a este potencial cliente que si se negaba a facilitarle al banco esa información, tendríamos que negarnos a aceptar su cuenta. Me avergüenzo de haber hecho eso mismo en el pasado. Naturalmente, un ultimátum así me hacía sentir bien. Me ayudaba a dejar claro quién mandaba y que no se podían incumplir las normas y reglamentos del banco. Sin embargo, ese tipo de actitud, desde luego, no proporcionaba una sensación de bienvenida e importancia al hombre que había entrado para convertirse en nuestro cliente.

Esa mañana decidí utilizar un poco de sentido común. Decidí no hablar de lo que quería el banco, sino de lo que quería el cliente. Y, por encima de todo, estaba decidido a conseguir que dijera «sí» desde el principio. Así que le di la razón. Le dije que la información que se negaba a proporcionar no era absolutamente necesaria.

—No obstante —apunté—, supongamos que a su muerte tiene dinero en este banco. ¿No le gustaría que fuera transferido a su pariente más próximo, que es quien tiene derecho a él según la ley?

—Sí, naturalmente —respondió.

—¿No cree —continué— que sería buena idea darnos el nombre de sus parientes más próximos para que, en caso de fallecimiento, pudiéramos cumplir sus deseos sin errores ni demoras?

De nuevo reconoció:

—Sí.

La actitud del cliente se suavizó y cambió cuando se dio cuenta de que no le pedíamos esta información por nuestro bien, sino por el suyo. Antes de salir del banco, no solo me había proporcionado los datos sobre sí mismo en su totalidad, sino que, a sugerencia mía, abrió una cuenta fiduciaria nombrando a su madre como beneficiaria y respondió gustosamente a todas las preguntas relativas también a ella.

Descubrí que haciéndole decir «sí» desde el principio, se olvidaba del tema en cuestión y se mostraba bien predispuesto a hacer todas las cosas que yo le sugería.

Por su parte, Joseph Allison, vendedor para la empresa eléctrica Westinghouse, explicaba:

Había un hombre en mi territorio al que nuestra empresa tenía muchas ganas de captar como cliente. Mi predecesor le había visitado durante diez años sin éxito. Cuando me hice cargo de la zona, le estuve llamando constantemente a lo largo de tres años sin conseguir nada. Al final, después de trece años de llamadas, logramos venderle algunos motores. Si resultaban ser buenos, yo estaba seguro de que me haría un pedido de varios cientos más. Esas eran mis expectativas.

Yo sabía que funcionaban muy bien, así que cuando llamé tres semanas después, me sentía confiado. Sin embargo, la sensación no duró mucho, porque el ingeniero jefe me saludó con este chocante anuncio:

—Señor Allison, no puedo comprarle el resto de los motores.

—¿Por qué? —pregunté asombrado—. ¿Por qué?

—Porque se calientan demasiado. No puedo ni tocarlos.

Yo sabía que no serviría de nada discutir; había intentado ese tipo de cosas demasiado tiempo. Así que pensé en cómo obtener una respuesta afirmativa.

—Bueno, mire, señor Smith —le dije—. Estoy de acuerdo con usted al cien por cien; si esos motores se calientan demasiado, no debería comprar más. Sus motores no deberían funcionar a más temperatura de la establecida por las normas de la Asociación Nacional de Fabricantes Eléctricos. ¿No es así?

Se mostró conforme. Había conseguido mi primer «sí».

—Las normas de la Asociación de Fabricantes Eléctricos establecen que un motor correctamente diseñado puede tener una temperatura de setenta y dos grados Fahrenheit por encima de la temperatura ambiente. ¿Es eso correcto? —continué.

—Así es. Y resulta que sus motores se calientan mucho más.

No quise discutir con él. Me limité a preguntarle:

—¿A qué temperatura está la sala de turbinas?

—¡Ah! —respondió—, se encuentra a alrededor de setenta y cinco grados Fahrenheit.

—Bueno, si la sala de turbinas está a setenta y cinco grados y a eso le añadimos setenta y dos, eso hace un total de ciento cuarenta y siete grados Fahrenheit. ¿No se quemaría la mano si la pusiera debajo de un grifo de agua caliente a ciento cuarenta y siete grados Fahrenheit?

De nuevo tuvo que decir que sí.

—Entonces —le sugerí—, ¿no cree que sería una buena idea no tocar esos motores?

—Bueno, supongo que tiene usted razón —admitió.

Seguimos charlando un rato. Luego llamó a su secretaria y cerramos un pedido por valor de treinta y cinco mil dólares para el mes siguiente.

Me llevó años y me costó incontables miles de dólares en negocios perdidos aprender, al fin, que no compensa discutir y que es mucho más rentable y mucho más interesante mirar las cosas desde el punto de vista de la otra persona e intentar que diga «sí».

Sócrates, «el tábano de Atenas», era un muchacho brillante, a pesar de que se paseaba descalzo y se había casado con una chica de diecinueve años cuando ya era calvo y tenía cuarenta, hizo algo que solo un puñado de hombres en toda la historia han sido capaces de hacer: cambió bruscamente el rumbo del pensamiento humano. Ahora, veintitrés siglos después de su muerte, se le reconoce como una de las personas más influyentes de la historia.

¿Su método? ¿Le decía a la gente que estaba equivocada? No. Sócrates no. Era demasiado hábil para eso. Toda su técnica, el denominado «método socrático», se basaba en obtener una respuesta «afirmativa». Hacía preguntas con las que su oponente tenía que estar de acuerdo. Iba logrando una admisión tras otra hasta que tenía un montón de «síes». Continuaba preguntando hasta que, finalmente, casi sin darse cuenta, su oponente se encontraba abrazando una conclusión que habría negado con insistencia unos minutos antes.

La próxima vez que nos apresuremos a decirle a alguien que se equivoca, recordemos al viejo Sócrates descalzo y formulemos una pregunta amable, una pregunta que obtenga una respuesta afirmativa.

Los chinos tienen un proverbio lleno de la sabiduría milenaria —han pasado cinco mil años estudiando la naturaleza humana y han adquirido una perspicacia notable—: «Quien pisa con suavidad va lejos».

Si quiere convencer a los demás de su punto de vista, la regla n.º 5 es:

CONSIGA QUE LA OTRA PERSONA DIGA «SÍ»

La válvula de seguridad para manejar las quejas

La mayoría de las personas, cuando intentan convencer a los demás e inculcar en ellos su propia forma de pensar, hablan demasiado. Los vendedores, sobre todo, son los que más incurren en este error. Deje que la otra persona hable por sí misma. Ella sabe más que usted sobre su negocio y sus problemas. Así que hágale preguntas. Permita que le cuente algunas cosas.

Si no está de acuerdo con ella, es posible que se sienta tentado de interrumpirla, pero no lo haga. Es peligroso. No le prestará atención mientras siga teniendo un montón de ideas propias pidiendo a gritos salir. Así que escuche con paciencia y con la mente abierta. Sea sincero. Anímelo a expresar plenamente sus posiciones.

¿Esta política es rentable en los negocios? Veamos. He aquí la historia de un hombre que se vio obligado a probarla.

Hace unos años uno de los mayores fabricantes de automóviles de Estados Unidos estaba negociando para cubrir las necesidades anuales de tejidos para tapicería. Tres importantes fabricantes habían elaborado su muestrario. Todos ellos habían sido inspeccionados por los ejecutivos de la compañía automovilística, y se había enviado una notificación a cada uno diciendo que, en una fecha determinada, su delegado tendría la oportunidad de hacer su exposición final para obtener el contrato. G. B. R., representante de uno de los fabricantes, llegó a la ciudad con un grave problema de laringitis.

Comentaba el señor R. al relatar la historia en una de mis clases:

> Para cuando me llegó el turno de reunirme con los ejecutivos en conferencia, había perdido la voz. Apenas podía susurrar. Me hicieron pasar a una sala y me encontré cara a cara con el ingeniero textil, el agente de compras, el director de ventas y el presidente de la compañía. Me levanté e hice un esfuerzo heroico por hablar, pero no pude más que emitir un chillido.

> Estaban todos sentados alrededor de una mesa, así que escribí en un bloc de papel: «Caballeros, he perdido la voz. No puedo hablar».
>
> —Yo hablaré por usted —dijo el presidente.
>
> Y así fue. Expuso mis muestras y alabó sus virtudes. Surgió una animada discusión sobre los méritos de mis productos, y el presidente, dado que hablaba en mi nombre, se puso de mi parte durante la discusión. Mi única participación consistió en ofrecer sonrisas, asentimientos y algunos gestos.
>
> Como resultado de esta conferencia única, se me adjudicó el contrato, que requería más de medio millón de metros de tejidos de tapicería por un valor total de un millón seiscientos mil dólares, el mayor pedido que jamás había obtenido.
>
> Sé que si no me hubiera quedado sin voz, no habría logrado aquel contrato, porque yo tenía una idea equivocada de toda la propuesta. Descubrí, por accidente, que a veces vale la pena dejar que sea la otra persona quien hable.

Joseph S. Webb, de la Compañía Eléctrica de Filadelfia, hizo el mismo descubrimiento. El señor Webb realizaba un viaje de inspección rural por un distrito de prósperos agricultores holandeses de Pensilvania.

—¿Por qué esa gente no usa electricidad? —preguntó al representante del distrito cuando pasaron junto a una granja con muy buena apariencia.

—Son unos tacaños. No se les puede vender nada —respondió con disgusto el interpelado—. Además, están enfadados con la empresa. Lo he intentado. Es inútil.

Tal vez lo fuera, pero Webb decidió intentarlo él también de todos modos, así que llamó a la puerta de la granja. Se abrió una estrecha rendija a través de la cual se asomó la anciana señora Druckenbrod.

En cuanto vio al representante de la empresa, les cerró la puerta en las narices. Webb volvió a llamar, ella abrió de nuevo y esta vez empezó a decirles lo que pensaba de ellos y de su compañía.

—Señora Druckenbrod —intervino Webb—, siento haberla molestado, pero no vengo a venderle electricidad. Solo quería comprar huevos.

La mujer abrió más la puerta y los observó con desconfianza.

—Me he fijado en sus gallinas Dominique —añadió el señor Webb—, y me gustaría comprar una docena de huevos frescos.

La puerta se abrió un poco más.

—¿Cómo sabe usted que mis gallinas son Dominique? —preguntó ella, picada por la curiosidad.

—Yo también crío gallinas —contestó él—. Y debo decirle que nunca había visto una bandada de Dominique como esa.

—¿Por qué no usa sus propios huevos? —preguntó ella, todavía con un rastro de desconfianza.

—Porque mis Leghorn ponen huevos blancos y, naturalmente, uno, como cocinero, sabe que los huevos blancos no se pueden comparar con los morenos cuando se trata de hacer pasteles. Y mi esposa está muy orgullosa de sus pasteles.

Entonces, la señora Druckenbrod se aventuró a salir al porche con un estado de ánimo mucho más afable. Mientras tanto, el señor Webb se percató de que en la granja también había una lechería de muy buen aspecto.

—De hecho, señora Druckenbrod —prosiguió el señor Webb—, apuesto a que gana usted más dinero con sus gallinas que su marido con su lechería.

¡Bum! La desarmó por completo. Y ella estaba encantada de contárselo. Porque así era, pero, por desgracia, no podía hacer que su viejo marido, ese cabeza de alcornoque, lo admitiera.

La mujer invitó a los recién llegados a ver su gallinero, y durante la visita Webb se fijó en algunos artilugios que ella había construido, mostrándose «efusivo en su aprobación y pródigo en el elogio». Le recomendó ciertos piensos y ciertas temperaturas, le pidió consejo sobre varios aspectos... De repente, se encontraban disfrutando de un rato agradable intercambiando experiencias.

Entonces, la señora Druckenbrod comentó con el señor Webb que algunos de sus vecinos habían puesto luz eléctrica en sus gallineros, con excelentes resultados. Quería saber su sincera opinión sobre si a ella le saldría rentable hacer lo mismo.

Dos semanas más tarde, las gallinas Dominique de la granja Druckenbrod cacareaban y picoteaban contentas bajo el brillo alentador de las bombillas. Webb había logrado su cometido; ella conseguía más huevos, y todos estaban satisfechos. Todos habían ganado.

No obstante, y esto es lo importante de la historia, nunca le habría vendido electricidad a esta granjera holandesa de Pensilvania si no la hubiera dejado a ella sacar a relucir el tema. A ese tipo de personas no se les puede vender nada; hay que permitir que sean ellas quienes compren.

Hace poco apareció un anuncio en las páginas económicas del *New York Herald Tribune* en el que se solicitaba un hombre con una capacidad y experiencia poco comunes. Charles T. Cubellis estaba interesado, y envió su respuesta a un apartado de correos. Pocos días después le invitaron por carta a una entrevista. Antes de presentarse, pasó horas en Wall Street averiguando todo lo posible sobre el hombre que había fundado la compañía.

Durante la entrevista el señor Cubellis comentó: «Estaría muy orgulloso de formar parte de una empresa con un historial como el suyo. Tengo entendido que empezó hace veintiocho años sin nada más que un despacho y una taquígrafa. ¿Es cierto?».

A casi todos los hombres de éxito les gusta recordar sus primeras batallas. Y este no era una excepción. Habló durante mucho tiempo de cómo había empezado con cuatrocientos cincuenta dólares en efectivo y una idea original. Contó cómo había luchado contra el desánimo y el ridículo, trabajando domingos y festivos, entre doce y dieciséis horas al día; cómo finalmente había triunfado contra todo pronóstico y cómo ahora los hombres más importantes de Wall Street acudían a él en busca de información y consejo. Estaba orgulloso de semejante currículo.

Tenía derecho a estarlo, y se lo pasó espléndidamente contándolo. Por último, interrogó brevemente a Cubellis sobre su experiencia; luego llamó a uno de sus vicepresidentes y le dijo: «Creo que este es el hombre que buscamos».

El señor Cubellis se había tomado la molestia de informarse sobre los logros de su potencial empleador. Mostró interés por su interlocutor y sus problemas, le animó a que hablara y le causó una impresión favorable.

Lo cierto es que incluso nuestros amigos prefieren hablarnos de sus logros que escucharnos presumir de los nuestros.

La Rochefoucauld, el filósofo francés, dijo: «Si quieres tener enemigos, supera a tus amigos; pero si quieres amigos, deja que tus amigos te superen».

¿Por qué? Porque cuando nuestros amigos nos superan, se sienten importantes, pero que nosotros los superemos genera en ellos un sentimiento de inferioridad y despierta envidias y celos.

Los alemanes tienen un proverbio: *Die reinste Freude ist die Schadenfreude*, que, traducido, viene a decir algo así: 'La alegría más pura es la alegría por el sufrimiento o la desgracia del otro'. O, dicho de otro modo: la alegría más pura es la que nos producen los problemas de los demás. Así es, es probable que algunos de sus amigos se alegren más de sus dificultados que de sus propios triunfos.

Por tanto, minimicemos nuestros logros. Seamos modestos. Eso siempre es un acierto.

Irvin Cobb tenía la técnica adecuada. En cierta ocasión, un abogado le dirigió estas palabras desde el estrado:

—Tengo entendido, señor Cobb, que es usted uno de los escritores más reputados del país, ¿es correcto?

—Probablemente, soy más afortunado de lo que merezco —respondió Cobb.

Deberíamos ser modestos, porque ni usted ni yo somos gran cosa. Ambos pasaremos al olvido dentro de un siglo. La vida es demasiado corta para aburrir a los demás hablando de nuestros pequeños logros. Mejor animémoslos a hablar. Si lo piensa detenidamente, no hay mucho de lo que presumir. ¿Sabe lo que le impide a usted perder el juicio? No mucho; tan solo un poquito de yodo en la glándula tiroides. Si un médico abriera la glándula tiroides de su cuello y sacara esa pequeña cantidad de yodo, usted perdería la razón. Un poco de yodo que puede comprarse en cualquier farmacia por cinco centavos y es lo único que se interpone entre usted y una institución para enfermos mentales. No es mucho para presumir, ¿verdad?

Por lo tanto, si queremos convencer a los demás de nuestro punto de vista, la regla n.º 6 es:

DEJE QUE LA OTRA PERSONA LLEVE LA VOZ CANTANTE

Cómo conseguir cooperación

¿No tiene usted mucha más fe en las ideas que descubre por sí mismo que en las que le ponen en bandeja de plata? Si es así, ¿no cree que es un error intentar imponer sus opiniones a los demás? ¿No sería más sensato hacer sugerencias y dejar que sean los otros quienes saquen sus propias conclusiones?

He aquí un ejemplo.

El señor Adolph Seltz, de Filadelfia, alumno de uno de mis cursos, se encontró de repente ante la necesidad de inyectar entusiasmo en un grupo desanimado y desorganizado de vendedores de automóviles. Así que convocó una reunión de ventas e instó a sus empleados a que le dijeran exactamente lo que esperaban de él. Mientras hablaban, iba escribiendo sus ideas en la pizarra. Luego se dirigió a ellos con estas palabras: «Les daré todas estas cualidades que ustedes esperan de mí. Ahora quiero que me digan qué tengo yo derecho a esperar de ustedes». Las respuestas no se hicieron esperar: lealtad, honradez, iniciativa, optimismo, trabajo en equipo, ocho horas diarias de entusiasta dedicación —un hombre se ofreció voluntario para realizar incluso jornadas de catorce—. La reunión terminó con ánimo renovado, una mayor inspiración, y el señor Seltz me informó de que el aumento de las ventas había sido espectacular.

> Los hombres hicieron una especie de trato moral conmigo y, mientras yo cumpliera mi parte, ellos estaban decididos a cumplir la suya. Consultarles sobre sus deseos y anhelos fue justo la inyección de energía que necesitaban.

A nadie le gusta sentir que le venden algo o le dicen que haga algo. Preferimos experimentar la sensación de que compramos por voluntad propia, de que actuamos según nuestras propias ideas. Nos agrada que nos consulten sobre nuestros deseos, nuestros anhelos y nuestros pensamientos.

Otro ejemplo: tomemos el caso de Eugene Wesson, quien dejó de ganar miles de dólares en comisiones antes de conocer esta verdad.

El señor Wesson, que vende bocetos para un estudio que crea diseños para estilistas y fabricantes textiles, estuvo llamando una vez por semana, todas las semanas durante tres años, a uno de los principales estilistas de moda de Nueva York. «Nunca se negó a recibirme —relató—, pero jamás compraba nada. Siempre revisaba mis bocetos con mucha atención y luego decía: "No, Wesson, creo que hoy no hay nada que me convenza"».

Tras ciento cincuenta fracasos, Wesson se dio cuenta de que debía cambiar de estrategia, así que decidió dedicar una tarde a la semana al estudio de cómo influir en el comportamiento humano, desarrollar nuevas ideas y generar nuevos entusiasmos. Entonces, ya se sentía estimulado a probar un nuevo enfoque. Recogiendo media docena de bocetos inacabados en los que estaban trabajando los artistas, se apresuró a ir al despacho de su comprador.

—Quiero que me haga un pequeño favor —le dijo—. Aquí hay algunos esbozos sin acabar. ¿Podría decirme cómo podríamos terminarlos para que le sean útiles?

El comprador miró aquellos trazos durante un rato sin pronunciar palabra y luego habló:

—Wesson, déjemelos unos días y luego vuelva a verme.

El señor Wesson regresó tres días después, recogió sus sugerencias, se llevó los bocetos al estudio y los terminó según las ideas del comprador. ¿El resultado? Todos aceptados.

Eso fue hace nueve meses. Desde entonces, el cliente le ha encargado decenas de proyectos, todos dibujados según sus ideas, y el beneficio neto ha sido superior a seiscientos dólares en comisiones para Wesson, que reconoce:

> Ahora comprendo por qué fracasé durante años en mis intentos de vender a este estilista. Le había instado a comprar lo que yo creía que debía tener. Ahora hago justo lo contrario. Le animo a que me dé

> sus ideas y él siente que es él quien crea los diseños. Y lo es. Ahora no tengo que venderle nada. Es él quien compra.

Cuando Theodore Roosevelt era gobernador de Nueva York, logró una hazaña extraordinaria; mantener una buena relación con sus jefes políticos, a pesar de impulsar reformas que les disgustaban amargamente. He aquí cómo lo hizo: cuando había que cubrir un cargo importante, invitaba a estos responsables a hacer recomendaciones.

Decía Roosevelt:

> Al principio, proponían a un candidato algo cascado, el tipo de hombre al que hay que «cuidar». Yo les hacía saber que nombrar a un hombre así no sería bueno, ya que la gente no lo aprobaría.
>
> Entonces me sugerían otro nombre, algún vividor que siempre había ostentado cargo en el partido y que, si bien no tenía nada en su contra, tenía poco a su favor. Este, les decía yo, no estaría a la altura de las expectativas de los ciudadanos; y entonces les pedía que trataran de encontrar a alguien más apto para el puesto.
>
> Su tercera sugerencia ya era alguien casi lo suficientemente bueno, pero no del todo. Entonces, en ese punto, les daba las gracias, les pedía que lo intentaran una vez más, y su cuarta propuesta ya era aceptable; nombraban justo al tipo de candidato que yo mismo habría elegido. Expresando mi gratitud por su ayuda, designaba a este hombre y les dejaba que se llevaran el mérito de haberlo elegido. Les hacía ver que yo había cedido para complacerles y que ahora les tocaba a ellos complacerme a mí.
>
> Y así fue. Lo hicieron apoyando reformas tan radicales como el Proyecto de Ley de la Función Pública o el del Impuesto de Franquicia.

Cuando Roosevelt hacía un nombramiento importante, dejaba que sus jefes pensaran que habían sido ellos quienes habían seleccionado al candidato.

Un vendedor de automóviles de Long Island utilizó esta misma técnica para vender un coche usado a un escocés y su esposa. El hombre le había enseñado al potencial comprador un coche tras otro, pero siempre había algo que fallaba. Esto no encajaba; aquello no le gustaba; el precio era demasiado alto. El precio era siempre demasiado alto. En este punto, el vendedor, asistente a uno de mis cursos, pidió ayuda a la clase.

Le aconsejamos que dejara de intentar venderle al escocés y permitiera que fuera él quien comprara: «En vez de decirle al escocés lo que tiene que hacer, ¿por qué no deja que sea él quien le diga a usted lo que tiene que hacer? Que piense que la idea es suya».

Sonaba bien. Así que el vendedor lo intentó unos días después, cuando un cliente quiso cambiar un coche viejo por uno nuevo. Él sabía perfectamente que ese automóvil usado podría gustarle al escocés, así que le llamó por teléfono y le preguntó si, como favor especial, podría acercarse al concesionario a darle un consejo.

Cuando el escocés llegó, el vendedor dijo:

—Usted es un comprador inteligente. Conoce el valor de los coches. Por favor, eche un vistazo a este, pruébelo y dígame cuánto debería pagar por él en un intercambio.

El escocés lucía una enorme sonrisa. Por fin buscaban su consejo; se reconocía su capacidad.

Condujo el coche por Queens Boulevard, de Jamaica a Forest Hills ida y vuelta.

—Si puede conseguir este coche por trescientos —le aconsejó—, se hará con una ganga.

—Si puedo conseguirlo por esa cifra, ¿estaría usted dispuesto a comprarlo? —le preguntó el vendedor.

—¿Por trescientos?, naturalmente.

Esa era su idea, su propio valor de tasación. El trato se cerró de inmediato.

Esta misma psicología fue empleada también por un fabricante de rayos X para vender su equipo a uno de los mayores hospitales de Brooklyn.

El hospital estaba construyendo un edificio anexo y quería equiparlo con el mejor departamento de radiología del país. El doctor L., que estaba a cargo del departamento en cuestión, se hallaba abrumado ante tantos vendedores, cada uno cantando las alabanzas de su propio equipo.

Pero había un fabricante más hábil que sus competidores; sabía manejar la naturaleza humana mucho mejor que los demás. Escribió una carta al hospital más o menos en estos términos:

> Nuestra fábrica ha completado recientemente una nueva línea de equipos de rayos X. El primer envío de estas máquinas acaba de llegar a nuestra oficina. No son perfectas. Lo sabemos y queremos mejorarlas. Estaríamos muy agradecidos si pudieran encontrar tiempo para examinarlas y darnos sus ideas sobre cómo hacerlas más útiles para su profesión. Sabiendo lo ocupado que está, estaré encantado de enviarle mi coche a recogerle a la hora que usted me indique.

El doctor L. prosiguió su relato del incidente ante la clase, contando la reacción del receptor de aquella misiva:

> Me sorprendió recibir esa carta. Me sorprendió y me halagó a la vez. Nunca antes un fabricante de aparatos de rayos X me había pedido consejo. Me hizo sentir importante. Aquella semana tenía todas las tardes ocupadas, pero cancelé una cena para ver el equipo. Cuanto más lo estudiaba, más descubría por mí mismo lo mucho que me gustaba.
>
> Nadie había intentado vendérmelo. Sentí que la idea de comprar ese equipo para el hospital era mía. Me convencí a mí mismo de sus excelentes cualidades y ordené que lo instalaran.

El coronel Edward M. House ejerció una enorme influencia en los asuntos nacionales e internacionales durante el tiempo en que Woodrow Wilson ocupó la Casa Blanca. Wilson recurría a él en busca de consejo y asesoramiento secreto, incluso más que a los miembros de su propio gabinete.

¿Qué método utilizaba el coronel para influir en el presidente? Por fortuna, lo sabemos, porque el propio House se lo reveló a Arthur D. Howden Smith, y Smith citó a House en un artículo en *The Saturday Evening Post.*

Decía House:

> Cuando llegué a conocer al presidente, me di cuenta de que la mejor manera de convencerle de una idea era plantársela en la cabeza de forma casual, pero interesándole, para que pensara en ella por sí mismo. La primera vez que funcionó fue por accidente. Yo le había visitado en la Casa Blanca y le había insistido en una política que él parecía desaprobar. Sin embargo, varios días después, durante la cena, me sorprendió oírle hacer suya mi sugerencia.

¿Le interrumpió House para aclarar: «Esa idea no es suya, sino mía»? En absoluto. House era demasiado hábil para eso. No le importaba el reconocimiento. Quería resultados. Así que dejó que Wilson siguiera pensando que la propuesta era suya. Hizo aún más que eso: le otorgó al presidente reconocimiento público por esas ideas.

Recordemos que las personas con las que entremos en contacto mañana serán tan humanas como Woodrow Wilson. Así que utilicemos la técnica del coronel House.

Un hombre de New Brunswick lo hizo conmigo hace unos años con mucho éxito. En aquel momento, yo tenía pensado acercarme a la zona para pescar y hacer piragüismo. Escribí a la oficina de turismo para pedir información. Es obvio que mi nombre y mi dirección fueron incluidos en una lista pública, porque enseguida comencé a recibir montones de cartas y folletos impresos de campamentos y guías. Estaba desconcertado. No sabía cuál elegir. Entonces, el propietario de uno de estos centros hizo algo muy inteligente. Me envió los nombres y números de teléfono de varios neoyorquinos a los que había atendido y me invitó a contactar con ellos y descubrir por mí mismo lo que podía ofrecerme.

Para mi sorpresa, descubrí que conocía a uno de los hombres de su lista. Le telefoneé, averigüé cuál había sido su experiencia y al final envié un telegrama al campamento con la fecha de mi llegada.

Los demás habían intentado venderme su servicio, pero hubo un tipo que me permitió ser yo mismo quien compraba. Él salió ganando.

Así que, si quiere convencer a los demás de su punto de vista, la regla n.º 7 es:

DEJE QUE LA OTRA PERSONA PIENSE QUE LA IDEA ES SUYA

Hace veinticinco siglos Lao Tse, el sabio chino, ya expresó algunas ideas que los lectores de este libro podrían utilizar en la actualidad:

> La razón por la cual los ríos y los mares reciben el homenaje de cien torrentes de la montaña es que se mantienen por debajo de ellos. Así son capaces de reinar sobre todos los torrentes de la montaña. De igual modo, el sabio que desea estar por encima de los hombres se coloca debajo de ellos; el que quiere estar delante de ellos, se coloca detrás. De esa manera, aunque su lugar sea por encima de los hombres, estos no sienten su peso; aunque su lugar sea delante de ellos, no lo toman como insulto.

Una fórmula que le irá de maravilla

Recuerde que es posible que la otra persona esté totalmente equivocada, pero ella no lo cree así. No la censure, cualquier idiota puede hacer eso. Intente comprenderla. Solo los hombres sabios, tolerantes y excepcionales lo procuran.

Hay una razón por la que el otro piensa y actúa de determinado forma. Averigüe cuál es esa razón oculta y tendrá la clave de sus actos, quizá de su personalidad. Intente honestamente ponerse en su lugar.

Si usted se dice a sí mismo: «¿Cómo me sentiría yo; cómo reaccionaría si estuviera en su posición?», se ahorrará mucho tiempo y muchos disgustos, ya que «interesándonos por la causa, es menos probable que nos disguste el efecto». Además, aumentará considerablemente su habilidad en las relaciones humanas.

En su libro *How To Turn People Into Gold*, Kenneth M. Goode afirma:

> Deténgase un minuto para contrastar su vivo interés por sus propios asuntos con su leve preocupación por cualquier otra cosa. Dese cuenta entonces de que el resto de personas en el mundo piensa exactamente lo mismo. Entonces, junto con Lincoln y Roosevelt, habrá comprendido usted la única base sólida para cualquier trabajo que no sea el de alcaide en una penitenciaría. A saber, que el éxito en el trato con la gente depende de una amplia comprensión del punto de vista del otro.

Durante años he pasado gran parte de mi tiempo libre paseando y cabalgando por un parque cercano a mi casa. Al igual que los druidas de la antigua Galia, adoro los robles, por lo que año tras año me causaba gran pesar ver cómo los árboles jóvenes y los arbustos morían a causa de incendios evitables. Los incendios no eran provocados por fumadores descuidados, sino, en su mayoría, por muchachos que salían al parque a cocinar salchichas o huevos bajo sus ramas. A veces eran tan violentos que había que llamar a los bomberos para evitar su propagación.

Había un cartel en el límite del parque que decía que cualquiera que provocara un incendio podía ser multado y encarcelado. Sin embargo, ese aviso estaba en una parte poco frecuentada del lugar, y poca gente lo veía. Se suponía que un policía a caballo vigilaba el entorno, pero no se tomaba sus obligaciones demasiado en serio y los incendios continuaban declarándose temporada tras temporada. En una ocasión, cuando me acerqué a un agente y le comenté que un fuego se extendía con rapidez por el parque —yo pretendía que avisara a los bomberos—, ¡me contestó con toda despreocupación que no era asunto suyo porque no quedaba dentro de los límites de su distrito!

Yo estaba desesperado, así que cuando salía a montar a caballo actuaba como autoproclamado comité unipersonal a cargo de proteger el espacio público. Al principio, me temo que ni siquiera intenté entender el punto de vista de los chicos. Cuando veía algún fuego ardiendo bajo los árboles, me encolerizaba, y estaba tan ansioso por hacer lo correcto, que acababa haciendo lo incorrecto. Podría acercarme a los muchachos, advertirles de la posibilidad de ser encarcelados por encender una hoguera, ordenar que la apagaran en tono autoritario y, si se negaban, amenazarlos con hacer que los arrestaran. En lugar de eso, me limitaba a descargar mis sentimientos sin tener en cuenta su punto de vista.

¿El resultado? Los chicos obedecían, pero de mala gana y con resentimiento. Después de alejarme cabalgando sobre la colina, seguramente volverían a encender el fuego, anhelando prender todo el parque.

Con el paso de los años, creo haber adquirido un poco más de conocimiento de las relaciones humanas, un poco más de tacto, una tendencia a ver las cosas desde el punto de vista de los demás. Ahora, en lugar de dar órdenes, me acercaría a ellos y empezaría diciendo algo así:

> ¿Lo estáis pasando bien, chicos? ¿Qué vais a cocinar? A mí también me encantaba encender hogueras cuando era niño, y me sigue encantando. Pero ya sabéis que aquí en el parque son muy peligrosas. Sé que no queréis hacer daño, pero no todos tienen tanto cuidado. Vienen

> y ven que habéis encendido fuego; entonces ellos también prenden uno y no lo apagan cuando se marchan a casa, y luego las llamas se propagan entre las hojas secas, arrasando la vegetación. Si no tenemos más cuidado, nos quedaremos sin árboles. Podrían encarcelaros por provocar este incendio. Pero no quiero ser pesado y estropearos la diversión. Me gusta veros disfrutar; aun así, ¿podéis hacer el favor de apartar ahora mismo todas las hojas de la hoguera?, ¿y tendréis cuidado de cubrirla con tierra, mucha tierra, antes de marcharos? La próxima vez que queráis pasar un buen rato, haced el favor de encender el fuego en la colina, en el foso de arena. Allí no hay peligro alguno. Muchas gracias, chicos. Que lo paséis bien.

¡Qué diferencia! Eso haría que los chicos quisieran cooperar. Sin malos modos, sin resentimiento, nadie les habría obligado a obedecer órdenes. Ellos se sentirían mejor y yo también, porque habría manejado la situación teniendo en cuenta su punto de vista.

Mañana, antes de pedirle a alguien que apague un fuego, que compre un bote de limpiador líquido o que done cincuenta dólares a la Cruz Roja, ¿por qué no se para un momento, cierra los ojos e intenta verlo todo desde el punto de vista de la otra persona? Pregúntese: «¿Por qué iba a querer hacerlo?». Es cierto que eso requiere tiempo, pero hará amigos y obtendrá mejores resultados con más facilidad y menos desavenencias.

Decía el decano Donham, de la escuela de negocios de Harvard:

> Prefiero pasear calle arriba y calle abajo por delante de la oficina de un hombre durante dos horas antes de una entrevista que entrar en su despacho sin tener una idea perfectamente clara de lo que voy a decirle y de lo que él —por mi conocimiento de sus intereses y motivos— es probable que me responda.

Esto me parece tan importante que voy a repetirlo en cursiva para enfatizarlo.

> Prefiero pasear calle arriba y calle abajo por delante de la oficina de un hombre durante dos horas antes de una entrevista que entrar en su despacho sin tener una idea perfectamente clara de lo que voy a decirle y de lo que él —por mi conocimiento de sus intereses y motivos— es probable que me responda.

Si después de leer este libro consigue usted una sola cosa, a saber, una mayor propensión a ponerse en la piel de la otra persona y ver las cosas desde su punto de vista así como desde el suyo propio; si eso es lo único que saca de esta lectura, bien puede considerarlo como uno de los mayores logros de su carrera.

Por tanto, si desea cambiar a la gente sin ofenderla ni despertar su resentimiento, la regla n.º 8 es:

INTENTE VER LAS COSAS DESDE EL PUNTO DE VISTA DE LA OTRA PERSONA

Lo que todo el mundo quiere

¿No le gustaría tener una frase mágica que pusiera fin a las discusiones, eliminara los malos rollos, creara buena voluntad e hiciera que la otra persona le escuchara con atención?

¿Sí? Pues aquí la tiene. Empiece diciendo: «No le culpo lo más mínimo por sentirse como se siente. Si yo fuera usted, sin duda me sentiría igual».

Una respuesta así ablandaría a la persona más cascarrabias del mundo. Y se puede decir eso y ser totalmente sincero, porque si usted fuera la otra persona, por supuesto que se sentiría igual que ella. Permítame ilustrarlo, por ejemplo, recurriendo a Al Capone.

Supongamos que usted hubiera heredado el mismo cuerpo, temperamento y mentalidad que Al Capone. Supongamos que hubiera estado expuesto al mismo entorno y a idénticas experiencias. Entonces usted sería exactamente lo que él es y estaría donde él está. Porque son esas cosas —y solo esas cosas— las que le han convertido en lo que es.

La única razón, por ejemplo, de que usted no sea una serpiente de cascabel es que su madre y su padre no eran serpientes de cascabel. La única razón por la que usted no besa a las vacas y considera sagradas a las serpientes es porque no nació en una familia hindú a orillas del Brahmaputra.

Usted no tiene mucho mérito de ser lo que es. Y recuerde: La persona que se muestra ante usted irritada, intolerante o irracional, merece muy poca crítica por ser lo que es. Compadézcase de ella.

Compadézcase de ella. Dígase a sí mismo lo que John B. Gough solía decirse cuando veía a un vagabundo borracho tambaleándose por la calle: «Ese, de no ser por la gracia de Dios, podría ser yo».

Tres cuartas partes de las personas que conocerá usted mañana están sedientas de simpatía. Désela y le querrán.

Una vez di una conferencia radiofónica sobre la autora de *Mujercitas*, Louise May Alcott. Naturalmente, yo sabía que ella había vivido y escrito sus inmortales libros en Concord, Massachusetts, pero, sin pensar lo que decía, hablé de visitar su antigua casa en Concord, Nuevo Hampshire. Si hubiera mencionado Nuevo Hampshire una sola vez, se me habría perdonado, pero, ¡ay!, lo dije dos veces. Recibí un aluvión de cartas y telegramas, mensajes acalorados que se arremolinaban en torno a mi indefensa cabeza como un enjambre de avispones. Muchos mostraban indignación; otros eran insultantes. Una dama colonial, que se había criado en Concord, Massachusetts, y que entonces vivía en Filadelfia, descargó sobre mí toda su ira. No habría sido más feroz si yo hubiera acusado a la señorita Alcott de ser una caníbal de Nueva Guinea. Mientras leía su carta, me dije a mí mismo: «Gracias a Dios, no estoy casado con esa señora». Me entraron ganas de escribirle y decirle que, aunque yo me había equivocado en geografía, ella había cometido un error mucho mayor de educación elemental. Esa sería solo mi frase inicial. Luego me arremangaría y le diría lo que realmente pensaba. Aun así, no lo hice. Me controlé; me di cuenta de que cualquier estúpido exaltado podía hacer eso... y eso es lo que la mayoría de estúpidos hacen.

Yo no quería ser un estúpido más. Así que decidí intentar transformar su hostilidad en amabilidad. Sería un reto, una especie de juego en el que me propuse participar. Me dije: «Después de todo, si yo fuera ella, probablemente me sentiría igual». Así que decidí empatizar con su punto de vista. En mi siguiente visita a Filadelfia la llamé por teléfono. La conversación fue más o menos así:

—Señora __________, recientemente me escribió usted una carta y quiero agradecérselo.

—¿Con quién tengo el placer de hablar? —respondió en tono incisivo, culto y educado.

—Usted no me conoce. Me llamo Dale Carnegie. Hace unas semanas escuchó usted una conferencia mía por la radio sobre Louise May Alcott, y cometí el imperdonable error de decir que había vivido en Concord, Nuevo Hampshire. Fue un error estúpido y quiero disculparme por ello. Ha sido usted muy amable al tomarse la molestia de escribirme.

—Lamento mucho, señor Carnegie, haberle escrito como lo hice. Perdí los estribos. Debo pedirle perdón.

—¡No! ¡No! No es usted quien debe excusarse, sino yo. Cualquier colegial habría sabido que no debí decir lo que dije. Me disculpé en antena el domingo siguiente, y ahora quiero hacerlo personalmente con usted.

—Verá, yo nací en Concord, Massachusetts. Mi familia ha tenido siempre un papel destacado en los asuntos del estado, y me siento muy orgullosa del lugar en el que nací. Me apenó mucho oírle decir que la señorita Alcott nació en Nuevo Hampshire. Aun así, estoy realmente avergonzada de haber escrito esa carta.

—Le aseguro que no pudo usted apenarse ni una décima parte de lo que me apené yo. Mi error no perjudicó a Massachusetts, pero sí a mí. Es muy raro que personas de su categoría y su cultura se tomen la molestia de escribir a gente que habla por la radio, y espero que vuelva a escribirme si detecta algún otro error en mis conferencias.

—¿Sabe, usted? Me agrada mucho la forma en que ha aceptado mis críticas. Debe de ser usted una persona muy agradable. Me gustaría poder conocerle mejor.

Así que, al disculparme y empatizar con su punto de vista, conseguí que ella se disculpara y empatizara con el mío. Tuve la satisfacción de haber controlado mi mal genio para devolver amabilidad por ofensa. Y disfruté infinitamente más obteniendo la simpatía de esa mujer que sugiriéndole arrojarse al río Schuylkill de cabeza.

Todo hombre que ocupa la Casa Blanca se enfrenta casi a diario con espinosos problemas en las relaciones humanas. El presidente Taft no fue una excepción, y aprendió por experiencia el enorme valor químico de la simpatía para neutralizar el ácido de los resentimientos. En su libro, *Ethics in Service*, Taft da un ejemplo bastante divertido de cómo aplacó la ira de una madre decepcionada y ambiciosa.

> Una dama de Washington cuyo marido tenía cierta influencia política, acudió a mí y trató durante seis semanas o más de que nombrara a

su hijo para cierto cargo. Consiguió el apoyo de un número considerable de senadores y congresistas y vino con ellos para asegurarse de que hablaban en su favor. Se trataba de un puesto que requería de cualificación técnica y, siguiendo la recomendación del jefe de departamento, nombré a otra persona. Recibí entonces una carta de la madre, en la que me decía que yo era un desagradecido, ya que me había negado a hacer de ella una mujer feliz, para lo cual habría bastado un simple gesto por mi parte. Se quejaba, además, de que había trabajado con la delegación de su estado y había conseguido todos los votos para un proyecto de ley de la Administración en el que yo estaba especialmente interesado y que esta era la forma en que yo la había recompensado.

Cuando recibes una carta así, lo primero que haces es pensar cómo reprender a alguien que ha hecho algo tan inapropiado, o incluso que ha sido un poco impertinente; y, entonces, puedes redactar una respuesta. Luego, si eres prudente, guardarás la carta en un cajón y lo cerrarás con llave. Sácala al cabo de dos días —ese tipo de comunicaciones siempre soporta dos días de retraso en la respuesta— y, cuando la leas después de ese intervalo, no la enviarás. Eso es lo que yo hice. Después, me senté y le escribí una carta lo más educadamente que pude, diciéndole que comprendía la decepción de una madre en tales circunstancias, pero que en realidad el nombramiento no se dejaba a mi mera preferencia personal, tenía que seleccionar a un hombre con cualificaciones técnicas y, por lo tanto, tenía que seguir las recomendaciones del jefe de departamento. Le expresé mis deseos de que su hijo lograra lo que ella esperaba de él en el puesto que ocupaba entonces. Eso la tranquilizó y me envió una nota diciendo que lamentaba haberse dirigido a mí en los términos en que lo había hecho.

Sin embargo, el nombramiento no fue confirmado de inmediato y, tras un tiempo, recibí una carta que pretendía ser de su marido, aunque estaba escrita con la misma letra que todas las demás. En ella se me informaba de que, debido a la postración nerviosa que había sufrido tras su decepción en este caso, la señora debía guardar cama y había desarrollado un gravísimo cáncer de estómago. ¿No podría devolverle

> la salud retirando al candidato y sustituyéndolo por su hijo? Tuve que escribir otra carta, esta vez al marido, para decirle que esperaba que el diagnóstico resultara inexacto, que me solidarizaba con él por el dolor que debía causarle la grave enfermedad de su esposa, pero que era imposible retirar al candidato propuesto. La persona designada por mí fue confirmada, y dos días después de recibir esta misiva, celebramos una fiesta en la Casa Blanca. Las dos primeras personas en saludarnos a la señora Taft y a mí fueron este hombre y su esposa, a pesar de que al parecer se encontraba *in articulo mortis*.

S. Hurok es probablemente el mánager musical más importante de Estados Unidos. Lleva más de un siglo trabajando con artistas de fama mundial como Shaliapin, Isadora Duncan y Pavlova. El señor Hurok me confesó que una de las primeras lecciones que aprendió al tratar con sus temperamentales estrellas fue la necesidad de mostrar una empatía infinita con sus ridículas idiosincrasias.

Durante tres años fue mánager de Fiódor Shaliapin, uno de los mejores bajos que jamás hayan deleitado a los ocupantes de los lujosos palcos de la Ópera Metropolitana de Nueva York. Sin embargo, Shaliapin era un dolor de cabeza constante. Se comportaba como un niño malcriado. En palabras del señor Hurok: «Era un tipo infernal en todos los sentidos».

Por ejemplo, el mismo día de su actuación, a mediodía, le llamaba:

—Sol, me encuentro fatal. Tengo la garganta como una hamburguesa cruda. Me es imposible cantar esta noche.

¿Discutía el señor Hurok con él? No. Tenía muy claro que un empresario no podía tratar mal a los artistas. Así que corría al hotel del cantante, derrochando empatía.

—¡Qué lástima! —se lamentaba—. ¡Qué lástima! Mi pobre amigo. Naturalmente que no puede usted cantar así. Cancelaré el compromiso de inmediato. Le costará un par de miles de dólares, pero eso no es nada comparado con su reputación.

Entonces Shaliapin suspiraba y decía:

—Quizás sea mejor que vuelva más tarde. Venga a las cinco y a ver cómo me encuentro entonces.

A las cinco en punto, el señor Hurok regresaba al hotel, derrochando empatía una vez más. De nuevo insistiría en cancelar el compromiso, y de nuevo Shaliapin suspiraría y diría:

—Bueno, tal vez sea mejor que venga a verme de nuevo más tarde. Puede que para entonces esté mejor.

A las siete y media, el gran bajo accedía a cantar, a condición de que el señor Hurok saliera al escenario del Metropolitano y anunciara que Shaliapin estaba muy resfriado y no tenía buena voz. El señor Hurok mentiría y diría que lo haría, porque sabía que era la única manera de conseguir que el bajo saliera a escena.

El doctor Arthur I. Gates, en su espléndido libro *Educational Psychology*, afirma:

> La empatía es un anhelo universal de la especie humana. El niño muestra ansiosamente su herida; o incluso se inflige un corte o un moratón para cosechar abundante empatía. Con el mismo fin, los adultos [...] muestran sus magulladuras, relatan sus accidentes, enfermedades, especialmente los detalles de las operaciones quirúrgicas. La «autocompasión» por desgracias reales o imaginarias es, en cierta medida, un hábito prácticamente universal.

De modo que, si quiere convencer a otras personas de su punto de vista, la regla n.º 9 es:

EMPATICE CON LAS IDEAS Y LOS DESEOS DE LOS DEMÁS

Un motivo que convence a todo el mundo

Yo me crie junto a la región de Jesse James en Misuri. En cierta ocasión visité su granja de Kearney, donde su hijo todavía vive. Su mujer me contó historias de cómo Jesse robaba trenes y atracaba bancos y luego regalaba dinero a los granjeros vecinos para que pagaran sus hipotecas.

Jesse James probablemente se tenía a sí mismo por un idealista, al igual que Dutch Schultz, Two Gun Crowley y Al Capone dos generaciones más tarde. El hecho es que todas las personas que usted conoce —incluso la persona que ve en el espejo— se tienen en alta estima, les gusta ser buenas y desinteresadas en su propia consideración.

J. Pierpont Morgan observó, en uno de sus interludios analíticos, que la gente suele tener dos razones para hacer algo: una que suena bien y otra real. La persona tendrá en mente la verdadera razón. No hace falta recalcarlo. Pero a todos nosotros, idealistas de corazón, nos gusta pensar en los motivos que suenan bien. Así que, para cambiar a la gente, hay que apelar a los motivos más nobles.

¿Una estrategia demasiado idealista para el mundo de los negocios? Veamos. Tomemos el caso de Hamilton J. Farrell, de la empresa Farrell-Mitchell de Glenolden, Pensilvania. El señor Farrell tenía un inquilino descontento que amenazaba con mudarse. Al inquilino aún le quedaban cuatro meses de contrato, a cincuenta y cinco dólares al mes; no obstante, notificó que se marchaba inmediatamente, sin tener en cuenta el contrato.

Así contó su historia en clase el señor Farrell:

> Su familia había vivido en el apartamento durante todo el invierno, la época más cara del año, y yo sabía que sería difícil volver a alquilar el apartamento antes del otoño. Pude ver cómo se iban por el sumidero doscientos veinte dólares y, créanme, me puse furioso.

En condiciones normales, habría hablado con el inquilino y le habría aconsejado que volviera a leer el contrato. Le habría dicho que, si se mudaba, tendría que pagar el resto del alquiler de inmediato y que yo estaba en mi derecho de reclamar el pago, y así lo haría.

Sin embargo, en lugar de dejarme llevar y montar una escena, decidí probar otras tácticas. Empecé así:

«—Señor ______ —le dije—, le he escuchado con atención y sigo sin creerme que tenga usted intención de mudarse. Los años en el negocio del alquiler me han enseñado algo sobre la naturaleza humana, y desde el primer momento le he tenido a usted por un hombre de palabra. De hecho, estoy tan seguro de ello que estoy dispuesto a correr el riesgo. Le propongo lo siguiente: retrase su decisión durante unos días y piénselo. Si de aquí al día uno, cuando vence el alquiler, me dice usted que sigue queriendo mudarse, le doy mi palabra de que aceptaré su decisión como definitiva. Podrá usted mudarse y yo admitiré que me he equivocado en mi juicio. Aun así, sigo creyendo que es usted un hombre de palabra y que cumplirá su contrato. Al fin y al cabo, o somos hombres o somos monos, ¡y la elección suele recaer en nosotros mismos!».

Pues bien, cuando llegó el nuevo mes, este señor vino y pagó el alquiler en persona. Según me explicó, él y su mujer lo habían hablado y habían decidido quedarse. Habían llegado a la conclusión de que lo único honorable era cumplir el contrato.

Cuando el difunto Lord Northcliffe descubrió que un periódico estaba utilizando una foto suya que él no quería que se publicara, escribió una carta al director. Pero, ¿acaso dijo: «Por favor, no publique más esa foto mía, no me gusta»? No, apeló a un motivo más noble. Apeló al respeto y al amor que todos sentimos hacia nuestras madres. Escribió: «Por favor, no publiquen más esa foto mía. A mi madre no le gusta».

Cuando John D. Rockefeller Jr. quiso impedir que los fotógrafos retrataran a sus hijos, también apeló a motivos más nobles. No dijo: «No quiero que publiquen fotos suyas». En lugar de eso, aludió al deseo, profundo en todos nosotros, de no hacer daño a los niños. Dijo: «Ya saben cómo son las cosas. Algunos de ustedes también tienen hijos y entienden que no es bueno que los jóvenes reciban demasiada publicidad.

Cuando Cyrus H. K. Curtis, aquel chico pobre de Maine, empezaba su meteórica carrera que le llevaría a hacerse millonario como propietario del *The Saturday Evening Post* y el *Ladies' Home Journal*, no podía permitirse pagar los precios que abonaban otras revistas. Carecía de capacidad económica para contratar a autores de primer nivel que escribieran solo por dinero. Así que apeló a motivos más nobles. Por ejemplo, convenció incluso a Louise May Alcott, la inmortal autora de *Mujercitas*, para que escribiera para él cuando estaba en la cresta de la ola de su fama; y lo hizo ofreciéndole enviar un cheque de cien dólares, no a ella, sino a su organización benéfica predilecta.

Aquí, los escépticos pueden decir: bueno, puede que eso funcione con Northcliffe, Rockefeller o una novelista sentimental, pero me gustaría ver qué resultado da con los tipos duros a los que yo tengo que cobrarles las facturas.

Puede que tengan razón. Nada funcionará en todos los casos, y nada funcionará con todas las personas. Si usted está satisfecho con los resultados que obtiene ahora, ¿por qué cambiar? Si no lo está, ¿por qué no probar?

En cualquier caso, creo que disfrutará leyendo esta historia real contada por James L. Thomas, un antiguo alumno mío:

Seis clientes de cierta empresa de automóviles se negaron a pagar sus facturas de mantenimiento. Ninguno de ellos protestó por la totalidad de la factura, pero todos alegaron que algún cargo era incorrecto. En todos los casos, el cliente había firmado su conformidad por el trabajo realizado, por lo que la empresa sabía que las facturas eran correctas y así lo comunicó. Ese fue el primer error.

He aquí los pasos que siguió el personal del departamento de crédito para cobrar las facturas atrasadas. ¿Cree usted que tuvieron éxito?

1. Llamaron a cada cliente y le dijeron sin rodeos que venían a cobrar una factura vencida tiempo atrás.
2. Dejaron muy claro que la empresa tenía razón absoluta e incondicionalmente; por lo tanto, él, el cliente, estaba absoluta e incondicionalmente equivocado.
3. Insinuaron que ellos, la empresa, sabían más de automóviles de lo que el cliente jamás podría llegar a saber, de modo que no había nada que discutir.
4. Resultado: discutieron.

¿Alguno de estos métodos convenció al cliente y obtuvo como resultado la liquidación de la cuenta? Usted mismo puede responder a esta pregunta.

Llegados a ese punto, el gerente de créditos estaba a punto de abrir fuego con una batería de medidas legales, cuando afortunadamente el asunto llegó a oídos del director general, que hizo algunas averiguaciones y descubrió que todos esos clientes tenían fama de pagar puntualmente sus facturas.

Algo no encajaba; seguro que había algún error en el método de cobro. Así que llamó a James L. Thomas y le dijo que se hiciera cargo de esas «facturas incobrables».

Estos fueron los pasos que, según me explicó, dio el señor Thomas:

> Mi visita a cada cliente tenía como propósito cobrar una factura vencida hacía tiempo; una factura que sabíamos que era correcta, pero no mencioné una palabra al respecto. Expliqué a cada uno de ellos que venía para averiguar qué había hecho o dejado de hacer la empresa.
>
> Luego, dejé claro que, hasta que no hubiera escuchado lo que el cliente tenía que decir, yo no tenía ninguna opinión que ofrecer; les hice saber que la empresa no pretendía ser infalible.

> En tercer lugar, le dije al cliente que solo me interesaba su coche, y que él sabía más de su coche que ninguna otra persona; él era la autoridad en la materia.
>
> Después le dejé hablar y le escuché con todo el interés y la empatía que él deseaba y esperaba.
>
> Finalmente, cuando el cliente ya estaba de mejor ánimo, lo dejé todo en manos de su sentido de la justicia; apelé a motivos más nobles. «En primer lugar —le dije—, quiero que sepa que yo también creo que todo este asunto se ha gestionado mal. Usted ha sido molestado e incomodado por uno de nuestros empleados. Eso nunca debería haber ocurrido. Lo siento y, como representante de la empresa, le pido disculpas. Mientras estaba aquí sentado y escuchaba su versión de la historia, no he podido evitar sentirme impresionado por su imparcialidad y su paciencia. Y ahora que sé que es usted una persona justa y paciente, voy a pedirle que haga algo por mí. Es algo que nadie mejor que usted puede hacer; algo de lo que sabe usted más que nadie. Aquí está su factura. Sé que puedo pedirle con plena confianza que haga los ajustes pertinentes, tal y como haría si fuera el presidente de mi compañía. Voy a dejarlo todo en sus manos. Se hará lo que usted disponga».

¿Ajustó la factura? Desde luego que sí, y le encantó. Las facturas oscilaban entre los ciento cincuenta y los cuatrocientos dólares, pero ¿se aprovecharon los clientes? Sí, uno de ellos lo hizo. Uno de ellos se negó a pagar un céntimo de la cantidad en disputa, pero los otros cinco pagaron todo el importe. Y lo mejor de todo es que en los dos años siguientes entregamos coches nuevos a los seis clientes.

El señor Thomas terminó reconociendo:

> La experiencia me ha enseñado que cuando no se puede obtener ninguna información sobre el cliente, la única base sólida sobre la que proceder es suponer que es sincero, honesto, veraz, y que está dispuesto y deseando pagar las facturas, una vez se convence de que

son correctas. Dicho de otro modo y tal vez más claro, la gente es honrada y quiere cumplir con sus obligaciones. Las excepciones a esa regla son comparativamente pocas, y estoy convencido de que aquellos que buscan engañar, la mayoría de las veces, reaccionarán positivamente si se convencen de que usted les tiene por personas honestas, rectas y justas.

De modo que, si quiere convencer a los demás de su punto de vista, lo mejor es que siga la regla n.º 10:

APELE A LOS MOTIVOS MÁS NOBLES

El cine lo hace. La radio lo hace. ¿Por qué no usted?

Hace unos años, el *Philadelphia Evening Bulletin* estaba sufriendo una peligrosa campaña de difamación. Se estaba haciendo circular un malicioso rumor. Se decía a los anunciantes que el periódico tenía demasiada publicidad y pocas noticias, y que, por tanto, ya no atraía a los lectores. Había que actuar de inmediato y acabar con las habladurías.

Pero ¿cómo? Esta fue la reacción.

El *Bulletin* recortó de su edición habitual todo el material de lectura de un día cualquiera, lo clasificó y lo publicó en formato de libro, con el título *One Day*. Contenía trescientas siete páginas —tantas como un libro de dos dólares—. Sin embargo, el periódico había impreso todas estas noticias y temas de fondo y lo había vendido, no por dos dólares, sino por dos centavos.

La aparición de ese libro puso de relieve el hecho de que el *Bulletin* contenía una enorme cantidad de material de lectura interesante. Transmitía los hechos de forma más vívida, interesante y admirable de lo que hubieran podido hacer mediante una cantidad enorme de cifras y anuncios.

Le recomiendo la lectura de *Showmanship in Business*, de Kenneth Goode y Zenn Kaufman, un apasionante relato de cómo los empresarios hacen sonar la caja registradora. Cuenta cómo Electrolux vende frigoríficos encendiendo cerillas en los oídos de los clientes potenciales para demostrar el silencio de sus electrodomésticos; cómo el fabricante de sombreros Personality se cuela en los catálogos de Sears Roebuck con sombreros a 1,95 dólares firmados por Ann Sothern; cómo George Wellbaum revela que, cuando un escaparate en movimiento se pierde el ochenta por ciento de la gente que lo está viendo, se marcha; cómo Percy Whiting vende valores mostrando a los clientes potenciales dos listas de acciones, cada una de ellas con un valor de mil dólares hace cinco años.

Luego pregunta a los posibles clientes qué lista comprarían. Y ¡ya está! Las cifras actuales del mercado revelan que una de las listas (la suya, por supuesto) se ha revalorizado. El factor de la curiosidad mantiene la atención de los clientes potenciales: cómo Mickey Mouse se ha hecho un hueco en la enciclopedia y cómo su nombre en los juguetes puede sacar a una fábrica de la quiebra; cómo Eastern Air Lines atrapa a los viandantes con una ventana que reproduce los paneles de control reales de una aeronave Douglas; cómo Harry Alexander entusiasma a sus vendedores con la emisión de un combate de boxeo imaginario entre su producto y el de un competidor; cómo la caída accidental de un foco en un expositor de caramelos duplica las ventas; o cómo Chrysler coloca elefantes en sus coches para demostrar su dureza.

Richard Borden y Alvin Busse, de la Universidad de Nueva York, analizaron quince mil entrevistas de ventas. Escribieron un libro titulado *How to Win an Argument* y luego presentaron estos mismos principios en la conferencia «Six Principles of Selling», que posteriormente se convirtió en una película y se proyectó ante el personal de ventas de cientos de grandes empresas. No solo explican los principios descubiertos por su investigación, sino que los ponen en práctica. Entablan batallas verbales ante el público, mostrando formas correctas e incorrectas de realizar una venta.

Vivimos en la era de la dramatización. No basta con decir la verdad; hay que hacerla vívida, interesante, teatralizándola. Hay que usar el espectáculo. El cine lo hace. La radio lo hace. Y usted tendrá que hacerlo si quiere llamar la atención.

Los expertos en escaparates conocen el poder de la dramatización. Por ejemplo, los fabricantes de un nuevo veneno para ratas ofrecieron a los distribuidores uno que incluía dos ejemplares vivos. La semana en que se mostraron los roedores, las ventas se multiplicaron por cinco.

James B. Boynton, del semanario *The American Weekly*, tenía que presentar un extenso informe de mercado. Su empresa acababa de finalizar un exhaustivo estudio para una marca líder en el sector de las cremas faciales. Hacían falta con urgencia datos sobre el riesgo de vender por debajo de costo. El cliente potencial era uno de los más reputados —y más formidables— publicistas. Y con su primera estrategia había fracasado.

Así lo contaba Boynton:

> La primera vez que nos encontramos me vi envuelto en un debate estéril sobre los métodos utilizados en el estudio. Él discutía y yo discutía. Él me decía que estaba equivocado y yo intentaba demostrar que tenía razón.
>
> Finalmente, para satisfacción mía, me impuse, pero se me había acabado el tiempo, la entrevista había terminado y yo no había conseguido nada.
>
> La segunda vez no perdí el tiempo hablándole de cifras y datos, fui a ver a aquel hombre y dramaticé la información. Cuando entré en su despacho, él estaba hablando por teléfono. Mientras terminaba su conversación, abrí un maletín y fui dejando encima de su mesa treinta y dos botes de crema, todos ellos productos que él conocía, todos competidores de su crema.
>
> En cada bote, yo había colocado una etiqueta en la que se detallaban los resultados de la investigación, describiendo brevemente y de forma dramatizada cada caso.
>
> ¿Qué pasó? Pues que ya no hubo discusión. Aquí había algo nuevo, algo diferente. Cogió uno tras otro todos los botes de crema y leyó la información de la etiqueta. Se entabló una conversación amistosa. Hizo más preguntas. Estaba muy interesado. Al principio solo me había dado diez minutos para mi exposición, pero pasaron diez, veinte, cuarenta minutos, y al cabo de una hora todavía seguíamos hablando.
>
> Esta segunda vez presenté los mismos hechos que antes. Pero en esta ocasión recurrí a la dramatización y al espectáculo. ¡Menuda diferencia!

De modo que, si quiere convencer a los demás de su punto de vista, la regla n.º 11 es:

PRESENTE SUS IDEAS DE FORMA DRAMATIZADA

Cuando nada funcione, pruebe esto

Charles Schwab tenía un jefe de producción cuyos empleados no alcanzaban la cuota exigida.

—¿Cómo es posible —le preguntó Schwab— que un hombre tan capaz como usted no pueda hacer que esta fábrica funcione como debería?

—No lo sé —respondió el aludido—. He tratado de hablar con los hombres, les he presionado, les he echado la bronca y maldecido, les he amenazado con sancionarles y despedirles, pero nada funciona. No quieren dar más de sí.

Era el final del día, justo antes de que empezara el turno de noche.

—Deme un trozo de tiza —le dijo Schwab—. A continuación, dirigiéndose al hombre más cercano, le preguntó:

—¿Cuántos lotes de acero ha hecho hoy su turno?

—Seis.

Sin decir nada más, Schwab dibujó con tiza un seis en el suelo y se marchó. Cuando llegó el turno de noche, todo el mundo vio el «6» y preguntó qué significaba.

—Hoy ha venido el jefazo —respondieron los obreros—. Nos ha preguntado cuántos lotes hemos hecho y le hemos dicho que seis. Lo escribió con tiza en el suelo.

A la mañana siguiente, Schwab volvió a pasar por la fábrica. El turno de noche había borrado el «6» y lo había sustituido por un gran «7».

Cuando el turno de día se presentó a trabajar a la mañana siguiente, vio un gran «7» dibujado con tiza en el suelo. De modo que el turno de noche se creía mejor que el de día, ¿no? Pues bien, le enseñarían al turno de noche un par de cosas. Colaboraron con entusiasmo y, cuando se marcharon dejaron tras de sí un enorme «10». Las cosas estaban mejorando.

En poco tiempo esta fábrica que se había quedado rezagada en producción empezó a producir más que cualquier otra de la planta. ¿Cómo?

Dejemos que Charles Schwab lo exprese con sus propias palabras:

> La manera de conseguir que se hagan las cosas es estimular la competencia. No me refiero a una forma sórdida de conseguir dinero, sino al deseo de superarse.

El afán de superación. El desafío. ¡Arrojar el guante! Una forma infalible de apelar a los hombres de carácter.

Sin un desafío, Theodore Roosevelt jamás habría llegado a ser presidente de Estados Unidos. Aquel soldado de caballería recién llegado de Cuba había sido elegido como candidato a gobernador del estado de Nueva York. Pero cuando la oposición descubrió que no era residente legal del estado, Roosevelt, asustado, pensó en retirar su candidatura. Entonces Thomas Collier Platt le arrojó el guante. Volviéndose de repente hacia Theodore Roosevelt, exclamó: «¿Acaso es un cobarde el héroe de la colina de San Juan?». Roosevelt permaneció en la lucha y el resto es historia. Un desafío que no solo cambió su vida, sino que tuvo un efecto real en la historia de esta nación.

Charles Schwab conocía el enorme poder de un reto. También lo sabían Boss Platt y Al Smith. Cuando este último era gobernador de Nueva York, se encontró con un problema. Sing, la penitenciaría más famosa al oeste de Devil's Island, estaba sin alcaide. Los escándalos se habían extendido por los muros de la prisión; escándalos y turbios rumores. Smith necesitaba un hombre fuerte para gobernar Sing; un hombre de hierro. Pero, ¿quién? Llamó a Lewis E. Lawes de New Hampton.

—¿Qué le parece hacerse cargo de Sing? —le preguntó alegremente cuando se encontró con Lawes—. Allí necesitan un hombre con experiencia.

Lawes estaba perplejo. Conocía los peligros de Sing. Era un nombramiento político, sujeto a los caprichos de la política. Los alcaides habían ido y venido; uno había durado solo tres semanas. Tenía una carrera que considerar. ¿Merecía la pena el riesgo?

Entonces Smith, percatándose de su vacilación, dio un paso atrás y sonrió.

—Joven —le dijo—, no le culpo por estar asustado. Es un lugar difícil. Hace falta ser un gran hombre para ocupar ese cargo.

Así que Smith le estaba lanzando un desafío, ¿no? A Lawes le gustaba la idea de intentar un trabajo que requería de un hombre grande.

Así que aceptó; y se quedó. Se quedó, para convertirse en el más famoso alcaide vivo. Su libro *20.000 Years in Sing* vendió cientos de miles de ejemplares. Sus historias sobre la vida en prisión han inspirado docenas de películas. Y su «humanización» de las condiciones de vida de los delincuentes ha obrado milagros en la reforma penitenciaria.

«Nunca he pensado —dijo Harvey S. Firestone, fundador de la gran Firestone Tire & Rubber Company— que la paga por sí sola baste para atraer y retener a los hombres de talento. Creo que es el juego en sí...». Eso es lo que todo hombre de éxito ama: el juego. La oportunidad de expresarse. La oportunidad de demostrar su valía, de sobresalir, de triunfar. Por eso existen las carreras y los concursos de comer tartas. Es el deseo de destacar; el deseo de sentirse importante.

De modo que si quiere convencer a otras personas —personas con carácter, con coraje—, la regla n.º 12 es:

LANCE UN DESAFÍO

EN RESUMEN

Doce maneras de convencer a los demás de su punto de vista

1. La única manera de sacar lo mejor de una discusión es evitarla.
2. Muestre respeto por las opiniones de los demás; nunca le diga a otra persona que está equivocada.
3. Si se equivoca, reconózcalo rápidamente y con rotundidad.
4. Empiece de forma amistosa.
5. Consiga que la otra persona diga «sí» inmediatamente.
6. Deje que la otra persona lleve la voz cantante.
7. Deje que la otra persona piense que la idea es suya.
8. Intente honestamente ver las cosas desde el punto de vista de la otra persona.
9. Empatice con las ideas y deseos de la otra persona.
10. Apele a los motivos más nobles.
11. Dramatice sus ideas.
12. Lance un reto.

Cuarta parte

Nueve maneras de cambiar a la gente sin ofenderla ni despertar resentimientos

Si ha de señalar algún error o defecto, esta es la manera de empezar

Un amigo mío fue invitado a la Casa Blanca un fin de semana durante el mandato de Calvin Coolidge. Al entrar en el despacho privado del presidente, oyó que este le decía a una de sus secretarias: «Qué bonito vestido lleva usted esta mañana. Es usted una joven muy atractiva».

Aquel fue probablemente el elogio más efusivo que Silent Cal había dedicado jamás a una secretaria. Fue tan inusual, tan inesperado, que la chica se sonrojó confundida. Entonces Coolidge le dijo: «No se ponga usted así. Solo lo dije para agradarla. En adelante, me gustaría que tuviera usted un poco más de cuidado con la puntuación».

Su método era probablemente un poco obvio, pero la psicología era magnífica. Siempre es más fácil escuchar algo desagradable después de haber oído un elogio. Igual que cuando un barbero enjabona a un hombre antes de afeitarlo.

Eso es precisamente lo que hizo McKinley en 1896, cuando se presentó a las elecciones presidenciales. Uno de los republicanos más prominentes de la época le había escrito un discurso de campaña que, en su opinión, superaba incluso a lo mejor de Cicerón, Patrick Henry y Daniel Webster juntos. Con gran satisfacción, aquel hombre leyó su inmortal parlamento en voz alta ante el candidato. El texto tenía sus puntos buenos, pero, sencillamente, no servía, pues habría levantado un aluvión de críticas. McKinley no quería herir los sentimientos del hombre ni derribar su magnífico entusiasmo. Aun así, debía rechazarlo. Fíjese qué modo tan hábil empleó para transmitírselo:

> Amigo mío, es un discurso espléndido, magnífico. Nadie podría haber preparado uno mejor. Hay muchas ocasiones en las que sería justo lo indicado, pero ¿es adecuado para esta ocasión en concreto? Por muy sensato y sobrio que sea desde su punto de vista, debo considerar su efecto desde el punto de vista del partido. Ahora, vaya a casa y escriba otro discurso en la línea que le indico, y envíeme una copia.

Así lo hizo. McKinley le corrigió y le ayudó a escribir esa segunda versión; y se convirtió en uno de los oradores más eficaces de la campaña.

Me referiré ahora a la segunda carta más famosa de cuantas escribió Abraham Lincoln. (La primera fue la que dirigió a la señora Bixby, en la que expresaba su pesar por la muerte de los cinco hijos que la mujer había perdido en la batalla). Probablemente no empleó más de cinco minutos en su redacción, no obstante, cuando se vendió en una subasta pública en 1926 alcanzó los doce mil dólares. Y esa cantidad, por cierto, era más dinero del que Lincoln fue capaz de ahorrar a lo largo de cincuenta años de duro trabajo.

La carta fue escrita el 26 de abril de 1863, en el período más oscuro de la guerra civil. Durante dieciocho meses, los generales de Lincoln habían conducido al ejército de la Unión de derrota en derrota, a cuál más trágica. Nada más que inútiles y estúpidas carnicerías humanas. La nación estaba horrorizada. Miles de soldados desertaron e incluso los miembros republicanos del Senado se rebelaron y quisieron obligar a Lincoln a abandonar la Casa Blanca. «En este momento, estamos al borde de la destrucción —dijo el presidente—. Me parece que hasta el Todopoderoso está contra nosotros. Apenas puedo ver un rayo de esperanza».

Tal era el momento de pesadumbre y caos del que surgió esta carta, que reproduzco aquí porque muestra cómo Lincoln intentó cambiar a un general obstinado y difícil de manejar cuando el destino mismo de la nación podría depender de sus acciones en campaña. Se trata, tal vez, de la carta más mordaz que Abe Lincoln escribió después de convertirse en presidente. Aun así, nótese cómo elogia al general Hooker antes de comentar sus graves errores.

Efectivamente, eran graves errores, pero Lincoln no los llamaba así. Lincoln era más conservador, más diplomático, y escribió: «Hay algunas cosas que me impiden estar completamente satisfecho con usted». ¡A eso lo llamo yo tener tacto y diplomacia!

Esta es la carta dirigida al mayor general Hooker:

> Le he puesto a usted al mando del ejército del Potomac. Desde luego, mi decisión se fundamenta en razones que me parecen suficientes. No obstante, pienso que le conviene saber que hay algunas cosas que me impiden estar completamente satisfecho con usted.
>
> Creo que es un soldado valiente y experto, lo cual me complace sin duda alguna. Creo también que mezcla la política con su profesión, y sigue así una conducta acertada. Tiene confianza en sí mismo, una cualidad personal valiosa, aunque no indispensable.
>
> Es ambicioso, algo que considero más beneficioso que perjudicial, dentro de los límites razonables. Pero, durante el tiempo en que el general Burnside —antecesor de Hooker— estuvo al mando del ejército, me parece que usted se dejó arrastrar por su ambición y le contrarió en tanto como pudo, causando así un gran daño al país y a un muy meritorio y honorable compañero de armas.
>
> He oído, de fuentes dignas de crédito, que dijo recientemente que tanto las Fuerzas Armadas como el Gobierno necesitan un dictador.

> Naturalmente, no le he dado el mando por decir esto, sino a pesar de haberlo dicho.
>
> Solo los generales invictos se pueden proclamar dictadores. Lo que le pido ahora son triunfos militares y, a cambio de ellos, soportaré el riesgo latente de una dictadura.
>
> El Gobierno le apoyará hasta el máximo de sus posibilidades, ni más ni menos que lo que ha hecho y hará con todos los comandantes en jefe. Pero mucho me temo que el espíritu que ha ayudado a infundir en las Fuerzas Armadas, de criticar a su comandante en jefe y retirarle la confianza, se volverá ahora contra usted. Le ayudaré a suprimirlo en tanto pueda.
>
> Ni usted ni nadie, ni siquiera Napoleón que volviese a la vida, serán capaces de mandar con resultados óptimos un ejército donde prevalezca tal espíritu. Y ahora, ¡cuidado con la temeridad! Evite la temeridad, pero con energía y siempre vigilante, avance y tráiganos victoria tras victoria.

Usted no es un Coolidge, un McKinley o un Lincoln. ¿Quiere saber si esta filosofía puede funcionarle en sus relaciones comerciales?

Veamos. Tomemos el caso de W. P. Gaw de la Wark Company, Filadelfia. El señor Gaw es un ciudadano común y corriente como usted y como yo. Participó en uno de los cursos que dirigí en Filadelfia, y relató este incidente en una de las charlas ante la clase.

La empresa Wark se había comprometido a la construcción de un gran edificio de oficinas en Filadelfia para una fecha determinada. Todo iba bien, según lo previsto, el edificio estaba casi terminado, cuando de repente el subcontratista encargado de realizar el trabajo decorativo en bronce que iba a ir en el exterior declaró que no podía hacer la entrega en la fecha prevista. ¿Cómo? ¡Un edificio entero paralizado! Habría graves consecuencias: sanciones, pérdidas económicas... ¡Todo por culpa de un hombre!

Se sucedieron las llamadas telefónicas a larga distancia, las discusiones y las conversaciones acaloradas. Todo en vano. Entonces enviaron al señor Gaw a Nueva York para enfrentarse al león de bronce en su guarida.

—¿Sabe usted que es la única persona de Brooklyn con ese apellido? —le preguntó Gaw nada más entrar en el despacho del presidente.

Este se sorprendió.

—No, no lo sabía.

—Bueno —dijo el señor Gaw—, cuando bajé del tren esta mañana, miré en la guía telefónica para obtener su dirección, y usted es la única persona que figura con ese apellido.

—Jamás lo habría imaginado —reconoció el presidente, examinando la guía telefónica con interés—. Bueno, es un nombre poco corriente —añadió con orgullo—. Mi familia vino de Holanda y se instaló en Nueva York hace casi doscientos años.

Continuó hablando de sus raíces y de sus antepasados durante varios minutos. Cuando terminó, el señor Gaw le felicitó por lo grande que era su fábrica y la comparó favorablemente con otras similares que había visitado.

—-Es una de las fábricas de bronce más limpias y ordenadas que he visto nunca —dijo Gaw.

—Llevo toda una vida construyendo esta empresa —apuntó el presidente— y estoy muy orgulloso de ella. ¿Le gustaría echar un vistazo a la fábrica?

Durante la visita, el señor Gaw le felicitó por su sistema de producción y le explicó por qué lo consideraba superior al de algunos de sus competidores. Gaw realizó algún comentario sobre ciertas máquinas poco comunes, y el presidente le indicó que él mismo las había inventado. Dedicó mucho tiempo a mostrarle cómo funcionaban y la calidad de su trabajo. Insistió en invitar al señor Gaw a almorzar. Hasta entonces no se había mencionado ni una palabra sobre el verdadero propósito de su visita.

Después del almuerzo, el presidente dijo:

—Ahora, vayamos al grano. Sé perfectamente por qué está usted aquí. No esperaba que nuestra reunión fuera tan agradable. Puede volver a Filadelfia con mi palabra de que su material será fabricado y enviado, aunque haya que retrasar otros pedidos.

El señor Gaw consiguió todo lo que quería sin ni siquiera pedirlo. El material llegó a tiempo y el edificio se terminó el día en que vencía la fecha, tal como figuraba en el contrato.

¿Habría ocurrido esto si Gaw hubiera optado por la confrontación, como suele ser el caso en estas ocasiones?

Para cambiar a la gente sin ofenderla ni despertar su resentimiento, la regla n.º 1 es:

EMPIECE CON ELOGIOS Y MOSTRANDO APRECIO SINCERO

Cómo criticar y no ser odiado por ello

Charles Schwab pasaba un mediodía por una de sus acerías cuando se encontró con algunos de sus empleados fumando. Justo por encima de sus cabezas había una señal que decía «Prohibido fumar». ¿Cree usted que Schwab señaló el cartel y les espetó: «¿Acaso no saben leer»? En absoluto. Se acercó a los hombres, ofreció un cigarro a cada uno y dijo: «Muchachos, les agradeceré mucho que se los fumen fuera». Los interpelados, conscientes de que Schwab sabía que habían infringido una norma, le admiraron porque no dijo nada al respecto; les dio un pequeño obsequio y les hizo sentirse importantes. No se puede dejar de querer a un hombre así, ¿verdad?

John Wanamaker utilizaba la misma técnica. Wanamaker solía hacer un recorrido por su gran tienda de Filadelfia todos los días. Una vez vio a un cliente esperando en un mostrador. Nadie le prestaba la menor atención. ¿Los vendedores? Estaban al fondo del mostrador, riendo y hablando entre ellos. El empresario no dijo ni una palabra. Se escabulló silenciosamente detrás del mostrador, atendió a la mujer él mismo y luego entregó la compra a los vendedores para que la envolvieran mientras él seguía su camino.

El 8 de marzo de 1887 el elocuente Henry Ward Beecher murió, o cambió de mundo, como dicen los japoneses. El domingo siguiente Lyman Abbott fue invitado a hablar en el estrado que había quedado en silencio tras el fallecimiento de Beecher. Deseoso de hacerlo lo mejor posible, Abbott escribió, reescribió y pulió su sermón con una meticulosidad digna de Flaubert. Luego se lo leyó a su esposa. No era gran cosa, como la mayoría de los discursos escritos. De haber tenido peor juicio, ella podría haberle dicho: «Lyman, esto es terrible. No vale nada. Vas a dormir a la gente. Parece una enciclopedia. Deberías saberlo después de todos los años que llevas predicando. Por el amor de Dios, ¿por qué no hablas como un ser humano? ¿Por qué no actúas con naturalidad? Ni se te ocurra leer este discurso».

Eso es lo que ella podría haberle dicho. Y, si lo hubiera hecho, ya adivinará usted el resultado. Y ella también lo sabía. Así que se limitó a comentar que sería un excelente artículo para *The North American Review*. En otras palabras, lo elogió y al mismo tiempo sugirió sutilmente que no servía como discurso.

Lyman Abbott se dio cuenta, rompió su manuscrito cuidadosamente preparado y predicó sin siquiera utilizar notas.

Para cambiar a la gente sin ofenderla ni despertar su resentimiento, la regla n.º 2 es:

LLAME LA ATENCIÓN SOBRE LOS ERRORES DE LA GENTE DE FORMA INDIRECTA

Mencione primero sus propios errores

Hace unos años mi sobrina, Josephine Carnegie, dejó su casa en Kansas City y vino a Nueva York para trabajar como mi secretaria. Tenía diecinueve años, había terminado el bachillerato tres años antes y su experiencia en el mundo de los negocios era poco más que nula. Hoy es una de las mejores secretarias al oeste de Suez. Aun así, al principio, su trabajo era... bueno, susceptible de mejora. Un día que empecé a criticarla, me dije: «Un momento, Dale Carnegie, un momento. Tienes el doble de edad que Josephine. Tienes diez mil veces más experiencia en los negocios. ¿Cómo puedes esperar que ella adopte tu punto de vista, muestre tu juicio, tu iniciativa, por mediocres que estos sean? Dale, ¿qué hacías tú a los diecinueve años? ¿Recuerdas los errores estúpidos que cometiste? ¿Recuerdas la vez que hiciste esto y aquello?».

Después de reflexionar sobre el asunto honesta e imparcialmente, llegué a la conclusión de que el promedio de acierto de Josephine a los diecinueve años era mejor que el mío, y eso, lamento confesarlo, no es hacerle un gran cumplido a Josephine.

A partir de entonces, cuando quería llamar la atención de la joven sobre un error, solía empezar diciendo: «Josephine, has incurrido en un error, pero Dios sabe que no es peor que muchos en los que yo he caído. No naciste sabiendo. Eso solo se aprende con la experiencia; y tú eres mejor de lo que yo era a tu edad. Yo también he cometido muchas estupideces y tonterías. No suelo criticarte ni a ti ni a nadie, pero ¿no crees que habría sido más inteligente haber hecho esto o lo otro?».

No resulta tan duro escuchar un recital de tus propios defectos si quien critica empieza admitiendo humildemente que él también está lejos de ser perfecto.

El refinado príncipe Bernhard von Bülow aprendió la aguda necesidad de hacer esto allá por 1909. Von Bülow era entonces canciller del Imperio alemán, y en el trono se sentaba Guillermo II; Guillermo, el altivo;

Guillermo, el arrogante; Guillermo, el último emperador, construyendo un ejército y una flota que —se jactaba de ello— eran los mejores del mundo.

Entonces ocurrió algo asombroso. El emperador dijo algunas cosas problemáticas acerca de determinados temas, cosas que sacudieron el continente e iniciaron el estallido de una serie de explosiones que iban a escucharse en todo el mundo. Para empeorar infinitamente la situación, pronunció esas palabras estúpidas, egoístas y absurdas en público; lo hizo mientras era huésped en Inglaterra, y dio su permiso real para que se imprimieran en *The Daily Telegraph*. Por ejemplo, declaró que era el único alemán que sentía aprecio por los ingleses; que estaba construyendo una flota contra la amenaza de Japón; que él, y solo él, había salvado a Inglaterra de ser humillada por Rusia y Francia; que su plan de campaña fue lo que permitió a *lord* Roberts de Inglaterra derrotar a los bóeres en Sudáfrica, y así sucesivamente.

Nada tan asombroso había salido de los labios de un monarca europeo en tiempos de paz en cien años. Todo el continente zumbaba con la furia de un avispero. Inglaterra estaba indignada. Los estadistas alemanes estaban atónitos. Y en medio de toda esta consternación, el emperador entró en pánico y sugirió al príncipe Von Bülow, canciller del imperio, que asumiera la culpa. Así es, quería que su canciller anunciara que todo era responsabilidad suya, que él había aconsejado a su monarca decir aquellas cosas increíbles.

—Pero —protestó el ministro— me parece del todo imposible que nadie, ni en Alemania ni en Inglaterra, pueda suponerme capaz de haber aconsejado a Su Majestad que dijera tal cosa.

En cuanto esas palabras salieron de la boca de Von Bülow, se dio cuenta de que había cometido un grave error. El emperador estalló.

—¿¡Acaso me toma usted por un burro —exclamó airado— capaz de errores garrafales que usted mismo jamás habría podido cometer!?

Von Bülow era consciente de que debería haber elogiado antes de criticar, pero como ya era demasiado tarde, optó por la segunda mejor posibilidad: elogió después de haber criticado. Sucedió un milagro, como suele ocurrir con los elogios.

—Nada más lejos de mi intención —respondió respetuosamente—. Su Majestad me supera en muchos aspectos; no solo, por supuesto, en conocimientos navales y militares, sino, sobre todo, en el ámbito científico. A menudo he escuchado con admiración las explicaciones de Vuestra Majestad sobre el barómetro, la telegrafía inalámbrica o los rayos Röntgen. Yo me avergüenzo de ignorar todas las ramas de las ciencias, no tengo nociones de química ni de física y soy totalmente incapaz de explicar el más simple de los fenómenos naturales.

No obstante —prosiguió Von Bülow—, en compensación, poseo algunos conocimientos históricos y quizá ciertas cualidades útiles para la política, sobre todo para la diplomacia.

El emperador sonrió. Von Bülow le había elogiado. Le había ensalzado y se había humillado. Guillermo podía perdonar cualquier cosa después de aquello.

—¿No le he dicho siempre —manifestó con entusiasmo— que usted y yo nos completamos el uno al otro de maravilla? Debemos permanecer juntos, ¡y así lo haremos!

Estrechó la mano del canciller, no una, sino varias veces. Y más tarde ese mismo día se entusiasmó tanto que exclamó con los puños cerrados:

—¡Si alguien me dice algo en contra del príncipe von Bülow, le daré un puñetazo en la nariz!

Von Bülow se salvó a tiempo; como buen diplomático que era, supo que había cometido un error: debería haber empezado por hablar de sus propios defectos y de la superioridad de Guillermo, y no insinuar que el emperador era un imbécil redomado.

Si unas pocas frases de humildad y elogio pueden convertir a un altivo y ofendido emperador en un amigo incondicional, imagínese lo que la humildad y el elogio pueden hacer por usted y por mí en nuestro día a día. Bien empleados, obrarán verdaderos milagros en las relaciones humanas.

Para cambiar a las personas sin ofenderlas ni despertar resentimientos, la regla n.º 3 es:

MENCIONE SUS PROPIOS ERRORES ANTES DE CRITICAR A LOS DEMÁS

A nadie le gusta recibir órdenes

Hace poco tuve el placer de cenar con Ida Tarbell, la decana de los biógrafos estadounidenses. Cuando le dije que estaba escribiendo este libro, empezamos a hablar del importantísimo tema de llevarse bien con la gente, y me contó que, mientras escribía la biografía de Owen D. Young, entrevistó a un hombre que se había sentado durante tres años en la misma oficina junto a Young. El hombre declaró que en todo ese tiempo nunca le había oído dar una orden directa a nadie. Siempre sugerencias, no órdenes. Owen D. Young nunca dijo, por ejemplo: «Haga esto o haga aquello», o «No haga esto o no haga aquello». Él decía: «¿Podría usted considerar esto?», o «¿Cree usted que eso funcionaría?». Con frecuencia, después de dictar una carta, decía: «¿Qué le parece a usted?». Al revisar un escrito de alguno de sus ayudantes, apuntaba: «Tal vez si lo redactáramos de otra forma quedaría mejor». Siempre daba a su interlocutor la oportunidad de hacer las cosas por sí mismo; nunca decía a sus ayudantes que hicieran las cosas; les permitía hacerlas, les permitía aprender de sus equivocaciones. Una técnica así facilita que una persona corrija su error. Una técnica así no hiere el orgullo del otro, le otorga un sentimiento de importancia y, además, hace que quiera cooperar en lugar de rebelarse.

Para cambiar a la gente sin ofenderla ni despertar su resentimiento, la regla n.º 4 es:

HAGA PREGUNTAS EN LUGAR DE DAR ÓRDENES DIRECTAS

Deje que la otra persona salve la cara

Hace años, la General Electric Company se enfrentó a la delicada tarea de destituir a Charles Steinmetz de su puesto directivo. Steinmetz, un genio de primera magnitud en lo que a electricidad se refiere, era un desastre como jefe del departamento de cálculo. Sin embargo, la empresa no se atrevía a ofenderle. Era indispensable y muy sensible. Así que le dieron un nuevo cargo. Le nombraron ingeniero consultor de la compañía —un nuevo título para un trabajo que ya realizaba— y dejaron que otra persona asumiera sus funciones como director del departamento mencionado.

Steinmetz estaba satisfecho. Al igual que los gerentes de la G. E., que habían maniobrado hábilmente con su estrella más temperamental sin desatar una tormenta, permitiéndole salvar su cara.

¡Qué importante es eso! ¡Y qué pocos de nosotros nos paramos a pensarlo! Pasamos por encima de los sentimientos de los demás, saliéndonos con la nuestra, buscando culpables, profiriendo amenazas o criticando a un hijo o a un empleado delante de los demás, ¡sin ni siquiera considerar el daño que causamos al orgullo de la otra persona! Sin embargo, unos pocos minutos de reflexión, una palabra o dos de consideración, una comprensión genuina de la actitud de la otra persona bastarían para aliviar todo el escozor.

Recordémoslo la próxima vez que nos enfrentemos a la desagradable necesidad de despedir a un empleado. A continuación, reproduzco una carta que me escribió Marshall A. Granger, contable público.

> Despedir a los empleados no es muy divertido. Que te despidan lo es aún menos. Nuestro negocio es sobre todo estacional, por eso tenemos que despedir a muchos empleados en marzo.
>
> A ninguno de nosotros nos gusta tener que hacerlo. En consecuencia, se ha desarrollado la costumbre de acabar cuanto antes, y normalmente de la siguiente manera: «Siéntese, señor Smith. La temporada ha terminado y no parece que tengamos más encargos para usted.

Por supuesto, comprenderá que solo se le ha contratado para la temporada alta, etcétera».

El efecto en los empleados era de decepción; se sentían «defraudados». La mayoría de ellos quería dedicarse de por vida a la contabilidad, así que no guardaban ningún cariño especial por una empresa que los dejaba en la calle sin miramientos.

Hace poco decidí despedir a los empleados que ya no eran necesarios con un poco más de tacto y consideración. Así que llamé a cada uno de ellos después de pensar cuidadosamente en su trabajo durante el invierno. Y les dije algo similar a esto: «señor Fulano, ha hecho usted un buen trabajo (si es que lo había hecho). Aquella ocasión en que le enviamos a Newark, tenía una tarea complicada, estaba en un aprieto, pero salió airoso y queremos que sepa que la empresa está orgullosa de usted. Tiene usted madera de contable: llegará usted lejos, trabaje donde trabaje. Este bufete cree en usted, le apoya y no queremos que lo olvide».

¿El efecto? Se marchan sintiéndose mucho mejor después de haber sido despedidos. No se sienten defraudados. Saben que, si tuviéramos trabajo para ellos, los mantendríamos.

Y cuando volvemos a necesitarlos, acuden a nosotros con muestras de gran afecto personal.

El difunto Dwight Morrow poseía una extraña habilidad para reconciliar a enemigos que querían lanzarse uno al cuello del otro. ¿Cómo? Buscaba escrupulosamente lo que era correcto y justo en ambas partes —lo elogiaba, lo destacaba, lo sacaba cuidadosamente a la luz— y, fuera cual fuera el acuerdo, nunca dejaba a nadie en mal lugar.

Eso es algo que sabe cualquier mediador: hay que facilitar que las personas salven la cara. Los hombres realmente grandes, en todo el mundo, son demasiado grandes para perder el tiempo regodeándose en sus triunfos personales. He aquí un ejemplo:

En 1912, tras siglos de amargo antagonismo, los turcos decidieron expulsar para siempre a los griegos de su territorio. Mustafá Kemal dirigió a sus soldados un discurso de reminiscencias napoleónicas: «Vuestro objetivo es el Mediterráneo», les dijo, dando así comienzo a una de las guerras más tristes de la historia moderna. Los turcos ganaron, y cuando los dos generales griegos, Tricoupis y Dionis, se dirigieron al cuartel general de Kemal para rendirse, el pueblo turco invocó todas las maldiciones del cielo sobre sus enemigos vencidos.

Sin embargo, la actitud de Kemal no fue triunfalista. «Siéntense, caballeros —dijo, cogiéndoles las manos—. Deben de estar ustedes cansados». Posteriormente, tras discutir la campaña en detalle, suavizó el golpe de su derrota. «La guerra —dijo, de soldado a soldado— es un juego en el que los mejores hombres a veces son derrotados».

Incluso en plena victoria, Kemal recordó esta importante regla (regla n.º 5 para nosotros):

DEJE QUE LA OTRA PERSONA SALVE LA CARA

Cómo estimular a las personas para que mejoren

Yo conocí a Pete Barlow. Pete tenía un espectáculo con perros y ponis, y se pasaba la vida viajando por todas partes, actuando en circos y espectáculos de vodevil. Me encantaba ver a Pete entrenar nuevos perros para su número. Me di cuenta de que, en el momento en que uno de ellos mostraba haber aprendido algo, por mínimo que fuera, Pete lo acariciaba y lo elogiaba, le daba carne y armaba un gran alboroto celebrándolo.

Esto no es nada nuevo. Los adiestradores de animales llevan siglos utilizando esa misma técnica.

¿Por qué, me pregunto yo, no empleamos el mismo sentido común cuando intentamos cambiar a las personas que cuando intentamos cambiar a los perros? ¿Por qué no utilizar carne en lugar del látigo? ¿Por qué no utilizamos el elogio en lugar de la crítica? Elogiemos hasta la más mínima mejora. Eso hará que la otra persona quiera seguir mejorando.

El alcaide Lewis E. Lawes es consciente de que elogiar cualquier avance por pequeño que sea merece la pena, incluso con los hombres endurecidos por el crimen de Sing Sing. «He descubierto —decía en una carta que recibí mientras escribía este capítulo— que expresar el debido aprecio por los esfuerzos de los reclusos asegura mejores resultados a la hora de lograr su cooperación y promover su rehabilitación final que las duras críticas y condenas por sus delitos».

Nunca he estado preso en Sing Sing —al menos todavía no—, pero si echo la vista atrás puedo identificar en qué momento unas pocas palabras de alabanza sirvieron para cambiar por completo mi futuro. ¿Puede usted decir lo mismo de su vida?

La historia está repleta de ejemplos sorprendentes que demuestran hasta qué punto los elogios tienen la posibilidad de hacer magia.

Hace medio siglo, por ejemplo, un niño de diez años trabajaba en una fábrica de Nápoles. Anhelaba ser cantante, pero su primer maestro le desanimó. «No sabes cantar —afirmó—. Tu voz suena como el viento en las contraventanas». Sin embargo, su madre, una campesina pobre, lo abrazó, lo elogió y le aseguró que ella sabía que valía para ello, ella ya notaba una mejoría, y se esforzó para ahorrar para pagarle las clases de música. Los alabanzas y los ánimos de esa madre campesina cambiaron la vida de aquel muchacho. Puede que hayas oído hablar de él. Se llamaba Enrico Caruso.

Hace años un joven de Londres aspiraba a ser escritor, pero parecía tenerlo todo en su contra. No había podido asistir a la escuela más de cuatro años; su padre estaba en la cárcel por no poder pagar sus deudas, y había conocido con demasiada frecuencia las punzadas del hambre. Finalmente, consiguió un trabajo pegando etiquetas en botellas de betún en un almacén infestado de ratas. Dormía en un lúgubre desván con otros dos chicos, gamberros de los barrios bajos de Londres. Confiaba tan poco en su capacidad para escribir que, a escondidas, envió por correo su primer manuscrito en plena noche para que nadie se riera de él. Una tras otra, todas sus historias fueron rechazadas. Finalmente, llegó el gran día en que le aceptaron una. Es cierto que no le pagaron ni un chelín, pero un editor lo elogió. Un editor había reconocido su talento. Estaba tan emocionado que deambuló por las calles con las lágrimas cayendo por sus mejillas.

El elogio, el reconocimiento que recibió por haber publicado una historia, cambió toda su carrera, porque si no hubiera sido por ese estímulo, tal vez habría pasado toda la vida trabajando en fábricas infestadas de ratas. Puede que también haya oído usted hablar de este chico. Se llamaba Charles Dickens.

Hace medio siglo, otro muchacho londinense trabajaba como dependiente en una tienda de productos textiles. Tenía que levantarse a las cinco, barrer el local y desempeñar otra serie de tareas como un esclavo durante catorce horas al día. Era una actividad monótona y él la despreciaba. Al cabo de dos años, no pudo soportarlo más, así que se levantó una mañana y, sin esperar a desayunar, recorrió veinticuatro kilómetros para hablar con su madre, que trabajaba como empleada doméstica.

Estaba desesperado. Le suplicó entre lágrimas. Juró que se suicidaría si tenía que permanecer más tiempo en aquella tienda. Luego escribió una larga y trágica carta a su antiguo maestro, en la que le decía que tenía el corazón roto y que ya no quería seguir viviendo. Este hombre le respondió dedicándole un pequeño elogio; le aseguró que era muy inteligente, le dijo estar seguro de que valía para cosas mejores y le ofreció un empleo como profesor.

Aquel comentario halagador cambió el futuro del muchacho y dejó una huella imborrable en la historia de la literatura inglesa. Desde entonces, ese joven ha escrito setenta y siete libros y ha ganado más de un millón de dólares con su pluma. Probablemente haya oído usted hablar de él. Se llamaba H. G. Wells.

Allá por 1922, un hombre que vivía en California pasaba apuros para mantener a su familia. Cantaba en el coro de una iglesia los domingos y ganaba cinco dólares de vez en cuando interpretando el *Oh, Promise Me* en bodas. Estaba tan apurado que no podía permitirse vivir en la ciudad, así que alquiló una casa parcialmente derruida que estaba en medio de un viñedo. Solo le costaba doce dólares y medio al mes. Aun así, por bajo que fuera el alquiler, no llegaba a pagarlo, y acumulaba ya diez meses de retraso; tenía que trabajar en el viñedo recogiendo uvas para costearlo. Me contó que en ocasiones no tenía más comida que las uvas. Se hallaba tan desanimado que estaba a punto de renunciar a la música y probar a ganarse la vida con la venta de camiones, cuando recibió un elogio de parte de Rupert Hughes. «Tiene usted madera de cantante —le dijo—. Debería estudiar en Nueva York».

Aquel joven me contó hace poco que ese pequeño cumplido, ese leve estímulo, resultó ser el punto de inflexión de su carrera, pues le inspiró para pedir prestados dos mil quinientos dólares y empezar en el Este. Puede que usted también haya oído hablar de él. Su nombre es Lawrence Tibbett.

Hablando de cambiar a la gente: si usted y yo inspiramos a las personas con las que entramos en contacto para que se den cuenta del talento oculto que poseen, podemos hacer mucho más que cambiar a la gente.

Podemos, literalmente, transformarla.

¿Cree usted que exagero? Entonces lea estas sabias palabras del difunto profesor William James, de Harvard, quizá el psicólogo y filósofo más distinguido que Estados Unidos ha dado:

> Comparado con el estado en el que deberíamos estar, solamente estamos medio despiertos. Hacemos uso solamente de una pequeña parte de nuestros posibles recursos mentales y físicos. El individuo humano por lo común vive dentro de sus propios límites, posee poderes de diverso tipo que habitualmente no acierta a usar.

Así es. Usted, que está leyendo estas líneas, posee poderes de diverso tipo que por lo general no utiliza; y uno de estos poderes al que probablemente no esté sacando partido al máximo es su habilidad para elogiar a la gente e inspirar a los demás en la realización de sus posibilidades latentes.

De modo que, para cambiar a la gente sin ofenderla ni despertar su resentimiento, la regla n.º 6 es:

ELOGIE LA MÁS MÍNIMA MEJORA Y CADA UNA DE ELLAS, SEA «EFUSIVO EN SU APROBACIÓN Y PRÓDIGO EN EL ELOGIO»

Ofrezca a la gente una buena reputación que mantener

Una amiga mía, la señora Ernest Gent, residente en el 175 de Brewster Road, en Scarsdale, Nueva York, contrató a una sirvienta y le dijo que se presentara a trabajar el lunes siguiente. Entretanto, la señora Gent telefoneó a una mujer que había empleado anteriormente a aquella chica. Pero no todo fueron buenas noticias. Cuando la chica llegó para empezar el primer día, mi miga le dijo: «Nellie, el otro día conversé con una señora para la que usted solía trabajar. Me dijo que era usted honesta y de fiar, buena cocinera y que cuidaba bien de los niños. Pero también que no tenía la casa del todo limpia. Sin embargo, creo que mentía. Usted viste con pulcritud. Cualquiera puede verlo. Y apuesto a que mantiene la casa tan ordenada y limpia como su persona. Usted y yo nos vamos a llevar bien».

Y así fue. Nellie ya tenía una reputación que mantener, y créame, la mantuvo. La casa estaba reluciente. Con gusto habría fregado y quitado el polvo una hora más al día con tal de estar a la altura del ideal que la señora Gent tenía de ella.

Samuel Vauclain, presidente de Baldwin Locomotive Works, solía decir:

> El hombre medio puede ser dirigido fácilmente cuando tienes su respeto y le demuestras que le respetas por algún tipo de habilidad.

En resumen, si quiere usted que alguien mejore en un determinado aspecto, actúe como si ese rasgo concreto fuera ya una de sus características sobresalientes.

Shakespeare dijo: «Asume una virtud si no la tienes». También sería bueno suponer y declarar abiertamente que la otra persona tiene la virtud que usted quiere que desarrolle. Ofrézcale a alguien una buena reputación que mantener y ese alguien hará esfuerzos prodigiosos antes que verle decepcionado.

Georgette Leblanc, en su libro *Souvenirs, My Life with Maeterlinck*, describe así la sorprendente transformación de una humilde Cenicienta belga.

> Había una sirvienta de un hotel cercano que me traía la comida. La llamaban Marie la Friegaplatos porque había empezado su carrera como ayudante de cocina. Era una especie de monstruo, bizca, con las piernas combadas, carente de sangre y espíritu.
>
> Un día, mientras sostenía mi plato de macarrones entre sus manos rojas, le solté a bocajarro:
>
> —Marie, no sabe usted el talento que atesora en su interior.
>
> Acostumbrada a reprimir sus emociones, Marie esperó unos instantes, sin atreverse a arriesgar el menor gesto por miedo a una catástrofe. Luego dejó el plato sobre la mesa, suspiró y dijo con toda ingenuidad:
>
> —Señora, nunca lo habría imaginado.
>
> No dudó; no preguntó nada. Simplemente, regresó a la cocina y repitió lo que yo le había dicho, y tal es la fuerza de la fe, que nadie se burló de ella. A partir de aquel día, se le tuvo cierta consideración. No obstante, el cambio más curioso de todos se produjo en la propia Marie. Creyéndose tabernáculo de maravillas invisibles, empezó a cuidar su rostro y su cuerpo con tanto esmero que su juventud famélica parecía florecer y ocultar modestamente su fealdad.
>
> Dos meses más tarde, cuando me marchaba, anunció su inminente matrimonio con el sobrino del cocinero.
>
> —Voy a ser una señora —me dijo y me dio las gracias.
>
> Una pequeña frase había cambiado toda su vida.

Georgette Leblanc le había dado a Marie la Friegaplatos una reputación que mantener, y esa reputación la transformó.

Henry Clay Risner utilizó la misma técnica cuando quiso influir en la conducta de los soldados estadounidenses en Francia. El general James G. Harbord, uno de los militares americanos más populares, le dijo a Risner que, en su opinión, los dos millones de soldados que había en suelo francés eran los hombres más limpios e idealistas de los que había oído hablar o con los que había estado en contacto. ¿Una extravagancia? Tal vez, pero vea cómo lo utilizó Risner.

> Nunca dejé de decirles a los soldados lo que el general había opinado sobre ellos. Ni por un momento me pregunté si era cierto o no, pero yo sabía que, aunque no lo fuera, el conocimiento de la opinión del general Harbord les inspiraría a esforzarse por alcanzar ese nivel.

Hay un viejo proverbio que dice: «Cría (mala) fama y échate a dormir», pero cría buena, ¡y verás lo que pasa! Casi todo el mundo —rico, pobre, mendigo, ladrón— está a la altura de la reputación de honradez que se le otorga.

Dice el alcaide Lawes, de Sing —y el alcaide debería saber de lo que habla...—:

> Si tienes que relacionarte con un delincuente, solo hay una forma posible de sacar lo mejor de él: trátalo como si fuera un honorable caballero. Da por sentado que es honesto. Se sentirá tan halagado por ese trato que puede que responda a ello y se sienta orgulloso de que haya alguien que confía en él.

Me parece algo tan acertado y significativo que voy a repetirlo: «Si tienes que relacionarte con un delincuente, solo hay una forma posible de sacar lo mejor de él: trátalo como si fuera un honorable caballero. Da por sentado que es honesto. Se sentirá tan halagado por este trato que puede que responda a ello y se sienta orgulloso de que haya alguien que confía en él».

De modo que, si quiere influir en la conducta de una persona sin despertar resentimiento ni ofenderla, recuerde la regla n.º 7:

OFREZCA A LA OTRA PERSONA UNA BUENA REPUTACIÓN QUE MANTENER

Haga que el error parezca fácil de corregir

Hace poco, un amigo mío soltero, de unos cuarenta años, se comprometió, y su prometida le convenció para que tomara unas lecciones de baile de última hora.

Me confesó:

> Dios sabe que necesitaba clases de baile, porque lo hacía igual que cuando empecé hace veinte años. La primera profesora que contraté probablemente me dijo la verdad. Me dijo que me había equivocado; que tenía que olvidarme de todo y empezar de nuevo. Pero eso me desanimó. No tenía ningún incentivo para seguir. Así que la dejé.
>
> Puede que la siguiente profesora mintiera, pero a mí me gustó. Me dijo que tal vez mi forma de bailar estuviera un poco anticuada, pero que tenía una buena base, y me aseguró que no me costaría nada aprender algunos pasos nuevos.
>
> La primera profesora me había desanimado insistiendo en mis errores. Esta nueva hacía lo contrario; no dejaba de elogiar lo que hacía bien y minimizaba mis faltas.
>
> —Tiene usted un sentido natural del ritmo —me aseguró—. Es usted un bailarín nato.
>
> Como es obvio, mi sentido común me dice que siempre he sido y siempre seré un bailarín de cuarta categoría. Aun así, en el fondo de mi corazón, todavía me gusta pensar que tal vez lo decía en serio. Sin duda, yo le pagaba para que lo dijera, pero ¿de qué sirve hablar de ello?
>
> En cualquier caso, sé que soy mejor bailarín de lo que habría sido si ella no me hubiera dicho que tenía un sentido natural del ritmo. Aquello me animó; me dio esperanzas; me hizo querer mejorar.

Dígale a un hijo, a un marido o a un empleado que es estúpido o un inútil para una determinada cosa, que no tiene talento para ello y que lo hace todo mal, y habrá destruido casi todos sus incentivos para intentar mejorar. Sin embargo, utilice la técnica opuesta: sea liberal con su estímulo; haga que la cosa parezca fácil de conseguir; hágale saber a la otra persona que usted tiene fe en su capacidad para lograrlo, que posee un talento para ello que aún no ha desarrollado, y practicará sin descanso para destacar.

Esa es la técnica que utiliza Lowell Thomas, y créanme, es un magnífico artista de las relaciones humanas. Te fortalece. Te da confianza. Te inspira valor y fe.

Pasé el fin de semana con el señor y la señora Thomas, y el sábado por la noche me pidieron que jugara con ellos una partida de *bridge*. ¿Al *bridge*? ¿Yo? Ah, no. Yo no. Yo no tenía ni idea. Ese juego siempre ha sido un misterio negro para mí. ¡No! ¡No! ¡Imposible!

«Vamos, Dale, es muy fácil —me animó Lowell—. No hace falta más que un poco de memoria y criterio. Una vez escribiste un capítulo sobre la memoria. El *bridge* será pan comido para ti. Te va como anillo al dedo».

Y *presto*, casi antes de darme cuenta de lo que estaba haciendo, me encontré por primera vez en una mesa de *bridge*. Y todo porque me dijeron que tenía un don natural para ello y me hicieron creer que era un juego sencillo.

Hablar de *bridge* me recuerda a Ely Culbertson; el nombre de Culbertson es conocido dondequiera que se practique este juego; sus libros sobre el tema han sido traducidos a una docena de idiomas y ha vendido un millón de ejemplares. Sin embargo, me contó que nunca se habría dedicado profesionalmente a este juego si una joven no le hubiera asegurado que tenía talento para ello.

Cuando llegó a Estados Unidos en 1922, intentó conseguir trabajo como profesor de Filosofía y Sociología, pero no lo consiguió. Intentó vender carbón y fracasó. Luego trató de vender café, pero tampoco salió bien. Nunca se le ocurrió enseñar *bridge*. No solo era un mal jugador de cartas, sino que también era muy testarudo. Hacía tantas preguntas y tantos análisis durante las partidas que nadie quería sentarse a la mesa con él.

Entonces conoció a una hermosa profesora de *bridge*, Josephine Dillon, se enamoró y se casó con ella. Ella se fijó en lo minuciosamente que analizaba sus cartas y le convenció de que era un genio en potencia para ese juego. Fue ese estímulo, y solo eso, me confesó Culbertson, lo que le hizo dedicarse profesionalmente al *bridge*.

De modo que, si quiere cambiar a la gente sin ofenderla ni despertar su resentimiento, la regla n.º 8 es:

UTILICE EL ESTÍMULO; HAGA QUE EL ERROR QUE USTED QUIERE CORREGIR PAREZCA FÁCIL DE SOLVENTAR, QUE LO QUE USTED QUIERE QUE HAGA LA OTRA PERSONA PAREZCA FÁCIL DE HACER

Cómo conseguir que la gente se alegre de hacer lo que usted quiere que haga

En 1915, Estados Unidos estaba atónito. Durante más de un año, las naciones de Europa se habían masacrado unas a otras a una escala nunca antes imaginada en los sangrientos anales de la humanidad. ¿Podría lograrse la paz? Nadie lo sabía. Pero Woodrow Wilson estaba decidido a intentarlo. Enviaría un representante personal, un emisario de la paz, para aconsejar a los señores de la guerra de Europa.

William Jennings Bryan, el secretario de Estado Bryan, el defensor de la paz, ansiaba ir. Vio la oportunidad de prestar un gran servicio y hacer inmortal su nombre. Pero Wilson nombró a otro hombre para la misión, un íntimo amigo suyo, el coronel House; y House recibió la ardua tarea de darle la noticia a Bryan sin ofenderle.

Relata el coronel House en su diario:

> Bryan se sintió muy decepcionado cuando se enteró de que sería yo quien iría a Europa como emisario de paz. Reconoció que había pensado que se lo encargarían a él.
>
> Le respondí que, en opinión del presidente, no sería prudente que el enviado se presentara de forma oficial, y que su desplazamiento atraería mucha atención, haciendo que todo el mundo se preguntara por qué estaba allí.

¿Se da usted cuenta de la insinuación? House prácticamente le dice a Bryan que es demasiado importante para la tarea, y Bryan se da por satisfecho.

El coronel House, hábil conocedor de cómo funciona el mundo, estaba siguiendo una de las reglas importantes de las relaciones humanas: consiga que la otra persona se alegre de hacer lo que usted le propone.

Woodrow Wilson siguió esa política incluso cuando invitó a William Gibbs McAdoo a formar parte de su gabinete. Era el mayor honor que podía conceder a nadie y, sin embargo, Wilson actuó de forma que McAdoo pudiera sentirse doblemente importante. Esta es la historia en palabras del propio McAdoo:

> Él [Wilson] dijo que estaba formando su gabinete y que estaría encantado de que yo aceptara un puesto en él como secretario del Tesoro. Tenía una forma encantadora de plantear las cosas; daba la impresión de que aceptando este gran honor le estaría haciendo un favor.

Por desgracia, Wilson no siempre tuvo ese tacto. Si lo hubiera tenido, la historia podría haber sido diferente. En este sentido, no hizo felices ni al Senado ni al Partido Republicano al meter a Estados Unidos en la Sociedad de Naciones. Wilson se negó a llevar consigo a Elihu Root, a Hughes, a Henry Cabot Lodge o a cualquier otro republicano destacado a la conferencia de paz. En su lugar, se hizo acompañar por hombres desconocidos de su propio partido. Desairó a los republicanos, se negó a hacerles sentir que la Liga de naciones era una idea tanto suya como de ellos, se negó a hacerles partícipes de ello; y, como resultado de este burdo manejo de las relaciones humanas en aquella ocasión, arruinó su propia carrera y su salud; acortó su vida, hizo que Estados Unidos se quedara al margen de la Liga y cambió la historia del mundo.

La famosa editorial Doubleday Page siempre siguió esta regla: consiga que la otra persona se alegre de hacer lo que usted le propone. La empresa era tan experta en ello que, en cierta ocasión, O. Henry declaró que Doubleday podía rechazar una de sus historias y hacerlo con tanta amabilidad, con tanto aprecio, que había terminado sintiéndose mejor cuando eso sucedía, cuando Doubleday le rechazaba un texto, que cuando cualquier otra editorial le aceptaba alguno.

Conozco a un hombre que se ve obligado a rechazar muchas invitaciones para hablar, invitaciones de amigos, de personas a las que en principio tendría que complacer. Sin embargo, lo hace tan hábilmente que la otra persona queda al menos satisfecha con su negativa. No se limita a decir que está demasiado ocupado; no, tras expresar su agradecimiento por la convocatoria y lamentar no poder aceptarla, sugiere un «orador» sustituto.

En otras palabras, no da tiempo a que la otra persona se sienta desgraciada por su negativa: inmediatamente hace que su interlocutor piense en esa otra posibilidad.

Él sugiere cosas como: «¿Por qué no le pide usted a mi amigo Cleveland Rodgers, director del *Brooklyn Eagle*, que hable?»; o: «¿Ha pensado en llamar a Guy Hickok? Vivió quince años en París y tiene un montón de historias asombrosas que contar sobre sus experiencias como corresponsal en Europa»; o bien: «¿Qué le parece Livingston Longfellow? Tiene unas películas magníficas sobre la caza mayor en la India».

J. A. Want, director de la J. A. Want Organization, una de las mayores imprentas de Nueva York, se enfrentó a la necesidad de cambiar la actitud y exigencias de un operario sin despertar su resentimiento. El trabajo de este hombre consistía en mantener decenas de máquinas de escribir y otros artefactos de gran potencia funcionando sin problemas día y noche. Siempre se quejaba de que echaba muchísimas horas, había demasiado trabajo y necesitaba un ayudante.

J. A. Want no le dio un ayudante, no le redujo las horas ni la carga de trabajo y, sin embargo, hizo feliz a su empleado. ¿Cómo? Le proporcionó un despacho privado, con su nombre en la puerta, y le dio el puesto de «director del departamento de servicio». Ya no era un mero mecánico al que todo el mundo daba órdenes. Ahora era el director de todo un departamento. Tenía dignidad, reconocimiento y se sentía importante. Trabajaba feliz y sin quejarse.

¿Le parece infantil? Tal vez, pero eso es lo que le dijeron a Napoleón cuando creó la Legión de Honor y distribuyó mil quinientas cruces entre sus soldados y nombró a dieciocho de sus generales «mariscales de Francia» y otorgó a sus tropas la denominación de La Grande Armée. Napoleón fue criticado por repartir *juguetes* a veteranos curtidos en la guerra, a lo que replicó: «A los hombres se les gobierna con juguetes».

Esta técnica de dar títulos y autoridad le funcionó a Napoleón, y le funcionará a usted. Por ejemplo, a mi amiga la señora Gent, de Scarsdale, Nueva York, a la que ya me he referido anteriormente, le molestaban los chicos que corrían y destrozaban su césped. Probó reprendiéndoles y trató de convencerlos. Ninguna de las dos estrategias funcionó.

Entonces puso en marcha otro plan: dio al peor de la pandilla un título y un sentimiento de autoridad. Lo nombró su «detective» y le encargó la tarea de mantener a todos los intrusos fuera de su césped. Aquello resolvió su problema. El muchacho hizo una hoguera en el patio trasero, calentó una plancha al rojo vivo y amenazó con quemar a cualquier niño que pisara el césped. Así es la naturaleza humana.

De modo que, si quiere cambiar a la gente sin despertar resentimientos ni ofenderla, la regla n.º 9 es:

CONSIGA QUE LA OTRA PERSONA SE ALEGRE DE HACER LO QUE USTED LE PROPONE

EN RESUMEN

Nueve maneras de cambiar a la gente sin ofenderla ni despertar resentimientos

1. Empiece con elogios y agradecimiento sincero.
2. Señale indirectamente los errores de los demás.
3. Hable de sus propios errores antes de criticar a la otra persona.
4. Haga preguntas en lugar de dar órdenes directas.
5. Deje que la otra persona salve la cara.
6. Elogie la más mínima mejora y alabe todas ellas; sea «efusivo en su aprobación y pródigo en el elogio».
7. Ofrezca a la otra persona una buena reputación con la que estar a la altura.
8. Utilice el estímulo; haga que el error parezca fácil de corregir.
9. Consiga que la otra persona se alegre de hacer lo que usted le propone.

QUINTA PARTE

Cartas que lograron resultados milagrosos

Apuesto a que sé lo que está usted pensando ahora. Probablemente se esté diciendo a sí mismo algo como esto: «¡Cartas que lograron resultados milagrosos! ¡Absurdo! Huele a publicidad de un medicamento prodigioso».

Si está pensando así, no le culpo. Probablemente yo también lo haría si hubiera cogido un libro como este hace quince años. ¿Escéptico? Bueno, me gusta la gente escéptica. Pasé los primeros veinte años de mi vida en Misuri, y me gustan las personas a las que hay que demostrarles las cosas. Casi todos los avances del pensamiento humano han sido obra de individuos que dudan, que cuestionan, que desafían a otros para que demuestren las cosas.

Seamos sinceros. ¿Es exacto el título «Cartas que lograron resultados milagrosos»? No, para serle franco, no lo es.

La verdad es que encierra una subestimación deliberada de los hechos. Algunas de las cartas reproducidas en este capítulo cosecharon resultados calificados dos veces de milagrosos. ¿Quién los calificó así? Ken R. Dyke, uno de los promotores de ventas más conocidos de Estados Unidos, antiguo director de ventas de Colgate-Palmolive Peet Company y presidente del consejo de la Asociación Nacional de Anunciantes.

El señor Dyke afirma que las cartas que solía enviar solicitando información a los distribuidores rara vez eran contestadas, tan solo en un porcentaje no superior al cinco u ocho por ciento. Si las respuestas hubieran alcanzado el veinte por ciento, me confesó, lo habría considerado casi un milagro.

Sin embargo, una de las cartas del señor Dyke, que se muestra en este capítulo, obtuvo un porcentaje de respuesta del cuarenta y dos y medio; en otras palabras, esa carta fue el doble de un milagro. (No se ría usted de ello). Y no fue un caso aislado, fruto de la casualidad; a partir de un momento empezaron a registrarse resultados similares con respecto a decenas de otras cartas.

¿Cómo lo hizo? He aquí la explicación en palabras del propio Ken Dyke:

> Este asombroso aumento de la eficacia de las cartas se produjo inmediatamente después de asistir al curso del señor Carnegie sobre «Oratoria eficaz y relaciones humanas». Me di cuenta de que el enfoque que había utilizado anteriormente era totalmente erróneo. Intenté aplicar los principios que se enseñan en este libro, y el resultado fue un aumento del quinientos al ochocientos por ciento en la eficacia de mis cartas de solicitud de información.

He aquí la carta en la que el señor Dyke complace a la otra persona pidiéndole que le conceda un pequeño favor, un favor que le hace sentirse importante. He incluido mis propios comentarios sobre la carta entre paréntesis.

Señor _________,
Villacualquiera,
Indiana.

Estimado señor ________:

Me pregunto si le importaría ayudarme a solucionar un pequeño problema que tengo.

(Pongámonos en situación: un distribuidor de madera de Arizona recibe una carta de un ejecutivo de la Johns-Manville Company de Nueva York que en la primera línea ya solicita su ayuda para salir de un apuro. Me imagino al empresario de Arizona diciéndose algo así como: «Bueno, si este tipo de Nueva York tiene problemas, sin duda ha acudido a la persona adecuada. Siempre intento ser generoso y colaborar con la gente. Veamos de qué se trata»).

> El año pasado conseguí convencer a nuestra empresa de que lo que más necesitaban nuestros distribuidores para aumentar sus ventas de retechado era una campaña anual de correo pagada íntegramente por Johns-Manville.

(El distribuidor de Arizona probablemente piense: «Naturalmente, deberían pagarla ellos. Ya se están llevando la mayor parte de los beneficios. Ganan millones mientras yo a duras penas puedo pagar el alquiler... Y ahora, ¿por qué tiene problemas este tipo?»).

> Hace poco envié por correo un cuestionario a los mil seiscientos distribuidores que habían utilizado el plan y, desde luego, me alegré mucho por los cientos de respuestas que demostraban el aprecio de esta forma de cooperación, que encontraban muy útil.
>
> Gracias a ello, acabamos de lanzar nuestro nuevo plan de publicidad directa, que —estoy seguro— les gustará más aún.
>
> Sin embargo, esta mañana nuestro presidente y yo hemos comentado el informe sobre el plan del año pasado y, como hacen los presidentes, me ha preguntado qué porcentaje de ventas podía atribuirse a dicho plan. Naturalmente, me veo en la necesidad de acudir a usted para que me ayude a darle una respuesta.

(Esa es una buena frase: «Me veo en la necesidad de acudir a usted para que me ayude a darle una respuesta». El pez gordo de Nueva York está diciendo la verdad, y le está dando un reconocimiento honesto y sincero al distribuidor de Johns-Manville en Arizona. Nótese que Ken Dyke no pierde el tiempo hablando de lo importante que es su empresa. En lugar de ello, le demuestra inmediatamente al distribuidor lo mucho que le necesita. Dyke admite que ni siquiera puede presentar un informe al presidente de la compañía sin la ayuda del distribuidor, a quien, naturalmente, como es humano, le agrada ese tipo de conversación).

> Lo que me gustaría es (1) que me dijera, en la tarjeta postal adjunta, cuántos trabajos de techado y retechado cree que el plan de publicidad directa del año pasado le ayudó a conseguir; y (2) que me diera, con la mayor aproximación posible, su valor total estimado en dólares y céntimos (basado en el coste total de los trabajos solicitados).
>
> Si lo hace, sin duda le estaré enormemente agradecido por su amabilidad y por habernos facilitado esta información.
>
> Atentamente,
> Ken R. Dyke
> Director de promoción de ventas

(Observe cómo, en el último párrafo, se centra en la otra persona. Nótese lo generoso que es en sus elogios: «sin duda le estaré enormemente agradecido por su amabilidad»).

Una carta sencilla, ¿verdad? Aun así, logró algo milagroso simplemente pidiéndole a la otra persona que le hiciera un pequeño favor, cuya realización le hacía sentirse importante.

Esta psicología funciona tanto si vendes tejados de amianto como si recorres Europa en un Ford.

Le daré otro ejemplo para ilustrarlo. Homer Croy y yo nos perdimos una vez mientras viajábamos por Francia. Detuvimos nuestro viejo modelo Ford T y le preguntamos a un grupo de campesinos cómo podíamos llegar a la siguiente ciudad.

El efecto de la pregunta fue eléctrico. Aquellos lugareños, que llevaban zapatos de madera, consideraban ricos a todos los estadounidenses. Además, los automóviles eran poco comunes en aquellas regiones, extremadamente raros. ¡Estadounidenses recorriendo Francia en coche! Estaba claro que éramos millonarios. Tal vez primos de Henry Ford. Aun así, ellos sabían algo que nosotros no sabíamos. Teníamos más dinero, pero teníamos que acudir a ellos sombrero en mano para saber cómo llegar a la siguiente ciudad. Y eso les dio una sensación de importancia. Todos empezaron a hablar a la vez. Uno de aquellos hombres, entusiasmado por esta rara oportunidad, mandó callar a los demás. Quería disfrutar él solo de la emoción de darnos las indicaciones.

Inténtelo usted mismo. La próxima vez que esté en una ciudad que no conoce, pare a alguien que se encuentre por debajo de usted en lo relativo a nivel económico o posición social y dígale: «Me preguntaba si le importaría a usted ayudarme a salir de un pequeño apuro. ¿Podría decirme cómo llegar a tal o cual sitio?».

Benjamin Franklin empleó esta técnica para convertir a un mordaz enemigo en un amigo para toda la vida. Franklin, un hombre joven en ese momento, tenía todos sus ahorros invertidos en un pequeño negocio de imprenta. Consiguió que le eligieran secretario de la Asamblea General de Filadelfia, puesto le permitió encargarse de la imprenta oficial. Este trabajo le reportaba buenos beneficios, y deseaba conservarlo a toda costa. Sin embargo, una amenaza se cernía sobre él. A uno de los hombres más ricos y hábiles de la asamblea le disgustaba amargamente Franklin. No solo le desagradaba, sino que lo censuró públicamente.

Aquello era peligroso, muy peligroso. Así que Franklin se propuso caerle bien a aquel hombre. Pero, ¿cómo? Ese era el problema. ¿Haciéndole un favor a su enemigo? No, eso habría despertado sus sospechas, tal vez su desprecio. Como era demasiado inteligente, demasiado hábil para caer en semejante trampa, hizo todo lo contrario: le pidió a su enemigo que le hiciera un favor.

No le pidió un préstamo de diez dólares. Ni mucho menos. Franklin le pidió un favor que complació al otro hombre, un favor que tocó su vanidad, le dio reconocimiento y con el que nuestro protagonista expresó sutilmente su admiración por la sabiduría y los éxitos de ese adversario.

He aquí el resto de la historia en palabras del propio Franklin:

> Habiendo oído que tenía en su biblioteca cierto libro muy difícil de encontrar y curioso, le escribí una nota, expresándole mi deseo de hojear ese libro y pidiéndole que me hiciera el favor de prestármelo por unos días.
>
> Me lo envió inmediatamente, y yo se lo devolví al cabo de una semana, con otra nota en la que le expresaba mi más sincero agradecimiento.
>
> La siguiente vez que nos encontramos en la asamblea, se dirigió a mí (cosa que nunca había hecho hasta entonces) y con gran cortesía; desde entonces manifestó su disposición a ayudarme en cualquier ocasión, de modo que nos hicimos grandes amigos y nuestra relación continuó hasta su muerte.

Ben Franklin lleva muerto ciento cincuenta años, pero la psicología que utilizaba, eso de pedir a los demás que te hagan un favor, sigue vigente.

Por ejemplo, fue utilizada con notable éxito por uno de mis alumnos, Albert B. Amsel. Durante años, el señor Amsel, vendedor de material de fontanería y calefacción, había intentado cerrar un acuerdo comercial con cierto fontanero de Brooklyn cuyo negocio era excepcionalmente grande y cuya reputación, inusualmente buena. Pero Amsel lo tuvo difícil desde el principio. El fontanero era uno de esos individuos desconcertantes que se enorgullecen de ser rudos, maleducados y desagradables. Sentado detrás de su escritorio con un gran puro descansando en la comisura de los labios, gruñía a Amsel cada vez que abría la puerta: «¡Hoy no necesito nada! No me haga perder mi tiempo ni pierda el suyo. ¡Márchese!».

Entonces, un día, el señor Amsel probó una nueva técnica, una técnica que le abrió la cuenta de par en par, le hizo ganar un amigo y le reportó muchos y buenos pedidos.

La empresa de Amsel estaba negociando la compra de una nueva sucursal en Queens Village, en Long Island. Era un barrio que el fontanero conocía bien y en el que hacía muchos negocios. Así que esta vez, cuando el señor Amsel llamó a su puerta, dijo:

—Señor C_____, hoy no vengo a venderle nada. Tengo que pedirle un favor. ¿Podría dedicarme un minuto de su tiempo?

—Mmm, bueno —respondió el fontanero, cambiando de lugar su cigarro—. ¿Qué necesita? Dispare.

—Mi empresa está pensando en abrir una sucursal en Queens Village —dijo Amsel—. Usted conoce esa zona mejor que nadie, así que he venido a preguntarle qué piensa al respecto. ¿Cree usted que es una decisión acertada?

Aquella situación era nueva. Durante años, este fontanero se había sentido importante gruñendo a los vendedores y ordenándoles que se marcharan. Pero aquí estaba un vendedor pidiéndole consejo; sí, un vendedor de una gran empresa que quería su opinión sobre lo que debía hacer.

—Siéntese —le dijo, acercándole una silla.

Y durante la siguiente hora se explayó sobre las peculiares ventajas y virtudes del mercado de la fontanería en Queens Village. No solo aprobó la ubicación de la tienda, sino que se esforzó por esbozar un plan de acción completo para la compra de la propiedad, el almacenamiento de suministros y la apertura del comercio. Se sintió importante al indicar a un mayorista de fontanería cómo debía llevar su negocio. De ahí pasó al terreno personal. Se hizo amigo del señor Amsel y le contó sus íntimas dificultades y hasta sus conflictos domésticos.

Así lo relataba mi alumno:

> Cuando me marché aquella tarde, no solo tenía en el bolsillo un gran pedido inicial de equipos, sino que había sentado las bases de

una sólida amistad comercial. Ahora juego al golf con este tipo que antes me ladraba y gruñía. Este cambio de actitud se produjo porque le pedí que me hiciera un pequeño favor que le hizo sentirse importante.

Examinemos otra de las cartas de Ken Dyke y observemos de nuevo con qué habilidad aplica esta psicología del «¿Podría hacerme un favor?».

Hace unos años, Ken estaba muy preocupado por su incapacidad para conseguir que empresarios, contratistas y arquitectos respondieran a sus cartas de solicitud de información. En aquellos días, rara vez más del uno por ciento de sus solicitudes a arquitectos e ingenieros obtenían contestación. Consideraba que un dos por ciento era muy bueno y un tres por ciento, excelente. ¿Y un diez por ciento? Eso habría sido un milagro.

Sin embargo, la carta que le muestro a continuación obtuvo casi un cincuenta por ciento. Cinco veces mejor que un milagro. ¡Y qué respuestas! Misivas de dos y tres páginas rebosantes de amables consejos y ofrecimientos de cooperación.

Aquí está la carta en cuestión. Observará que en lo tocante a la psicología empleada —incluso en la fraseología en determinados puntos— es casi idéntica a la citada anteriormente. Léala entre líneas, intente analizar cómo se sentía la persona que la recibió. Trate de averiguar por qué el señor Dyke obtuvo resultados cinco veces mejores que un milagro.

Johns-Manville
22 East 40th Street,
New York City

Señor ___________
617 ________ Street,
Villacualquiera, Nueva Jersey

Estimado señor __________:
Me pregunto si podría usted ayudarme a solucionar un pequeño problema que tengo.

Hace aproximadamente un año convencí a nuestra empresa de que una de las cosas que más necesitaban los arquitectos era un catálogo que les ofreciera toda la información sobre los materiales de construcción de J-M y su uso para la reparación y remodelación de viviendas.

El resultado fue el catálogo que le adjunto, el primero de este tipo. No obstante, en este momento nuestras existencias se están agotando, y cuando se lo mencioné a nuestro presidente, me dijo (como hacen todos los presidentes) que no tendría inconveniente en hacer otra edición, siempre y cuando le proporcionara pruebas satisfactorias de que el catálogo había cumplido con el objetivo para el que fue diseñado.

Naturalmente, me veo en la necesidad de acudir a usted en busca de ayuda, y por ello me tomo la libertad de pedirle a usted y a otros cuarenta y nueve arquitectos de diversas partes del país que hagan el papel de jurado.

Para hacerle la tarea más fácil, he redactado unas sencillas preguntas en el reverso de esta carta. Consideraré como un favor personal que compruebe usted las respuestas, añada los comentarios que considere oportunos e introduzca la carta en el sobre franqueado que se adjunta.

Huelga decir que esto no le obligará en modo alguno, y ahora dejo en sus manos la decisión de si el catálogo debe interrumpirse o reimprimirse con mejoras basadas en su experiencia y consejo.

En cualquier caso, le estoy enormemente agradecido por su colaboración.

Muchas gracias.

Atentamente,

Ken R. Dyke,

Director de Promoción de Ventas

Una advertencia. Sé por experiencia que algunas personas, al leer esta carta, tratarán de utilizar la misma psicología de forma mecánica. Esto es, intentarán alimentar el ego de la otra persona no a través de un aprecio real y sincero, sino por medio de la falsa adulación. Ya le digo que esa técnica no funcionará.

Recuerde que todos anhelamos el aprecio y el reconocimiento, y haremos casi cualquier cosa para conseguirlo, pero a nadie le gusta la falta de sinceridad. Nadie quiere falsos halagos.

Permítame que se lo repita: Los principios que se enseñan en este libro solo funcionarán cuando provengan del corazón; no se trata de aplicar un montón de trucos baratos. Yo le hablo de una forma de vida.

Sexta parte

Siete reglas para ser más feliz en casa

Cómo cavar su tumba matrimonial de la forma más rápida posible

Hace setenta y cinco años, Napoleón III de Francia, sobrino de Napoleón Bonaparte, se enamoró de María Eugenia Ignacia Agustina de Montijo, condesa de Teba, la mujer más hermosa del mundo, y se casó con ella. Sus consejeros le recordaron que tan solo era la hija de un insignificante conde español, pero Napoleón replicó: «¿Y qué más da?». Su gracia, su juventud, su encanto y su belleza le colmaron de inmensa felicidad. En un discurso pronunciado desde el trono, desafió a toda una nación: «He preferido una mujer a la que amo y respeto —proclamó— a una mujer desconocida para mí».

Napoleón y su esposa gozaban de salud, riqueza, poder, fama, belleza, amor, adoración... Todos los requisitos para un romance perfecto. Nunca el fuego sagrado del matrimonio brilló con mayor incandescencia. Sin embargo, por desgracia, la llama sagrada pronto parpadeó y la incandescencia se enfrió... hasta convertirse en brasas. Napoleón consiguió hacer emperatriz a Eugenia, pero no había nada en *la belle France*, ni la fuerza de su amor ni el poder de su trono, que impidiera que ella se quejara amargamente.

Acosada por los celos, devorada por la sospecha, desobedecía sus órdenes, negándole incluso la más mínima intimidad. Irrumpía en su despacho mientras él se ocupaba de asuntos de Estado. Interrumpía sus discusiones más importantes. Se negaba a dejarlo solo, siempre temiendo que pudiera estar con otra mujer. A menudo corría a ver a su hermana, quejándose de su marido, llorando, protestando y amenazando. Entraba a la fuerza en su estudio, le increpaba y le maltrataba. Napoleón, dueño de una docena de suntuosos palacios, emperador de Francia, no encontraba un armario en el que pudiera llamar suya a su propia alma.

¿Y qué consiguió Eugenia con todo esto?

He aquí la respuesta. Cito ahora el apasionante libro de E. A. Rheinhardt, *Napoleon and Eugenie: The Tragicomedy of An Empire*:

> Así sucedió que Napoleón se escabullía con frecuencia por la noche por una pequeña puerta lateral, con un sombrero tapándole los ojos y, acompañado por alguno de sus amigos más íntimos, acudía a ver a alguna bella dama que le estaba esperando, o bien paseaba por la gran ciudad como antaño, atravesando el tipo de calles que un emperador apenas ve fuera de un cuento de hadas, y respirando la atmósfera de lo que podría haber sido.

Eso es lo que consiguió Eugenia con sus quejas constantes. Es cierto que se sentaba en el trono de Francia; cierto también que era la mujer más bella del mundo. Pero ni la realeza ni la belleza pueden mantener vivo el amor en medio de los humos venenosos de la queja. Eugenia podría haber levantado la voz como Job y haber dicho: «Me ha sobrevenido lo que tanto temía». ¿Sobrevenido? Se lo buscó ella misma, con sus celos y sus quejas.

De todos los infiernos infalibles inventados por el demonio para destruir el amor, la queja constante es el más mortífero. Nunca falla. Como la mordedura de la cobra, siempre destruye, siempre mata.

La esposa del conde León Tolstói lo descubrió cuando ya era demasiado tarde. Antes de morir, confesó a sus hijas: «Yo fui la causa de la muerte de vuestro padre». Ellas no respondieron. Las dos lloraban. Sabían que su madre decía la verdad; sabían que ella lo había matado con sus quejas, sus críticas y sus constantes regañinas.

Y, sin embargo, el conde Tolstói y su esposa deberían haber sido felices. Él era uno de los novelistas más famosos de todos los tiempos. Dos de sus obras maestras, *Guerra y paz* y *Anna Karenina*, brillarán para siempre entre las joyas de la literatura universal.

Tolstói era tan famoso que sus admiradores le seguían día y noche y registraban cada palabra que pronunciaba. Aunque solo dijera: «Creo que me voy a la cama»; incluso palabras triviales como esas, todo quedaba anotado. Ahora el gobierno ruso está imprimiendo todas las frases que escribió; y sus escritos recopilados podrían llenar cien volúmenes.

Además de fama, Tolstói y su esposa tenían riqueza, posición social, hijos. Ningún matrimonio floreció jamás bajo cielos más amables. Al principio, su felicidad parecía demasiado perfecta, demasiado intensa para soportarla. Así que, arrodillados juntos, rezaron a Dios Todopoderoso para que continuara aquel éxtasis del que gozaban.

Entonces ocurrió algo sorprendente. Tolstói fue cambiando poco a poco, hasta convertirse en una persona totalmente diferente. Renegó de las grandes obras que había escrito y a partir de entonces dedicó su vida a escribir panfletos predicando la paz y el fin de la guerra y la pobreza.

Este hombre que en una ocasión confesó que en su juventud había cometido todos los pecados imaginables —incluso el asesinato—, trató de seguir al pie de la letra las enseñanzas de Jesús. Regaló todas sus tierras y llevó una vida de pobreza. Trabajó en el campo, cortando leña y recogiendo heno. Se hacía sus propios zapatos, limpiaba su propio tejado, comía en un cuenco de madera e intentaba amar a sus enemigos.

La vida de León Tolstói fue una tragedia, y la causa de su tragedia fue su matrimonio. Su esposa amaba el lujo, pero él lo despreciaba. Ella ansiaba la fama y los elogios de la sociedad, pero estas cosas frívolas no significaban nada para él. Ella anhelaba el dinero y la riqueza, pero él opinaba que la riqueza y la propiedad privada eran pecado.

Durante años, su esposa le gritó y censuró porque él insistía en ceder gratuitamente los derechos de publicación de sus obras. Ella quería el dinero que generaban esos libros. Cuando él se oponía, su mujer incurría en ataques de histeria, rodaba por el suelo con un frasco de opio en los labios, jurando que iba a suicidarse y amenazando con tirarse a un pozo.

Hay un acontecimiento en sus vidas que para mí es una de las escenas más patéticas de la historia. Como ya he dicho, fueron gloriosamente felices cuando se casaron; pero luego, cuarenta y ocho años después, él apenas podía soportar verla. A veces, por la noche, esta desconsolada esposa, hambrienta de afecto, se arrodillaba ante él y le rogaba que le leyera en voz alta los exquisitos pasajes de amor que había escrito sobre ella en su diario cincuenta años antes. Y mientras él leía sobre aquellos hermosos y felices días que ya se habían ido para siempre, ambos lloraban. ¡Qué distinta era la realidad de sus vidas comparada con los sueños románticos de antaño!

Finalmente, a los ochenta y dos años, Tolstói no pudo soportar por más tiempo la trágica infelicidad de su hogar y huyó de su esposa en una nevada noche de octubre de 1910. Huyó en medio del frío y la oscuridad, sin saber adónde iba.

Once días después, moría de neumonía en una estación de ferrocarril. Su última petición fue que no se permitiera a su esposa estar en su presencia. Ese fue el precio que pagó la condesa Tolstói por sus quejas y su histeria.

El lector puede pensar que ella tenía mucho de qué quejarse. De acuerdo. Pero eso no viene al caso. La cuestión es: ¿Le sirvió de algo quejarse o empeoró infinitamente las cosas? «Realmente, creo que estaba loca». Eso es lo que pensó la propia condesa Tolstói, cuando ya era demasiado tarde.

La gran tragedia en la vida de Abraham Lincoln también fue su matrimonio. No su asesinato, sino su matrimonio. Cuando Booth atentó contra él, Lincoln no se dio cuenta en ningún momento de que le habían disparado. Sin embargo, casi a diario, durante veintitrés años, recogió lo que Hermón, su socio legal, describió como «la amarga cosecha de la infelicidad conyugal». ¿Infelicidad conyugal? Eso es quedarse corto. Durante casi un cuarto de siglo la señora Lincoln no paró de quejarse y reñirle.

Siempre criticando a su marido, consideraba que nada en él estaba bien. Tenía los hombros encorvados, caminaba torpemente y levantaba los pies arriba y abajo como un indio. Se quejaba de que sus andares no eran ágiles, de que no se movía con gracia; imitaba su forma de moverse y le regañaba para que colocara los dedos de los pies hacia abajo, como a ella le habían enseñado en el internado de *madame* Mentelle en Lexington.

No le gustaba la forma en que sus enormes orejas sobresalían en ángulo recto de su cabeza. Señalaba que no tenía la nariz derecha, que le colgaba el labio inferior y que parecía consumido, le afeaba los pies y las manos, demasiado grandes en su opinión, y la cabeza demasiado pequeña. Abraham Lincoln y Mary Todd Lincoln eran opuestos en todos los sentidos: en formación, en origen, en temperamento, en gustos, en la forma de pensar... Se irritaban constantemente.

El difunto senador Albert J. Beveridge, la autoridad en el personaje más distinguida de esta generación, escribió:

> La voz aguda y chillona de la señora Lincoln podía oírse al otro lado de la calle, y sus incesantes arrebatos de ira eran audibles para todos los que vivían cerca de la casa. Con frecuencia, su ira se manifestaba por otros medios que no eran las palabras, y los relatos de su violencia son numerosos e incuestionables.

He aquí un ejemplo. Poco después de casarse, el matrimonio vivía con la señora Jacob Early, la viuda de un médico de Springfield que se veía obligada a acoger huéspedes.

Una mañana, el señor y la señora Lincoln estaban desayunando cuando él hizo algo que despertó el ardiente temperamento de su esposa. Qué hizo nadie lo recuerda ya, pero lo cierto es que ella, hecha una furia, arrojó una taza de café caliente a la cara de su marido. Y lo hizo delante de los otros huéspedes. Sin decir nada, Lincoln se quedó sentado, humillado y en silencio, mientras la señora Early venía con una toalla mojada y le limpiaba la cara y la ropa.

Los celos de la señora Lincoln eran tan irracionales, tan feroces, tan increíbles, que solo leer sobre algunas de las patéticas y vergonzosas escenas que montó en público —hacerlo setenta y cinco años después— provoca que uno se quede boquiabierto de asombro. Al final, perdió la razón; y tal vez lo más generoso que se pueda decir de ella es que su carácter, probablemente, siempre estuvo afectado por una locura incipiente.

¿Todas aquellas quejas y estallidos de ira cambiaron a Lincoln? En cierto modo, sí. Desde luego, cambiaron su actitud hacia ella. Le hicieron arrepentirse de su desafortunado matrimonio y evitar la presencia de su esposa todo lo posible.

En Springfield había once abogados, y no todos podían ganarse la vida trabajando solo allí, de modo que solían desplazarse a caballo de una sede a otra del condado, siguiendo al juez David Davis mientras celebraba juicios en diversos lugares. De ese modo, conseguían captar clientes de todas las sedes de condado del octavo distrito judicial. Los demás abogados siempre se las arreglaban para regresar a Springfield cada sábado y pasar el fin de semana con sus familias, pero Lincoln no. Temía volver a casa, y durante tres meses en primavera, y de nuevo durante tres meses en otoño, permanecía fuera sin acercarse a la ciudad.

Así, año tras año. Las condiciones de vida en los hoteles rurales resultaban a menudo miserables, pero aun así, por desagradables que resultaran, los prefería a su propia casa y a las constantes regañinas y arrebatos de ira de la señora Lincoln.

Esos son los resultados que la señora Lincoln, la emperatriz Eugenia y la condesa Tolstói obtuvieron con sus constantes quejas. Solo trajeron tragedia a sus vidas. Destruyeron lo que más apreciaban.

Bessie Hamburger, que lleva once años en el Tribunal de Relaciones Domésticas de Nueva York y ha revisado miles de casos de abandono, sostiene que una de las principales razones por las que los hombres abandonan el hogar es porque sus esposas se quejan y los regañan constantemente. O, como dice el *Boston Post*: «Muchas esposas han cavado su propia tumba marital a base de pequeñas excavaciones».

De modo que, si quiere mantener un hogar feliz, la regla n.º 1 es:

¡NO SE QUEJE NI REGAÑE!

Ame y deje vivir

«Puedo cometer muchas locuras en la vida —dijo Disraeli—, pero no pienso casarme jamás por amor».

Y no lo hizo. Permaneció soltero hasta los treinta y cinco años, y entonces se declaró a una viuda rica quince años mayor que él; una viuda cuyo pelo estaba blanco por el paso de cincuenta inviernos. ¿Amor? Oh, no. Ella sabía que él no la amaba. Tenía claro que se casaba con ella por su dinero. Así que solo le hizo una petición: le pidió que esperara un año para darle la oportunidad de estudiar su carácter. Y al final de ese tiempo, se casó con él.

Suena bastante prosaico, bastante comercial, ¿verdad? Sin embargo, por paradójico que parezca, el de Disraeli fue uno de los éxitos más brillantes que se registran en los maltratados y malogrados anales del matrimonio.

La viuda rica que Disraeli eligió no era ni joven, ni hermosa, ni brillante. Para nada. Su conversación bullía con un despliegue de errores literarios e históricos que provocaba risas. Por ejemplo, «nunca supo qué fue primero, si los griegos o los romanos». Tenía un gusto extravagante para la ropa y, sin embargo, exquisito para el mobiliario. A pesar de todo esto, era un genio; un genio indudable en lo más importante del matrimonio: el arte de manejar a los hombres.

Ella no trataba de oponer su intelecto al de Disraeli. Cuando él llegaba a casa, aburrido y agotado tras una tarde de charlas con agudas duquesas, el frívolo parloteo de Mary Anne le permitía relajarse. Su hogar, para su deleite, era el lugar donde podía calzarse sus pantuflas mentales y disfrutar del calor de la adoración de su mujer. Las horas que pasaba en casa con ella —recordemos, mucho más mayor que él— eran las más felices de su vida. Ella era su compañera, su confidente, su consejera. Cada noche se apresuraba a llegar a casa desde la Cámara de los Comunes para contarle las noticias del día. Y —esto es importante— fuera lo que fuera lo que él emprendiera, Mary Anne sencillamente no creía que pudiera fracasar.

Durante treinta años Mary Anne vivió para Disraeli y solo para él. Únicamente valoraba su riqueza porque le hacía la vida más fácil a él. A cambio, ella era su heroína. Después de su muerte, Disraeli se convirtió en conde. No obstante, cuando todavía era un plebeyo, convenció a la reina Victoria para que elevara a Mary Anne a la nobleza. Y así, en 1868, fue nombrada vizcondesa Beaconsfield.

Por muy simple o atolondrada que pareciera en público, él nunca la criticó; jamás pronunció una palabra de reproche; y si alguien se atrevía a ridiculizarla, él saltaba en su defensa con feroz lealtad.

Mary Anne no era perfecta, pero durante tres décadas no se cansó de hablar bien de su marido, de elogiarlo y de admirarlo. ¿El resultado? «Llevamos treinta años casados —dijo Disraeli— y jamás me he aburrido con ella». (Sin embargo, algunos pensaban que, como Mary Anne no sabía de historia, ¡debía de ser estúpida!).

Por su parte, Disraeli nunca ocultó que Mary Anne era lo más importante de su vida. ¿El resultado? «Gracias a su bondad —solía decir ella a sus amigos— mi vida ha sido simplemente una larga escena de felicidad».

Entre ellos, tenían una pequeña broma. «¿Sabes? —decía Disraeli—. Solo me casé contigo por tu dinero». Y Mary Anne, sonriendo, respondía: «Sí, pero si tuvieras que volver a hacerlo, te casarías conmigo por amor, ¿verdad?». Y él admitía que era verdad.

No, Mary Anne no era perfecta, pero Disraeli fue lo bastante inteligente como para dejarla ser ella misma.

Como dijo William James: «Lo primero que hay que aprender en las relaciones con los demás es a no interferir en sus peculiares maneras de ser felices, siempre que esas maneras no supongan interferir con violencia en las nuestras».

Me parece lo suficientemente importante como para repetirlo:

> Lo primero que hay que aprender en las relaciones con los demás es a no interferir en sus peculiares maneras de ser felices, siempre que esas maneras no supongan interferir con violencia en las nuestras.

O, como ha observado Leland Foster Wood en su libro *Growing Together in the Family*:

> El éxito en el matrimonio es mucho más que una cuestión de encontrar a la persona adecuada; es también una cuestión de ser la persona adecuada.

De modo que, si quiere que su vida familiar sea feliz, la regla n.º 2 es:

NO INTENTE CAMBIAR A SU PAREJA

Haga esto y se verá abocado al divorcio

El rival más enconado de Disraeli en la vida pública fue el gran Gladstone. Ambos se enfrentaron en todos los temas susceptibles de discusión sobre el Imperio británico, pero tenían algo en común: la felicidad suprema de sus vidas privadas.

William y Catherine Gladstone vivieron juntos durante cincuenta y nueve años, casi sesenta años bendecidos con una devoción perdurable. Me gusta imaginar a Gladstone, el más digno de los primeros ministros de Inglaterra, estrechando la mano de su esposa y bailando alrededor de la chimenea con ella, entonando esta canción:

A ragamuffin husband and a rantipoling wife,
We'll fiddle it and scrape it through the ups and downs of life.[1]

Gladstone, un enemigo formidable en público, nunca criticaba en casa. Cuando bajaba a desayunar por la mañana y descubría que el resto de su familia seguía durmiendo, tenía una forma suave de hacer constar su reproche. Alzaba la voz y llenaba la casa de un misterioso cántico que recordaba a los demás miembros que el hombre más ocupado de Inglaterra esperaba su desayuno, completamente solo. Diplomático, considerado, se abstenía rigurosamente de ejercer la crítica doméstica.

Y así lo hizo, a menudo, Catalina la Grande. Catalina gobernó uno de los mayores imperios que el mundo haya conocido. Tenía el poder de la vida y la muerte sobre millones de súbditos. Desde el punto de vista político, a menudo era una tirana cruel que libraba guerras inútiles y condenaba a decenas de sus enemigos a morir ante el pelotón de fusilamiento. No obstante, si el cocinero quemaba la carne, ella no decía nada.

[1] 'Un marido harapiento y una esposa ostentosa, / nos las arreglaremos para superar los altibajos de esta vida'.

Sonreía y se la comía con una tolerancia que el marido americano medio haría bien en emular.

Dorothy Dix, la principal autoridad estadounidense en las causas por infelicidad conyugal, afirma que más del cincuenta por ciento de los matrimonios son fracasos, y sabe que una de las razones por las que tantos sueños románticos acaban en divorcio es la crítica, una crítica inútil y desgarradora.

De modo que, si quiere conservar la felicidad en su matrimonio, recuerde la regla n.º 3:

NO CRITIQUE

Y si en alguna ocasión se siente usted tentado de criticar a su hijo, se imaginará que voy a decirle que no lo haga, pero no es así. Simplemente le aconsejo que, antes de criticarlo, lea uno de los clásicos del periodismo americano, «Father Forgets». Este artículo apareció originalmente en el editorial del *People's Home Journal*. Lo reproducimos aquí con permiso de su autor, tal y como fue recogido en el *Reader's Digest*:

«Father Forgets» —en español, 'Padre olvida'— es uno de esos poemas que, escritos en un momento de franca sinceridad, ha sabido tocar la fibra sensible de muchísimos lectores hasta convertirse en uno de los textos más leídos.

Escribe su autor, W. Livingston Larned:

> Desde su primera aparición, hace unos quince años, «Father Forgets» ha sido reproducido en cientos de revistas y en periódicos de todo el país. Además, se ha reimpreso casi con la misma extensión en muchos idiomas extranjeros. He dado permiso a miles de personas que deseaban leerlo en escuelas, iglesias y conferencias. Asimismo, ha sido leído en innumerables programas de radio. Curiosamente, lo han utilizado publicaciones universitarias y revistas de enseñanza

secundaria. A veces, un pequeño poema hace «clic» como por arte de magia. Este, sin duda, lo hizo.

PADRE OLVIDA

Escucha, hijo: te digo esto mientras duermes, con una manita arrugada bajo tu mejilla y los rizos rubios pegajosos y húmedos en tu frente. Me he colado en tu habitación. Hace unos minutos, mientras leía el periódico en la biblioteca, una sofocante ola de remordimiento me invadió. Culpable, vine a tu cama.

Estas son las cosas que pensaba, hijo: me enfadé contigo. Te regañé mientras te vestías para ir a la escuela porque apenas te lavaste la cara con la toalla. Te reprendí por no limpiar tus zapatos. Te grité enfadado cuando tiraste algunas de tus cosas al suelo.

En el desayuno también te regañé. Derramaste algunas cosas. Engulliste la comida sin masticar debidamente. Pusiste los codos en la mesa. Untaste demasiada mantequilla en el pan. Y cuando te fuiste a jugar y yo me dirigí al tren, te giraste, me saludaste con la mano y gritaste: «¡Adiós, papá!», y yo fruncí el ceño y respondí: «¡Endereza los hombros!».

Luego todo comenzó de nuevo al final de la tarde. Cuando subía por la calle te vi, de rodillas, jugando a las canicas. Tenías agujeros en las medias. Te humillé ante tus amigos haciéndote caminar delante de mí hasta casa. Las medias eran caras, ¡y si tuvieras que pagarlas, tendrías más cuidado! ¡Pensar, hijo, que un padre diga eso!

¿Recuerdas, más tarde, cuando yo estaba leyendo en la biblioteca, cómo entraste tímidamente, con una especie de mirada de dolor en los ojos? Cuando levanté la vista del periódico, impaciente por la interrupción, dudaste en la puerta. «¿Qué quieres ahora?», te espeté. No dijiste nada, pero te lanzaste en una tempestuosa carrera, me abrazaste y me besaste, y tus pequeños brazos se apretaron con un afecto que Dios había hecho florecer en tu corazón y que ni siquiera el abandono podría marchitar.

Y luego te fuiste, dando pasitos por las escaleras. Pues bien, hijo, poco después mis manos dejaron caer el periódico y un miedo terrible y enfermizo me invadió. ¿Qué ha hecho de mí la costumbre?

La costumbre de encontrar fallos, de regañar. Esa era mi forma de recompensarte por ser un niño. No era que no te quisiera; era que esperaba demasiado de la juventud. Te estaba midiendo con la vara de mis propios años.

Y había tantas cosas buenas, delicadas y verdaderas en tu carácter. Tu pequeño corazón era tan grande como el amanecer sobre las amplias colinas. Esto se demostró con tu impulso espontáneo de entrar corriendo y darme las buenas noches. Nada más importa esta noche, hijo. ¡He venido a tu cama en la oscuridad, y me he arrodillado allí, avergonzado!

Es una pobre disculpa; sé que no entenderías estas cosas si te las contara durante tus horas de vigilia. ¡Pero mañana seré un padre de verdad! Haré piña contigo, y sufriré cuando tú sufras, y reiré cuando tú rías. Me morderé la lengua cuando me salgan palabras impacientes. Seguiré diciendo como si fuera un ritual: «¡No es más que un niño, un niño pequeño!».

Me temo que te he visualizado como un hombre. Sin embargo, al verte ahora, hijo, recogido y cansado en tu cama, veo que sigues siendo un bebé. Ayer estabas en los brazos de tu madre, con la cabeza sobre su hombro. Te he pedido demasiado, demasiado.

W. LIVINGSTONE LARNED

Una forma rápida de hacer feliz a todo el mundo

Afirma Paul Popenoe, director del Instituto de Relaciones Familiares de Los Ángeles:

> La mayoría de los hombres, cuando buscan esposa, no buscan ejecutivas, sino mujeres con encanto y dispuestas a halagar su vanidad y que les hagan sentir superiores. De ahí que una mujer jefa de departamento pueda ser invitada a almorzar, una vez. Sin embargo, es muy posible que ella ofrezca pinceladas de sus cursos universitarios sobre «las principales corrientes de la filosofía contemporánea», e incluso insista en pagar su propia cuenta. Resultado: a partir de entonces almorzará sola.
>
> Por el contrario, la mecanógrafa no universitaria, cuando la invitan a almorzar, fija una mirada ardiente en su acompañante y le dice anhelante: «Hábleme un poco más de usted». ¿Resultado? Su acompañante piensa: «No es una locura de belleza, pero nunca he conocido a una mujer con mejor conversación».

Los hombres deben expresar su aprecio por el esfuerzo que hace una mujer por tener buen aspecto y vestirse adecuadamente. Todos los hombres olvidan, si es que alguna vez se han dado cuenta, hasta qué punto las mujeres se interesan por la ropa. Por ejemplo, si un hombre y una mujer se encuentran con otro hombre y otra mujer en la calle, la mujer rara vez mira al otro varón; normalmente se fija en cómo va vestida la otra mujer.

Mi abuela falleció hace unos años a la edad de noventa y ocho años. Poco antes de morir, le enseñamos una fotografía suya tomada un tercio de siglo antes. Sus ojos debilitados no la veían bien, y la única pregunta que hizo fue: «¿Qué vestido llevaba puesto?». Imagínese, una anciana en su última primavera, postrada en la cama, cansada por la edad mientras yacía a punto de alcanzar los cien años, su memoria desvaneciéndose tan rápido que ya no era capaz de reconocer ni siquiera a sus propias hijas,

¡y todavía quería saber qué vestido llevaba puesto un tercio de siglo antes! Yo estaba junto a su cama cuando me hizo esa pregunta. Me causó una impresión que nunca olvidaré.

Los hombres que están leyendo estas líneas no son capaces de recordar qué trajes o camisas llevaban hace cinco años, ni tienen el más remoto deseo de recordarlo Sin embargo, las mujeres son diferentes, y los hombres estadounidenses haríamos bien en tenerlo presente. Los muchachos franceses de clase alta están educados para expresar su admiración por el vestido y el *chapeau* de una mujer, no solo una vez, sino muchas veces durante una velada. Cincuenta millones de franceses no pueden estar equivocados.

Tengo entre mis recortes una historia que sé que nunca sucedió, pero que ilustra muy bien una verdad, así que la repetiré:

Según esta tonta historia, al final de una dura jornada de trabajo, una granjera puso ante sus hombres un montón de heno. Y cuando estos le preguntaron indignados si se había vuelto loca, ella respondió: «¿Cómo iba a saber que os daríais cuenta? Llevo veinte años cocinando para vosotros y en todo ese tiempo no he oído ni una palabra que me hiciera saber que no estabais comiendo heno».

Los mimados aristócratas de Moscú y San Petersburgo solían tener mejores modales; en la Rusia de los zares, era costumbre de las clases altas, cuando habían disfrutado de una buena cena, insistir en que trajeran al cocinero al comedor para que pudiera recibir sus felicitaciones. ¿Por qué no tener la misma consideración con su mujer? La próxima vez que el pollo frito esté en su punto, dígaselo. Hágale saber que aprecia su esfuerzo; que no se limita a comer heno. O, como decía Texas Guinan: «Dale a la niña un gran aplauso». Y ya que está, no tema hacerle saber lo importante que es para usted su felicidad.

Disraeli fue uno de los grandes estadistas que ha dado Inglaterra. No obstante, como hemos visto, él no se avergonzaba de hacer saber al mundo lo mucho que «le debía a su mujercita».

El otro día, hojeando una revista, encontré esto. Es de una entrevista con Eddie Cantor, que dice:

> Le debo a mi mujer más que a nadie en el mundo. Ella fue mi mejor amiga de niño; me ayudó a ser honrado. Y después de casarnos, ahorró cada dólar, lo invirtió y lo reinvirtió. Levantó una fortuna para mí. Tenemos cinco hijos encantadores. Y siempre me ha dado un hogar maravilloso. Si he llegado a algo en esta vida, el mérito es suyo.

En Hollywood, donde el matrimonio es un riesgo por el que ni siquiera la aseguradora Lloyd's de Londres apostaría, uno de los pocos matrimonios excepcionalmente felices es el de los Warner Baxter. La señora Baxter, antes Winifred Bryson, renunció a una brillante carrera teatral cuando se casó. Sin embargo, su sacrificio nunca ha empañado su felicidad.

Dice Warner Baxter:

> Ella echaba de menos el aplauso del éxito escénico, pero yo he procurado que sea plenamente consciente de mi reconocimiento. Si una mujer ha de encontrar la felicidad en su marido, que sea en su aprecio y devoción. Si ese aprecio y devoción son reales, ahí está también la respuesta a su felicidad.

Ahí lo tiene. De modo que, si quiere mantener la felicidad de su matrimonio, una de las reglas más importantes es la n.º 4:

MUESTRE APRECIO SINCERO

Significan muchísimo para una mujer

Desde tiempos inmemoriales, las flores se han considerado el lenguaje del amor. No cuestan mucho, sobre todo en temporada, y a menudo están a la venta en cualquier esquina. Sin embargo, a tenor de la escasa frecuencia con la que el marido medio llega a casa con un ramo de narcisos, cabría suponer que son tan caras como las orquídeas y tan difíciles de conseguir como el edelweiss que florece en los riscos de los Alpes azotados por las nubes.

¿Por qué esperar a que su esposa esté ingresada en el hospital para regalarle unas flores? ¿Por qué no llevarle unas rosas mañana por la noche? Experimente; pruebe. A ver qué pasa.

George M. Cohan, ocupado como estaba en Broadway, solía telefonear a su madre dos veces al día hasta el día en que murió. ¿Cree usted que siempre tenía noticias sorprendentes para ella? No, la intención de estos pequeños detalles era la siguiente: demuestran a la persona amada que se está pensando en ella, que se la quiere complacer y que su felicidad y bienestar son muy importantes y se desean de todo corazón.

Las mujeres dan mucha importancia a los cumpleaños y aniversarios. No obstante, la razón de ello seguirá siendo uno de esos misterios femeninos. El hombre medio puede ir por la vida sin memorizar muchas fechas, pero hay algunas que son indispensables: 1492, 1776, el cumpleaños de su esposa y la fecha exacta de su propio matrimonio. En caso necesario, puede prescindir de las primeras, pero no de la última.

El juez Joseph Sabbath de Chicago, que ha revisado cuarenta mil disputas matrimoniales y reconciliado a dos mil parejas, afirma: «Las trivialidades están en el fondo de la mayor parte de la infelicidad matrimonial. Algo tan sencillo como que una esposa le diga adiós a su marido cuando este se va a trabajar por la mañana evitaría un buen número de divorcios».

Robert Browning, cuya vida con Elizabeth Barrett Browning fue quizá la más idílica de la que se tiene constancia, nunca estuvo demasiado ocupado como para dejar de mantener vivo el amor con pequeños detalles, homenajes y atenciones. Trataba a su esposa inválida con tanta consideración que en una ocasión ella les escribió a sus hermanas: «Empiezo a preguntarme seriamente si no seré una especie de ángel después de todo».

Demasiados hombres subestiman el valor de estas pequeñas atenciones cotidianas. Como afirmó Gaynor Maddox en un artículo en *The Pictorial Review*:

> Los hogares estadounidenses necesitan algunos vicios nuevos. El desayuno en la cama, por ejemplo, es una de esas amables licencias que deberían permitirse un mayor número de mujeres. El desayuno en la cama para una mujer tiene casi el mismo efecto que un club privado para un hombre.

Eso es lo que es el matrimonio a largo plazo: una serie de incidentes triviales. Y pobre de la pareja que pase por alto este hecho. Edna St. Vincent Millay lo resumió todo en cierta ocasión en una de sus pequeñas y concisas rimas:

> *No es que el amor se vaya lo que hace daño a mis días,*
> *sino que se fue por pequeños caminos.*

Es un buen verso para memorizar.

En Reno, los tribunales conceden divorcios seis días a la semana, a razón de uno cada diez minutos. ¿Cuántos de esos matrimonios naufragaron por una verdadera tragedia?

Muy pocos, se lo aseguro. Si pudiera usted sentarse allí día tras día a escuchar el testimonio de esos infelices esposos y esposas, sabría que el amor «va por caminos pequeños».

Tome ahora su navaja y recorte esta cita. Péguela dentro del forro de su sombrero o en el espejo, donde pueda verla cada mañana cuando se afeite:

> Espero pasar por este mundo solo una vez; cualquier bien, por tanto, que pueda hacer o cualquier bondad que pueda mostrar a cualquier ser humano, dejadme hacerlo ahora. No quiero posponerla ni descuidarla, porque no volveré a pasar por aquí.

De modo que, si quiere mantener la felicidad de su vida matrimonial, la regla n.º 5 es:

TENGA PEQUEÑOS DETALLES

Si quiere ser feliz, no deje de hacer esto

Walter Damrosch se casó con la hija de James G. Blaine, uno de los más grandes oradores de Estados Unidos y candidato en una ocasión a la Presidencia. Desde que se conocieron hace muchos años en la casa de Andrew Carnegie, en Escocia, los Damrosch han llevado una vida llamativamente feliz. ¿Su secreto?

Así lo explica la señora Damrosch:

> Después del cuidado a la hora de elegir pareja, yo pondría la cortesía una vez casados. Ojalá las jóvenes esposas fueran tan amables con sus maridos como lo son con los extraños. Cualquier hombre huye de una lengua viperina.

La grosería es el cáncer que devora el amor. Todo el mundo lo sabe y, aun así, es notorio que somos más educados con los extraños que con nuestros propios parientes.

No se nos ocurriría interrumpir a un desconocido para decirle: «¡Por el amor de Dios! ¿No pensará volver a contar esa vieja historia?». Ni se nos ocurriría abrir el correo de nuestros amigos sin permiso, ni husmear en sus secretos personales. Y, sin embargo, nos atrevemos a insultar por sus errores triviales a los miembros de nuestra propia familia, a nuestros seres más queridos.

Citando de nuevo a Dorothy Dix: «Es algo asombroso, pero cierto, que prácticamente las únicas personas que alguna vez nos dicen cosas mezquinas, insultantes e hirientes son las de nuestra propia familia».

Por su parte, afirma Henry Clay Risner:

> La cortesía es esa cualidad del corazón que pasa por alto la puerta rota y llama la atención sobre las flores del patio más allá de la puerta.

La cortesía es tan importante para el matrimonio como el aceite para un motor.

Oliver Wendell Holmes, nuestro querido «autócrata del desayuno», era cualquier cosa menos un autócrata en su propia casa. De hecho, llevaba su consideración tan lejos que, cuando se sentía melancólico y deprimido, trataba de ocultar su estado al resto de su familia. Ya era bastante malo para él tener que soportarlo, decía, como para hacérselo también sufrir a los demás.

Eso es lo que hacía Oliver Wendell Holmes, pero ¿y el común de los mortales? Las cosas van mal en la oficina; pierde una venta o el jefe le llama la atención; tiene un dolor de cabeza devastador o se le escapa el tren de vuelta a casa, y está deseando llegar para... desquitarse con la familia.

En Holanda existe la costumbre de dejar los zapatos fuera, en el umbral, antes de entrar a casa. ¡Por Dios!, bien podríamos aprender una lección de los holandeses y dejar fuera nuestros problemas cotidianos antes de ingresar en el hogar.

William James escribió una vez un ensayo titulado *Una singular ceguera de los seres humanos*. Merecería la pena hacer un viaje a la biblioteca pública más cercana para conseguir ese ensayo y leerlo. Sostiene: «Ahora bien, la ceguera de que quiero hablaros es la que todos sufrimos con relación a los sentimientos de las criaturas y de las personas diferentes de nosotros».

Muchos hombres a los que no se les ocurriría hablar bruscamente a un cliente, o incluso a sus socios en los negocios, no titubean a la hora de gritar a sus esposas. Sin embargo, para su felicidad personal, el matrimonio es mucho más importante para ellos, mucho más vital, que los negocios.

El hombre medio que está felizmente casado es muchísimo más feliz que el genio que vive en soledad. Iván Turguénev, el gran novelista ruso, fue aclamado en todo el mundo civilizado. Sin embargo, afirmaba: «Renunciaría a todo mi genio, y a todos mis libros, si solo hubiera alguna mujer, en algún lugar, a la que le importara si llego tarde o no a cenar».

¿Qué probabilidades hay de lograr la felicidad en el matrimonio? Dorothy Dix, como ya hemos dicho, cree que más de la mitad de los casos acaban en fracaso, pero el doctor Paul Popenoe piensa lo contrario.

Sí, el doctor Paul Popenoe piensa lo contrario. Él sostiene que «un hombre tiene más posibilidades de tener éxito en el matrimonio que en cualquier otra empresa a la que se dedique. De todos los hombres que se dedican al comercio de comestibles, el setenta por ciento fracasa. De los hombres y mujeres que se casan, el setenta por ciento tiene éxito».

Dorothy Dix lo resume todo así:

> Comparado con el matrimonio, nacer es un mero episodio en nuestras carreras y morir, un incidente trivial.
>
> No hay mujer que pueda entender por qué un hombre no pone el mismo empeño en hacer de su hogar un negocio próspero que en hacer de su negocio o profesión un éxito.
>
> Aun así, aunque tener una esposa contenta y un hogar tranquilo y feliz significa más para un hombre que ganar un millón de dólares, ni siquiera uno de cada cien hombres se lo piensa seriamente o hace un esfuerzo sincero para que su matrimonio sea un éxito. Deja al azar lo más importante de su vida, y sale ganando o perdiendo, según le acompañe o no la fortuna. Las mujeres no pueden entender por qué sus maridos se niegan a tratarlas con tacto y usar guante de terciopelo en lugar de mano dura, cuando ello supondría dinero para sus bolsillos.
>
> Todo hombre sabe que puede engatusar a su mujer para que haga cualquier cosa, y para que no haga nada. Sabe que si le dedica unos cuantos cumplidos baratos sobre lo maravillosamente que maneja las cosas y lo mucho que le ayuda, ella sacará partido hasta del último céntimo que entre en casa. Todo hombre sabe que si le dice a su mujer lo guapa y encantadora que está con el vestido del año pasado, ella no lo cambiará ni por el último modelo importado de París. Todo hombre sabe que puede besar a su esposa hasta que cierre los ojos de felicidad, y que solo tiene que darle una tímido cachete en los labios para dejarla muda como una ostra.

> Y toda esposa está al tanto de que su marido sabe estas cosas sobre ella, porque le ha proporcionado un diagrama completo sobre cómo tratarla. Y la mujer nunca sabe si enfadarse o disgustarse con él, porque él prefiere pelearse con ella y pagar por eso, teniendo que comer mal y malgastando su dinero en vestidos nuevos, limusinas y perlas, antes que tomarse la molestia de halagarla un poco y tratarla como ella ruega ser tratada.

De modo que, si quiere mantener la felicidad en su matrimonio, la regla n.º 6 es:

SEA CORTÉS

No sea un «analfabeto matrimonial»

La doctora Katherine Bement Davis, secretaria general de la Agencia de Higiene Social, convenció una vez a mil mujeres casadas para que respondieran con sinceridad una serie de preguntas íntimas. El resultado fue impactante: un testimonio increíblemente chocante sobre la infelicidad sexual del adulto estadounidense medio. Después de examinar las respuestas que recibió, Davis no dudó en publicar su convencimiento de que una de las principales causas de divorcio es la incompatibilidad sexual.

La encuesta del doctor G. V. Hamilton verifica este hallazgo. El doctor Hamilton pasó cuatro años estudiando un centenar de matrimonios. Planteó a cada uno de estos hombres y mujeres, individualmente, algo así como cuatrocientas preguntas relativas a sus vidas matrimoniales, y discutió sus problemas de forma exhaustiva —tanto que la investigación se prolongó durante cuatro años—. Este estudio se consideró tan importante desde el punto de vista sociológico que fue financiado por un grupo de destacados filántropos. Los resultados pueden leerse en el libro *What's Wrong with Marriage?*, de G. V. Hamilton y Kenneth Macgowan.

Sostiene el texto:

> Haría falta ser un psiquiatra muy prejuicioso y muy imprudente para afirmar que la mayoría de las fricciones matrimoniales no tienen su origen en una disfunción sexual. En todo caso, las fricciones que surgen de otras dificultades serían ignoradas en muchísimas ocasiones si la relación sexual en sí fuera satisfactoria.

El doctor Paul Popenoe, como director del Instituto de Relaciones Familiares de Los Ángeles, ha analizado miles de matrimonios y es una de las principales autoridades del país en materia de vida familiar. Según sus conclusiones, el fracaso matrimonial suele deberse a cuatro causas.

Las enumera en este orden:

1. Disfunción sexual
2. Diferencia de opiniones en cuanto a la forma de pasar el tiempo libre
3. Dificultades económicas
4. Anomalías mentales, físicas o emocionales.

Obsérvese que el sexo ocupa el primer lugar y que, curiosamente, las dificultades económicas solo se sitúan en tercera posición.

Todas las autoridades en materia de divorcio coinciden en la absoluta necesidad de una buena compatibilidad sexual. Por ejemplo, hace unos años el juez Hoffman del Tribunal de Relaciones Domésticas de Cincinnati —un hombre que ha escuchado miles de tragedias conyugales— anunció: «Nueve de cada diez divorcios están causados por problemas sexuales».

Y, por su parte, el famoso psicólogo John B. Watson, afirma:

> El sexo es sin duda el tema más importante de la vida. Hay que admitir que es lo que causa más naufragios en la felicidad de hombres y mujeres.

He escuchado a varios médicos en ejercicio hablar en mis clases y decir prácticamente lo mismo. ¿No es lamentable, entonces, que en el siglo xx, con todos nuestros libros y toda nuestra educación, los matrimonios se destruyan y las vidas naufraguen por la ignorancia acerca de este instinto tan primario y natural?

Después de dieciocho años como ministro metodista, el reverendo Oliver M. Butterfield renunció al púlpito para dirigir el servicio de orientación familiar en la ciudad de Nueva York, y ha casado a innumerables jóvenes.

Nos dice:

> Al principio de mi experiencia como ministro descubrí que, a pesar del romanticismo y las buenas intenciones, muchas de las parejas que llegan al altar son analfabetas matrimoniales.

> Si se tiene en cuenta que dejamos al azar en gran medida la dificilísima adaptación a la vida matrimonial, resulta sorprendente que nuestra tasa de divorcios sea solo del dieciséis por ciento. Hay un número enorme de maridos y esposas que no están realmente casados, sino simplemente no divorciados; viven en una especie de purgatorio.
>
> Los matrimonios felices rara vez son producto de la casualidad; son arquitectónicos en el sentido de que se planifican de forma inteligente y deliberada.

Para ayudar en esta planificación, el doctor Butterfield lleva años insistiendo en que cualquier pareja que requiera de sus servicios para oficiar el casamiento debe discutir sinceramente con él sus planes de futuro. Ha sido a raíz de estas discusiones cuando ha llegado a la conclusión de que muchos de los contrayentes son «analfabetos matrimoniales».

Dice:

> El sexo no es más que una de las muchas satisfacciones de la vida matrimonial, pero a menos que este aspecto funcione bien, nada más podrá hacerlo.

Pero, ¿cómo hacerlo bien? Continúo citando al doctor Butterfield:

> La reticencia sentimental debe ser sustituida por la capacidad de discutir objetivamente y con desapego las actitudes y prácticas de la vida conyugal. No hay mejor manera de adquirir esta capacidad que a través de un libro de sólida erudición y buen gusto. Yo siempre tengo a mano varios de estos libros y recomiendo uno u otro a los matrimonios que vienen a consultarme.

De modo que la regla n.º 7 para hacer que su vida familiar sea más feliz es:

LEA UN BUEN LIBRO SOBRE EL ASPECTO SEXUAL DEL MATRIMONIO

¿Aprender sobre sexo en los libros? ¿Por qué no? Hace unos años, la Universidad de Columbia, junto con la citada Agencia de Higiene Social, invitó a destacados educadores para que acudieran a discutir los problemas sexuales y matrimoniales de los estudiantes universitarios. En esa conferencia, el doctor Paul Popenoe dijo: «El número de divorcios está disminuyendo. Y una de las razones por las que está disminuyendo es que la gente lee más libros acreditados sobre sexo y matrimonio».

Por tanto, creo sinceramente que no puedo terminar un capítulo sobre «Cómo hacer que su vida familiar sea más feliz» sin recomendar una breve lista de títulos que tratan con sinceridad y de forma científica este problema:

1. *What is sex? An Outline for Young People*, de Helena Wright (Williams and Norgate Ltd.).
2. *The Book of Love*, del doctor David Delvin (New English Library).
3. *The Joy of Sex*, del doctor Alex Comfort (Quartet Books).

Cualquier buena librería debería tener una selección de títulos sobre el tema, y la mayoría de las editoriales de libros de bolsillo dispondrán de ejemplares asequibles sobre el tema para que usted mismo pueda elegir.

EN RESUMEN

Siete reglas para tener una vida familiar más feliz

1. No regañe.
2. No intente cambiar a su pareja.
3. No critique.
4. Muestre aprecio sincero.
5. Tenga pequeños detalles.
6. Sea cortés.
7. Lea un buen libro sobre el aspecto sexual del matrimonio.

En su número de junio de 1933, *American Magazine* publicó un artículo de Emmet Crozier titulado «Why Marriages Go Wrong?». A continuación, le muestro un cuestionario de ese texto. Puede que le merezca la pena contestar a estas preguntas; puntúe con un diez cada una que conteste afirmativamente.

Para los maridos

1. ¿Sigue «cortejando» a su esposa, regalándole flores de vez en cuando, recordando su cumpleaños y aniversario de boda o con alguna atención o muestra de cariño inesperada?
2. ¿Tiene cuidado de no criticarla ante los demás?
3. ¿Le da dinero, más allá del correspondiente a los gastos de la casa, para que lo emplee como quiera?
4. ¿Se esfuerza por comprender sus diferentes estados de ánimo y la ayuda en los momentos de cansancio, nervios e irritabilidad?
5. ¿Comparte al menos la mitad de sus horas de ocio con su mujer?

6. ¿Se abstiene con tacto de comparar la cocina o las tareas domésticas de su mujer con las de su madre o con las de la esposa de algún conocido, excepto en beneficio de ella?
7. ¿Se interesa por su vida intelectual, sus clubes y sociedades, los libros que lee, así como por sus opiniones sobre problemas cívicos?
8. ¿Permite que baile o reciba atenciones amistosas de otros hombres sin hacer comentarios celosos?
9. ¿Está atento a las oportunidades de elogiarla y expresarle su admiración?
10. ¿Le agradece las pequeñas tareas que hace por usted, como coserle un botón, zurcirle los calcetines o mandarle la ropa a la tintorería?

Para las esposas

1. ¿Da a su marido total libertad en sus asuntos de negocios y se abstiene de criticar a sus socios, la elección de su secretaria o el horario que tiene?
2. ¿Hace todo lo posible para convertir su hogar en un lugar interesante y atractivo?
3. ¿Varía el menú de la casa para que él nunca sepa qué esperar cuando se sienta a la mesa?
4. ¿Conoce bien los negocios de su marido para poder hablar de ellos con él?
5. ¿Sabe afrontar los reveses económicos con valentía y buen talante, sin criticar a su marido por sus errores ni compararlo desfavorablemente con otros hombres de más éxito?
6. ¿Hace un esfuerzo especial para llevarse bien con su madre u otros parientes?
7. ¿Se viste usted teniendo en cuenta los colores y el estilo que le gustan a su marido?
8. ¿Sacrifica usted las pequeñas diferencias de opinión en aras de la armonía?

9. ¿Se esfuerza por aprender los juegos que le gustan a su marido para poder compartir sus horas de ocio?
10. ¿Está al tanto de las noticias del día, los nuevos libros y las nuevas ideas, para mantener el interés intelectual de su marido?